天津社会科学院法学文库

明清基层社会治理丛论

刘志松 著

中国政法大学出版社

2021·北京

图书在版编目（ＣＩＰ）数据

明清基层社会治理丛论/刘志松著. —北京：中国政法大学出版社，2021.11
ISBN 978-7-5764-0141-7

Ⅰ.①明…　Ⅱ.①刘…　Ⅲ.①社会管理－研究－中国－明清时代　Ⅳ.①D691.2

中国版本图书馆CIP数据核字(2021)第208741号

出　版　者	中国政法大学出版社
地　　　址	北京市海淀区西土城路 25 号
邮寄地址	北京 100088 信箱 8034 分箱　邮编 100088
网　　　址	http://www.cuplpress.com (网络实名：中国政法大学出版社)
电　　　话	010-58908441(第四编辑室)　58908334(邮购部)
承　　　印	固安华明印业有限公司
开　　　本	720mm×960mm　1/16
印　　　张	17
字　　　数	270 千字
版　　　次	2021 年 11 月第 1 版
印　　　次	2021 年 11 月第 1 次印刷
定　　　价	69.00 元

代　序

一

　　基层社会治理在现代意义上可以有多个层面的解释，它既可以在一般意义上指整个国家实现中央有效统治的前提下，各个地方依法来治理地方和管理社会，各种权力得到限制和制约，各种权利得到确认和保护的一种和谐、理想的状态；也可以在行政意义上指在保证整个国家保持法治统一性的前提下，各个地区在秩序生成模式和社会建设方面呈现出的某种相对独立的状态。但无论何种内涵，基层社会治理都需回答如何处理好国家与社会的关系、中央与地方的关系这样的问题。对于任何国家尤其是中国这样一个幅员辽阔、区域发展极不平衡的大国而言，一方面，中央不可能对地方治理事必躬亲，另一方面，不同地区也因为具体情形不同而不可能搞"一刀切"。这就势必会产生一个与社会治理相关的各种权力、职能、运行模式的分配与设计的问题。实际上不惟现代国家如此，自从国家这种组织形式出现，就产生了这一问题。对于中国古代而言，尤其是从秦汉以降，以皇权为核心的君主专制政治制度的形成使得历代王朝中央都必须慎重考虑基层社会治理的问题。

二

　　国家出现之始，便存在中央与地方的分别，三代时期，中央与地方的关系表现为内服与外服。"禹会诸侯于涂山，执玉帛者万国"[1]；"禹朝诸侯之君会稽之上，防风之君后至而禹斩之"[2]。虽然三代时期的中央与地方关系是

---

[1]《左传·哀公七年》。
[2]《韩非子·饰邪》。

建立在依恃武力使之臣服和迫令其交纳贡赋之上的，不同于后世的行政隶属关系，但地方（诸侯国）的治理也必须纳入国家体系。臣服于王朝的地方诸侯称为"五服"。"五服"之说见于《尚书·禹贡》，其中根据自然区域划定了行政上的理想制度，按各州地域的远近，分为甸、侯、绥、要、荒五服，并规定各服内人民的负担及政教布施的情形，必然在一定程度上反映了当时的真实情况[1]。关于夏代地方社会治理的文献记载较少，商代有关于"族尹"的记载，其也被称为"里君""里尹"，这里所谓的"里"与"族"实际上就是地方组织。族尹或里尹率本组织的成员为天子或诸侯"师田行役"，即负责军事、狩猎、看守仓库以及承应各种徭役。在主要的政治、军事中心，也就是贵族聚居之处，逐渐形成"邑"，邑有大小之别，大邑是各国宗庙、市、朝及官府所在地，国邑是小国或各部族的活动中心，小邑是各部贵族和平民的居住地。由众多宗族组成的基层行政组织主要分布在各种邑中。邑外是郊，为农田耕种的地方，广大的平民在这里劳作耕种，一般由"小众人臣"进行管理。

周代的地方行政规划分为国、都、邑和郊外。国是国都，都是大邑，邑是居民区，郊外是农村。在国、都、邑及四郊内以"五家为比，使之相保；五比为间，使之相受；四间为族，使之相葬；五族为党，使之相救；五党为州，使之相赒；五州为乡，使之相宾"[2]，分别设有比长、间胥、族师、党正、州长、乡大夫，这里居住的都是平民和贵族，即所谓的"国人"。在广大的农村地区则以"五家为邻，五邻为里，四里为酂，五酂为鄙，五鄙为县，五县为遂"[3]，分别设有邻长、里胥、酂师、鄙正、县师、遂大夫，这里居住的是从事农业生产的平民和奴隶，即所谓的"野人"。这就是所谓的"乡遂制度"，也被称为"国野制度"或"都鄙制度"。这种层层控制、相当严密而整齐划一的组织形式，说明政权的管辖已经深入地方社会。虽然《周礼》等古代文献并不一定是时人所作，故其具体记载亦不可尽信，但其中也"必然保存了古代的一部分制度"[4]。国家形态逐渐成熟必然是地方社会慢慢从宗族转向国家虽然比较松散、笼统但又层次分明的统治之中，这是古代地方治

---

〔1〕 参见尹世积：《禹贡集解》，商务印书馆 1960 年版，第 6 页。

〔2〕 《周礼·地官·大司徒》。

〔3〕 《周礼·地官·遂人》。

〔4〕 郭沫若：《金文丛考周官质疑》，人民出版社 1954 年版，第 29 页。

理发展的必然道路，地方基层行政组织的演变也必然依这一规律而进行。

　　春秋时期，诸侯国的行政规划也有国野之分。齐国管仲进行改革，将全国按职业分工分为三个部分，分别为工商、士、农，其中"工商之乡六，士乡十五"，农民则在"五鄙"之内。"工商乡"和"鄙乡"的男子不服兵役，只交纳工商税和农田赋税。鄙乡的组织形式为"三十家为邑，邑有司；十邑为卒，卒有卒帅；十卒为乡，乡有乡师；三乡为县，县有县帅；十县为属，属有大夫"。其中，按照规定，士乡的男子要服兵役，故行政组织与军事组织紧密结合。士乡的行政组织形式是"五家为轨，轨为之长；十轨为里，里有司；四里为连，连为之长；十连为乡，乡有良人焉"。军事组织形式是"五家为轨，故五人为伍，轨长帅之；十轨为里，故五十人为小戎，里有司帅之；四里为连，故二百人为卒，连长帅之；十连为乡，故二千人为旅，乡良人帅之；五乡一师，故万人为一军，五乡之帅帅之"[1]。士乡的居民平时接受训练，战时出征。如遇大规模战争，则要将居住在鄙乡的农民组织起来，作为士乡的后勤。各乡人民不准迁徙，不得混杂居住，国、鄙、工商的政治身份和应尽的义务不同，有明显的界线。这种编制影响到其他诸侯国，许多诸侯国都进行基层组织的重新编组，推动了地方社会治理的变革。

　　战国时期，郡县制已经较为普遍，郡县长官由国君任命，是概不世袭的官僚。在郡中设守，掌管全郡事务；设尉以分掌军事；设御史（有些国设丞）以监察郡守和尉的工作；三者直接向国君负责。县设令（大县）长（小县），设丞、尉，分掌行政和军事。郡县各设有府署，有一批府属小吏分管各方面的具体事务，这些府属小吏由郡县长官自行选用。这样，比较完整的地方管理体制就逐步形成。此外，各国普遍实行乡里制度，即在县之下设乡、里、聚或连、闾等基层组织。乡设三老、廷傅、乡师等，主管教化和纠察，其责任在"顺州里，定廛宅，养六畜，闻树艺，劝教化，趋孝弟，以时顺修，使百姓顺命，安乐处乡，乡师之事也"[2]。里设里正，主管二十五家至一百家。聚是村落，设聚序以领之。除此之外，还普遍实行五家为伍，二伍为什的什伍制度，设立什、伍长以领之，并推行什伍连坐制度。基层行政组织的建立和完善，不但形成严密的统治网，而且担负起赋役征收、承担兵役、维护地

　　[1]《国语·齐语》。
　　[2]《荀子·王制》。

方治安等重要职责，使国家的统治深入到每一个角落。连坐制度的推行，直接体现政权对全体人民的思想、行为的全面监控，因此被统治者长期推行。

秦统一天下后，将专制主义中央集权制度推向全国，将中央政权的权力集中到皇帝手中，又将各级地方政权的权力集中到中央。按照这个原则，秦以后的历代王朝对地方的控制程度不断加强，地方官府组织机构和职权也相继发生变化，设官分职向着有利于中央集权的方面发展〔1〕。在国家权力对地方社会的有效治理之下，地方官员的权力完全来源于中央王朝或者说皇帝的授予，其权限也严格按照授权范围来行使，必须做到"不逾矩"。所以，地方官的作用在于有效执行和落实中央王朝的意志，自己的自由裁量权相对较少，更谈不上民间精英参与地方社会治理的问题了。所以，虽然秦以后存在地方社会治理，但其独立特征并不明显，表现出与国家社会治理的一致性，只是国家社会治理的一个缩影罢了。

三

宋代初期，中央王朝吸取了隋唐地方藩镇割据的教训，收回了节度使的兵权，由中央直接统领府、州、军、监，其主要长官分别是知府事、知州事、知军事、知监事，副长官为通判。凡正长官批发的公事，要经过"通判签议连书，方许行下"，目的在于使正副职相互监督和牵制，防止府、州、军、监的军政大权归于一人。但到了至道三年（997年），情况发生了变化。中央王朝已无力直接统辖三百多个府、州、军、监，于府州之上增加路一级行政单位。在路设帅、宪、仓、漕等司，各司互不统属，直接对中央负责。帅司即经略安抚司，"掌一路兵民之事"，"听其狱讼，颁其禁令，定其赏罚，稽其钱谷、甲械出纳之名籍而行以法"〔2〕。宪司即提点刑狱司，主管本路的司法工作。仓司即提举常平司，主管本路赈灾和盐的专卖。漕司即转运使司，主管本路财赋。此外，还一度设立提举学事司，主管本路学政。诸司分别设有都使，或使为长官，副使和判官为佐贰。如此，则在各地方逐渐形成明显的条

---

〔1〕 参见韦庆远、柏桦编著：《中国政治制度史》（第2版），中国人民大学出版社2005年版，第275—278页。

〔2〕 （元）脱脱等撰：《宋史》卷一百六十七《职官志七》，中华书局1977年版，第3960页。

块划分，地方形成了社会治理的相对空间。

　　而且，自宋始，地方基层社会治理也出现了新的变化，这表现在两个方面，一方面是保甲法的施行，另一方面是民间精英的逐渐成熟。熙宁二年（1069 年）二月，王安石开始推行新法，采取一系列改革措施。熙宁三年（1070 年），在王安石的主持下，实行变法。司农寺制定《畿县保甲条例》，其主要内容是乡村居民，不论主客户，每十家（后改为五家）组成一保，五保为一大保，十大保为一都保。凡家有两丁以上的，出一人为保丁，以住户中最有财力和才能的人担任保长、大保长和都保长，同保人户互相监察。农闲时集中训练武艺，夜间轮值巡查，维持治安。同时以税户 30 家为一甲，设甲长主管放贷、青苗和收税。虽然王安石变法失败，但保甲法为后世沿继，与传统的里甲并行，时有侧重，成为国家对地方基层社会控制的重要方式。与此相联系，保甲长与里长多由本地大姓族长充任，他们除了遵照朝廷的政令来管辖部民、完纳赋役、维持地方治安外，还把族规家法融入乡规民约之中，这种乡规民约盛行于宋代，由范仲淹、朱熹、吕大钧等推崇倡行。自此，既与国家规范密切配合又保持一定独立性的民间权威和民间规范出现，日益发展强大，并在明中叶以后以至清代达到顶峰，这也是中国古代地方社会治理的成熟阶段，是特色鲜明的中国古代法治的"金色时代"。

　　纵观中国古代地方法治的历史，宋迄明清无疑是我们研究考察的重点，这并不仅仅因为上述原因，还由于这一时段丰富的文献为我们的研究提供了无尽的资料支撑。

　　先秦三代地方社会治理体制以"封诸侯，建藩卫"为核心，但从本质上来讲，诸侯国并非夏、商、周的"地方"。秦至汉初，专制主义中央集权制度逐步建立，中央之权集于皇帝，地方之权集于中央，中央王朝对地方的控制程度不断加强，地方社会治理逐渐萎缩。这使得地方治理只能是秉承中央王朝的具体规范和指令而行事，自由发挥的空间很小。这虽然将权力统于中央，防止地方割据，但也使得地方社会治理出现了危机。王朝不得不探索一种新的地方治理模式，那就是将国家权力的层级设置收缩到县，县以下的广阔空间交由国家的代理人去管理，国家与代理人的联合成为中国古代地方社会治理的成功模式，当然，这一探索的过程经历了上千年。宋代以后，各种社会组织逐渐形成，他们参与到地方社会治理的场域中来，形成了与国家权力的联合。另外，在规范层面上，除了中央制定的法令之外，地方政府也可以制定规范性文件，除了国家法令之外，民间还会产生得到官方认可的半官方规范，或者索性就是纯民间规范，它们都在地方社会治理中发挥着不可替代的作用。不要试图用现代政治学的观念和概念作为钥匙去打开古代地方治理的大门，它们是两套不同的样态，在中国古代，民间精英与民间规则同样是地方治理的组成部分，是地方社会治理不可或缺的一环。

四

社会是一个系统，社会治理也必须是一个系统，无论今天还是古代，以系统观的视角来探讨基层社会治理问题似乎都是一条新路。但从具体实践来考察，社会这个系统太复杂了，复杂得让我们根本无法从整体上切入。尽管如此，仍然要明确一点，那就是系统整体所有的高级功能都是在各部分的低级功能的相互作用之下产生的，所以对复杂系统的研究要从各部分的低级功能着手。金观涛在《整体的哲学——组织的起源、生长和演化》一书中指出，对于有组织整体的高级复杂的特性，需要我们从功能角度对它进行明确定义。原则上，它可以用比较低级的功能诸如广义因果律互相耦合来合成。社会系统就是一种复杂的多元耦合，可以把社会系统的耦合视为社会子系统及把这些子系统联结为整体的关系。人们在现实的社会生活中发生生产关系、政治关系、思想关系等种种关系，这种种关系之间还存在着一定的关系，正是这一定的关系把各种关系联结为社会关系的整体，这种种关系及种种关系间的关系就是社会系统的结构。[1] 系统的结构性质由三个因素决定：元素的质量、元素的数量、元素的联结方式［即时空秩序（序量）］。这三个因素在规定系统结构性质时所起的作用不同。首先，要素性质作为一个相对独立的因素而规定系统结构性质，不同性质的要素构成不同性质的系统结构；其次，要素的数量与相互作用为系统结构性质的差异提供可能性；最后，要素的联结方式的变化，使系统结构性质的差异性转化为现实性。由此看出，要素在时空上的排列秩序是系统结构性质变化的一个重要因素。

那么，按照系统思维，社会既然是一个复杂的系统，社会治理就是通过将社会系统要素合理链接达致社会秩序的过程和状态。如此便把社会治理研

---

[1] 吴元樑：《社会系统论》，上海人民出版社 1993 年版，第 41 页。

究形式化甚至数学化了，而且可以说，在某种程度上，它揭示了社会治理和社会秩序的本质。这也是我们能用一个统一的研究模式来研究它们的根本原因。同时也可以认为，社会秩序就是不同类型的子系统的共同作用形成的。社会的基本特征是功能分化与功能整合，功能分化即社会在宏观层次上分化成不同的功能子系统，例如政治、经济、科学、法律、宗教、教育、家庭、大众媒体、体育和艺术等。这些功能子系统虽然性质各异，但每个功能子系统为社会的自生和再生做着自己独特的贡献，履行着其他子系统所无法履行的独特功能，无法相互替代。功能整合，即在这个社会里，每个功能子系统相互重叠与交互，推动整个社会机器的良好运行，亦即社会秩序的生成。

在社会系统功能整合的层面，就要面临如何认识和影响各子系统之间关系的问题，而在功能分化的层面，各个子系统的独特功能同时又成为观察整个社会运行的视角：从经济系统的角度看，是一个经济社会；从政治系统的角度看，是一个政治社会；而从科学系统的角度看，它又是一个科学社会。

考察自宋以迄明清的中国基层社会，这种系统形态特征尤为明显。对于整个国家大社会而言，基层社会是一个子系统，再细分，又可分出诸如宗族系统、乡约系统、保甲系统、民间组织系统等若干个更小的子系统。社会系统是所有系统中最复杂的，它就是一个"黑箱"。对社会系统进行模糊的分类，可分为两类：一类是简单的系统，也可称为无组织系统；一类是复杂系统，也可称为有组织系统。这一时期的基层社会的典型特征在生产方式上就是小农经济，人们自己以一家一户为单位，生产几乎所有的生活必需品。人与人之间的关系（或者说家与家之间的关系）正如老子所讲的，"鸡犬之声相闻，民至老死不相往来"，处于彼此独立、相互隔绝的状态。那么，按照这一特征，每个家庭的自组织使基层社会更具简单的系统的特点，对于整个基层社会系统而言，系统整体的特征几乎就可以认定为各部分（家庭）特征之和，也可以说是各部分的"平均值"。但基层社会在实质上并非如此，仅从经济特征的角度入手很难对这一现象进行解释，血缘和地缘的因素必须被考虑进来。例如宗族，就是一个以血缘为聚核的子系统，它靠血缘的纽带把家庭这个看起来独立的单位组织了起来，家庭成为宗族这个系统的构成元素，宗族也实现了系统的自组织。宗族组织的秩序自洽的结果，也就是宗族这一系统的信息输出，表明它是一个复杂的系统。再如地缘社会，最典型的就是乡里系统（宋以后又衍生出了乡约系统），除了宗族系统外，以地缘为聚核而形成的乡里系统也有极强的自组织功能。同时，乡里系统与宗族系统等其他子系统彼此之间并不是截然分开的，往往相互交错，宗族的首领往往也是乡约的首领，乡约规范往往又是宗法族规的延伸。这些子系统的相互耦合，成就了基层社会这一系统的自耦合，也就是自我维系。由此看来，基层社会系统是一个极复杂的系统，同时也可以相对地将其视为一个自耦合系统。

古代基层社会系统可以近似地被视为一个"灰箱"，尽管知道其中各个子系统的存在，但并不十分清楚它们彼此之间的关联，也即哪个子系统的功能输出成为哪个子系统的条件输入并不清楚，而且实践中条件与功能往往并非一一对应地进行耦合。也许多个子系统的功能输出共同成为一个子系统的条件输入，而一个子系统的功能输出也可能成为多个子系统的条件输入。因此，其内部结构更近似于一个网状关系。这一网状关系中的某些结点可以被识别，但全部识别其结点是不可能的。社会系统就是一种复杂的多元耦合，可以把社会系统的耦合视为社会子系统及把这些子系统联结为整体的关系。由所有子系统组成整体就是将所有子系统耦合起来，使得某些子系统的输出刚好是另一些子系统或其自身的输入。复杂的系统就是子系统的功能耦合网。无论是机器系统、有机体、生命、生态系统还是社会，它们都是形形色色的功能耦合系统。组织系统越复杂、越高级，功能耦合网层次就越多、越庞大复杂。只要研究功能耦合系统的共性，就能探讨系统研究方法的本质。

五

基层社会系统结构存在模糊的一面，同时也存在清晰的一面，那就是其与大环境之间的关系。虽然此时基层社会系统的整体是模糊的、不尽可知的，但其条件输入与功能输出是基本明确的。以其传统社会环境和治理模式而言，中央王朝给予了基层社会一定程度上的自治，并且通过礼这一国家和民间共同认可并遵守的行为准则实现了信息交换，相应的，基层社会系统向社会大环境输出的是自洽和秩序。中国传统国家治理模式正是通过这一信息交换方式实现了基层社会的稳定。

当然，这一系统自洽的过程为我们提供了一种宏观的思路，如果要深入探讨基层社会系统内部的耦合过程是如何实现的，就要寻找一种能够普遍适用于各子系统的研究模型。不错，学术界有许多学者对基层社会中的某些子系统进行了深入探讨，如考察宗族问题、民间信仰问题、民间契约问题等，但其研究大多限于在这些子系统内部探讨其功能，对于这些子系统彼此之间（当然也包括其内部）的耦合过程却很少涉及。这实际涉及系统理论中的系统结构知识，也就是基层社会系统的内部结构问题。

基层社会治理的主体（包括公权力主体和基层社会自生主体）通过政权的、经济的、组织的、法律的、道德的、舆论的等各种手段和途径，对整个社会以及社会各环节、各领域、各层次的活动所发生的作用和反馈，使得社会各子系统和社会总系统保持一定的结构、功能，保证治理主体的各种目的的实现。社会治理要保证社会整体的完整性、统一性、有机性，要使各环节、领域、层次的活动和组织服从于社会总体的目标和组织。社会各环节、领域、层次的活动和组织都只是为了实现社会总体的目标和组织。社会管理的作用并不取消社会各环节、领域、层次的活动和组织的相对独立性，但这种相对独立性必须有利于社会整体的存在和发展。我们所说的社会治理也不仅仅是指个别政治家、军事家、士绅、商人甚至劳动者所从事的活动，更重要的是指社会历史主体对一个时代的社会控制模式或者观念。不同的主体具有不同的利益，会形成不同的社会治理目的、计划，不同的主体会有不同的社会历史地位、不同的文化科学知识教养、不同的伦理道德观念，即不同的立场、观点、方法，因而会采取不同的管理手段和措施。即使同一个管理主体，在不同的时期、场合、领域，也会有不同的利益、目标、计划，在立场、观点、方法上也会有不同，因而也会采取不同的手段和措施。但无论何种主体，其社会治理模式都离不开一个结构，这就是任何一个基层社会的子系统在发挥秩序功能时都不可例外的框架：权威、规则和模式。从微观上讲，这一结构代表了所有与基层社会秩序相关的子系统的三个最重要的元素以及它们之间的组合结构，这一结构直接影响着子系统的功能，继而决定着基层社会秩序的形成。从宏观上看，也可以将权威、规则和模式视为三个子系统，它们彼此之间也存在着信息的输入与输出，这一结构也同样存在一个内稳机制。所以这就是我们设计的研究模型，我们对基层社会主要子系统将全部运用这一框架进行考察。

基层社会系统中的这三个子系统形成了一个自耦合系统，这将是一个全新的视角，一个研究基层社会乃至整个社会系统观的新思路。如果说传统的完全以"人"为元素的系统观存在着不能清晰地剖析各子系统的相互耦合过

程这一缺陷的话，那么，权威、规则、模式这一框架就在一定程度上弥补了这一不足。这一思路将贯穿我们研究的始终，成为一个基本的研究框架，几乎所有的论述都将围绕这一框架展开。当然，这是将社会系统视为一个封闭系统得出的结果，如果考虑环境因素，则除了结构之外，环境对于功能也有影响。即使结构相同，有时也可能功能不同。而对于基层社会而言，基本可以认为，其功能取决于其子系统各自功能的耦合，如果需要给环境设置一个前提的话，那就是国家给予基层社会一个相对宽松的自治空间，令其自治。

六

基层社会作为一个系统是具有自治功能的，但实践中大社会环境对其输入的信息并不是绝对的任其自治，基层社会实际上最多只能是一个被置于国家公权力监控之下的半自治社会。这样，大环境就对基层社会的社会治理效果和模式有了相当的影响，国家公权力越深入基层社会，基层社会的自组织功能就越受到限制，反之，则基层社会的自组织功能会随着国家公权力的后退而发挥更大的作用。

诚然，自组织模式对于基层社会的秩序生成而言至关重要，但这并不意味着就可以与代表国家的公权系统他组织秩序割裂开来，相反，它们都是社会秩序生成的模式，这并非非此即彼，而是辩证相通的。基层社会系统是一个开放的系统，这意味着它需要从外环境中吸取能量，同时也向外环境输出能量，在吸收与输出的过程中达到自身的平衡。所以，基层社会的自组织过程也是一个与整个社会环境进行信息交换的过程。在这一过程中，最为重要的交换就是基层社会系统与公权系统之间的信息交换，基层社会系统从公权系统那里获得一个生存和发展的相对自由的空间，也就是一个可以自治的环境，同时为公权系统输出一个自生的秩序；公权系统把手收回来，对基层社会采取"无为而治，以乡治乡"的策略，得到的是免去了耗精劳神便可实现的社会稳定。

在传统基层社会治理模式下，公权力通过基层社会中的半官方权威向基层社会系统传递了信息，实现了对基层社会间接治理的核心目的，人口与土地统计通过这些乡官汇于朝廷；国家的税收源源不断地通过这些乡官流向国库；各种兵丁夫役通过这些乡官奔赴全国各地，参加战争和各类工程兴建；

通过这些乡官维持治安，维系了基层社会的基本稳定，并通过他们以最快的速度获知各种不稳定因素的存在，对于其中严重的犯罪行为往往会采取直接干预的方法。在社会动乱时期，这些半官方权威还可以组织乡勇团练等地方武装，平反动乱，维持基层安定；国家通过里老人等基层社会的精神领袖来传递国家的主流文化，宣扬忠孝，实行精神控制；对于民间纠纷，尤其是户婚田土细末之故，鼠牙雀脚至微之争，官府是无暇顾及的，这些冲突都交给里老人等民间精英来处理。反过来，基层社会也通过这些半官方权威向公权力表达诉求甚至是抗争，遇到灾荒之年，粮食歉收，里老人可以凭借他们直觐皇帝的权利将这一信息直达天听，皇帝往往会免除或减除灾区当年或几年的赋税，以示仁爱，有时为了表达亲民之意，还会热情地接见这些里老人，并认真地向他们了解民间的情况。明代的粮长有时也会运用自身职权和运筹来维护地方的权益。诸如此类，基层社会系统的信息就会通过这些半官方权威传递出去。

所以说，这就是中国传统基层社会治理模式的核心，从中央王朝到地方官府，他们从来也没有放弃过对广大基层社会的控制，而是紧紧地抓住其中的"纲领"，而这些纲领就是基层社会的权威。国家公权力通过文化的、经济的和政治的手段与基层社会权威博弈（对抗与合作），国家与基层社会权威之间不是科层式的隶属关系，而是互相博弈、互相依凭的关系。国家公权力正是在与地方权威的博弈中实现了对基层社会的治理，而基层社会也正是在与国家公权力的博弈中获得了自治权，基层社会权威也获得了在基层社会中的地位和影响。

在国家规则与民间规则内核同质的前提下，又存在三种不同的情形。在自治模式形成初期，自治模式一般具有纯民间性，完全是基层社会内在的秩序生成。此时，公权系统因其无碍于统治的稳定而采取任其自由发展的态度，如此，自治模式便能按照自觉发展的道路，形成自发秩序。我们在书中谈到的宋代和明初的乡约都是如此，官府任其发展，其自身通过规范己群而在基层社会秩序生成中发挥重要作用。公权系统对基层社会系统输入的是自由，基层社会系统对公权系统输出的是自组织，也就是自治。这种情形是自治模式形成和发挥作用的初衷，也是一种正常的发展道路，沿着这样的道路发展下去，才能使自治模式的自组织潜能得到最大程度的发挥。但随着社会自治的发展，公权系统越来越认识到其中的力量与危险，随着自治模式的发展，

其在基层社会的自组织方面发挥越来越大的作用，这使基层社会逐渐成为一个相对独立的系统，这是一种很强大的力量。国家公权系统一方面利用这种力量，使之成为国家基层社会治理的秩序基础，因而对之采取支持的态度；另一方面又害怕基层社会系统的力量过大而与自己分庭抗礼，并且这种情形在历史上也出现过，所以公权系统又会尽力将其纳入自己的控制之内，具体的做法往往是通过皇帝或官员的大力倡导而使自治模式自身国家化。在这种情形下，公权系统对基层社会输入的是支持，基层社会对公权系统输出的是合作，这种情况在历史进程中是常态。

最后一种情形，公权系统对基层社会系统输入的是倡导甚至主导，此时基层社会系统对公权系统输出的是国家化，并由于自身自治性的失去而使其自组织功能衰落。此时的基层社会自治虽然在形式上日益恢宏，但从本质上已失去了自我。清代的乡约即是如此，中央王朝大力提倡乡约，积极督促其实施，各地方普遍设立了官办乡约组织，制定了以国家法理念为内核的乡约规范，虽数量远较明代为多，但乡约本身的自治色彩是逐步弱化的。

以上是在公权系统与基层社会自治系统同质的情形下，而在二者异质的情形下，则必然出现国家公权系统对基层社会系统的压制甚至取缔，基层社会自治也就无从公开发展，但往往会异化为秘密组织的形式继续发挥自组织的功能。如元代，无论是宗族还是乡约，它们的发展都受到了国家公权系统的阻碍和压制，并因之逐渐衰落。随着基层社会系统自组织功能的衰落，基层社会秩序也会受到根本性的动摇，从而表现出无序的状态，尽管有国家强制力的暴力维系，但秩序的背后却是无序的增长。

中国古代基层社会及其治理经过漫长的积累而形成，在其特定历史背景之下有其"经验性"，比如，国家公权力要给基层社会留出一定自治空间；同时也有其局限性，比如，技术的进步可以使公权力进入基层社会的效能大大提升。但无论如何，基层社会治理是一个历史性的大课题，本书对于宋代以后尤其是明清时期的基层社会治理话题进行讨论，至少在文化意义上会对今天的社会治理有些许启示。

刘志松

2021 年 5 月 8 日 于天津社会科学院

目　录

天意，法意，人意

中国古代地方法治体系及其运行模式探析 *

摘要：对于中国而言，地方的治理在整个国家治理中占据着重要的地位，不仅中央要通过基层社会的治理来实践国家意志，地方亦因其各自不同的特点而形成了不同的自我治理模式。地方的治理正是在这个意义上成为一个相对独立于中央的存在。从法治角度来考察，地方法治便成为一个重要的研究领域。从一般意义上讲，地方法治是在整个国家实现法治的前提下，各地依法来治理地方和管理社会，各种权力得到限制和制约，各种权利得到确认和保护的一种和谐、理想的状态。所以，中国古代无论是在正统法律文化层面、法律制度层面还是法治运行层面，无不以此作为治理国家的理想目标。

关键词：地方法治；地方法制；法治运行；法治文化

一、中国古代地方法治的语境与演进

"法治"这一语词是否适用于中国古代国家治理模式这一语境是值得商榷的。从现代法治概念的本质意义上来讲，法治实际上是源于西方尤其是近现代西方国家社会法律治理模式的，这也是其适用的基本语境。这一语词适用于现代中国当然没有任何问题。然而，中国古代社会治理模式却于有其不同于西方或者说迥然相异的特征，用现代意义上的法治概念去生搬硬套中国古代的情形自然是行不通的。用衍生于现代社会的理论和结论来考察分析古代中国的问题，自然也不会屡试不爽。这就要求我们在考察分析古代问题时要

* 本文曾发表于谢晖、陈金创、蒋传光主编：《民间法》（第 15 卷），厦门大学出版社 2015 年版。在本文写作过程中，于语和教授提出了诸多宝贵意见，在此致谢。

进行必要的思索与设计。虽然古今情形不同，但从纯粹意义上来讲，社会治理模式则没有太大差别，都脱离不开广义的"法"。所以，我们用"法治"这一语词的"壳"是没有问题的，但将它用于对中国古代的研究，其内涵则必须重新进行界定。

法律规则首先是一种典型的社会生存经验，用法律规则来规范社会人生是一门典型的"技术"。一个法律规范的产生，并不取决于任何人的个人意志，也不取决于法律的继承关系，而取决于"一群人"对现实矛盾的解决思路。法律规则作为经验的总结，从来都不听命于任何个人的逻辑思维，也没有连续不断的谱系，如果说法律有根的话，那么这个根深植于现实的土壤，与经济和政治密不可分。中国传统法律体系与法学理论之所以能够在几千年的历史进程中有条不紊地发挥作用，正是因为它是在漫长的实践过程中不断完善的结果。

春秋战国，百家争鸣，而法家却以其无比的勇气振攘天下，使秦国实现大一统，但也正是由于秦以严刑峻法暴世虐民，终于上演二世而亡的悲剧。"其兴也勃焉，其亡也忽焉"的经验终于使西汉王朝在短时间的休养生息之后，走上了儒法合流，外儒内法的制度设计之路，这一思路在中国不断完善而延续以至近世，其理论形成不是因为某个帝王，也不是因为某个思想家，而是世人对经验的反思与总结。所以，中国古代的法治自有其不同于近现代西方法学意义上的内涵与特征。虽然我们在考察中国古代社会治理模式时同样使用法治这一概念，但无论是内涵还是外延，都是不同的。这一不同表现在诸多方面，如规则体系的差别、规则生成的差别、权威类型的差别、运行机制的差别等，但这些都是形式，最根本的差别在于中国古代法治与现代意义上的法治是建立在不同经济模式、政治模式和文化模式之上的。

地方法治在现代意义上可以有多个层面的解释，它既可以在一般意义上指在整个国家实现法治的前提下，各地依法来治理地方和管理社会，各种权力得到限制和制约，各种权利得到确认和保护的一种和谐、理想的状态；也可以在立法意义上指相对于中央立法的地方立法活动，在保证整个国家法治统一性的前提下，由于各个地区在经济、政治、文化以及社会管理模式等方面具有特殊性，而在法治建设方面呈现出某种独特的状态；还可以指由于区域发展不平衡，不同地方在实现法治进程中所体现出的差异等。

对于任何国家尤其是中国这样一个幅员辽阔、区域发展极不平衡的大国而言，一方面，中央不可能对地方治理事无巨细；另一方面，不同地区也因其不同的客观实际而不可能搞"一刀切"。这就势必会产生一个与社会治理相关的各种权力的划分问题，既包括中央与地方的权力划分，也包括地方与地方之间权力的差异。毛泽东在《论十大关系》中就论述了中央与地方关系，并明确提出："目前要注意的是，应当在巩固中央统一领导的前提下，扩大一点地方的权力，给地方更多的独立性，让地方办更多的事情。这对我们建设强大的社会主义国家比较有利。我们的国家这样大，人口这样多，情况这样复杂，有中央和地方两个积极性，比只有一个积极性好得多。我们不能像苏联那样，把什么都集中到中央，把地方卡得死死的，一点机动权也没有。"〔1〕实际上不惟现代国家如此，自从国家这种组织形式出现，就产生了这一问题。对于中国古代而言，尤其是从秦汉以降，以皇权为核心的君主专制政治系统的形成使得历代王朝中央都必须慎重考虑地方社会治理的问题。先秦三代，地方社会治理体制以"封诸侯，建藩卫"为核心，但从本质意义上来讲，诸侯国并非夏、商、周的"地方"，即使在名义上，它们之间的关系也"主要表现在政治和军事上，诸侯对殷的贡纳是诸侯政治上臣服的象征，而诸侯与殷在军事活动中，以殷为统帅，相互配合，相互救援，则是他们关系中最基本最广泛的内容"。〔2〕所谓"普天之下，莫非王土"与后世大一统是完全不同的。邦国的独立性很强，天子的势力很难渗透到他们统辖的区域，在王室衰微时，他们便只是在名义上承认与天子之间的臣属关系，甚至拒绝承担任何义务。诸侯国大多制定了自己的法律体系，形成了自己的法治系统，从严格意义上来讲，这并非地方法治，而是"国法"，与天子之法在本质上并无太大差异。

秦至汉初，专制主义中央集权制度逐步建立，中央之权集于皇帝，地方之权集于中央，中央对地方的控制程度不断加强，地方社会治理逐渐萎缩。这使得地方法治只能是秉承中央的具体规范和指令而行事，自由发挥的空间很小。将权力统于中央虽然在一定程度上降低了地方割据的风险，但也使得地方社会治理出现了危机。王朝不得不探索一种新的地方治理模式，那就是将国家权力的层级设置收缩到县，县以下的广阔空间交由民间精英去管理，

---

〔1〕 《毛泽东选集》（第5卷），人民出版社1977年版，第275页。
〔2〕 王冠英："殷周的外服及其演变"，载《历史研究》1984年第5期。

国家与民间精英的联合成为中国古代地方社会治理的成功模式，当然，这一探索过程经历了一千年。宋代以后，各种民间精英组织逐渐形成，他们参与到地方社会治理的场域中来，形成了与国家权力的联合。另外，在规范层面上，除了中央制定的法令之外，地方政府也可以制定规范性文件，除了国家法令之外，民间还会产生得到官方认可的半官方规范，或者索性就是纯民间规范，它们都在地方社会治理中发挥着不可替代的作用。不要试图用现代纯粹法学的观念和概念作为钥匙去打开古代地方法治的大门，它们是两套不同的样态，在中国古代，民间精英与民间规则同样是地方"法治"的组成部分，是地方社会治理不可或缺的一环。

二、中国古代地方法治体系

古代地方法治体系的含义包括广义和狭义两个层面，从广义上来讲，它包括了古代地方社会治理的规则、权威及其运行模式；从狭义上来讲，它仅指古代地方规范的类型与体系及其生成的方式。这里我们是从狭义上来考察古代地方法治体系的。

地方规范指那些专门针对地方社会治理而生成的规范总称，大体可以分为四个层次，第一个层次是中央地方立法，即中央根据地方社会控制与治理的需要制定的规范，既可以表现为统一的规范，如明初颁行的《教民榜文》就是这类法律的代表，再如清代的《钦定福建省外海战船则例》《川楚缮后筹备事例》《山西赈捐章程》等；还可以表现为皇帝对某些地方专门发布的上谕、命令等，这些在明清文献中俯仰皆是；此外，还有朝廷派出巡按各地的官员针对地方的时弊，以告示、禁约、条例、则例等形式颁布的地方性法规；再有就是中央制定的一种特殊的地方性法规，即少数民族地区使用的地方规范，如元代的《阿勒坦汉法典》，清代的《蒙古律书》《钦定西藏章程》《酌定西藏善后章程十三条》《钦定藏内善后章程二十九条》《新治藏政策大纲十九条》《西藏通制》《青海善后事宜十三条》《禁约青海十二事》《西宁番子治罪条例》《蒙古律例》《苗律》《苗疆善后事宜》《钦定回疆则例》等。少数民族地区的法律规范属于民族政策，不是我们研究考察的重点，所以不作深入探讨。

第二个层次是中央授权地方立法，即以地方正官为核心的地方政府根据本辖区内具体事务制定的地方性规范。这一层又包括两种基本类型：一种是为更好地实施中央法律而进行重申、强调时制定的规范；另一种是针对地方特点，对于中央规范没有规定的内容，按照国家一般政策方向制定的地方性规范，既可以是施政性的，也可以是宣教性的，如《福建省例》《湖南省例成案》《西江政要》《保甲章程》《州县须知》《治浙成规》《粤东省例》《粤东省例新纂》《山东交代章程》《江苏省例续编》《江苏省例三编》《四川通饬章程》等。

第三个层次是地方官针对具体事务发布的榜文、告示等。榜文、告示是兼有法律和教化双重功能的官方文书。就其内容和功能而言，大体可分为两种类型，一种以晓谕、教化为宗旨，内容是力陈时弊，申明纲常礼教和治国之道，意在使人知所警觉，趋善避恶；另一种以重申国家法律和公布地方官府制定的政令、法令为要，要求臣民一体遵守，此类榜文、告示具备法律的规范性和强制性，其作为有法律效力的文书，是地方规范体系的有机组成部分，最著名的如《朱熹榜文》《海瑞告示》《于成龙告示》《田文镜告示》等。

第四个层次是具有半官方或者纯民间性质的民间规范，如乡约规范、宗法族规等。这类规范有的因是地方官主持或参与制定，或者地方官予以提倡或认可而具有了一些官方色彩，如《吕氏乡约》《泰泉乡礼》等。这类规范在地方社会治理过程中发挥的作用实际上是最大的。

学界在前些年的研究中更多地关注了中央王朝的立法与司法运行，对国家层面的法治问题进行了深入的探讨，但对地方法治问题关注不够。这与自秦以后确立的君主专制主义中央集权政治体制不无关系。中央集权使得中央立法成为全国通行的规范，历代文献也都重点记载中央立法的情况，而地方规范的集中记载较少，多散见于族谱、日记、文集中，文献的散乱使得这一领域的研究较少。尤其是对于宋代以前的情况，有关地方规范文献更为少见。当然，实际情况也确实如此，地方规范在地方社会治理中逐渐完善也基本是从宋以后才开始的。

据杨一凡收集整理，现存较早的地方规范记载是湖北云梦出土的睡虎地秦墓竹简中的《语书》。汉代以至魏晋关于地方法治的文献记载较秦代为多，既有出土文献，也有传世文献。如多种汉简和正史文献中都有此类记载，包括府书、府檄、府教、太守书、刺史书、科令、约束、移书、书、记、条教、教等形式。可以看出，这一时期的地方法治文献多是地方官施政文书，虽然自秦以来就形成了中央集权政治统治模式，但由于中国土地广博、地方差异极大，地方官仍然保有相当的权力。《汉书解诂》载："太守专郡，信理庶绩，劝农振贫，决讼断辟，兴利除害，检举郡奸，举善黜恶，诛讨暴残。"[1]可见，地方官的权限仍很大，他们通过制定和发布各类规范性文书对地方社会进行治理。这些规范性文书就成为当时重要的地方法治文献。魏晋以后，地方法治文献记载多见于史，甚至出现了较为成熟的地方法治规范文本，如在唐代，我们就发现了敦煌出土的"伯三五六〇号残卷"，学界将之定名为《沙州敦煌县行用水细则》或者《唐沙州敦煌地区灌溉用水章程》，这就是一部在民间习惯和前代地方法规基础上颁行的地方性水利规范，成为唐代中央法规《水部式》在地方的具体执行细则[2]。与秦汉相比，这一时期的地方法律规范在文本形式和内容上都明显体现出成型化特征。但由于现在可见的文献很少，对这一时期的地方规范文本进行类型化研究还需要努力。宋代以后，一方面，各种文献非常丰富，另一方面，地方法治体系充满活力、蓬勃发展，诸如榜文告示、规程、约记等许多新型的地方规范出现。地方法治文献从明代尤其是明中期以后开始形成体系，省例、则例、告示、条约、政书、政要等大量出现，至清代达到顶峰。

三、中国古代地方法治体系的运行模式

法治运行模式与具体的法制运行模式不同，它指的是社会治理的总体理念，而不是具体的法制运行模式或程序。与现代法治运行模式相比，古代法治运行模式最大的特征在于其"家治"观念。国与家本是两个不同的概念，家以血缘维系，国以地缘维系，非但家国如此，地方治理亦是如此，州县也被比作小国，州县之长被称为"小君"。

《诗经·小雅》云，"瞻彼洛矣，维水泱泱。君子至此，福禄既同。君子万年，保其家邦"[3]，始言家帮者。《论语·子张》亦载："夫子之得邦家

---

〔1〕（清）孙星衍等辑，周天游点校：《汉官六种》，中华书局1990年版，第20页。

〔2〕参见刘海年、杨一凡主编：《中国珍稀法律典籍集成》（甲编第3册《敦煌法制文书》），科学出版社1994年版，第638—651页。同时参见宁欣："唐代敦煌地区农业水利问题初探——从伯三五六〇号文书看唐代敦煌地区的农业水利"，载北京大学中国中古史研究中心编：《敦煌吐鲁番文献研究论集》（第3辑），北京大学出版社1986年版，第483页。

〔3〕朱熹《诗集传》以为"此天子会诸侯于东都以讲武事，而诸侯美天子之诗，天子御戎服而起六师也"。参见（宋）朱熹集注：《诗集传》，中华书局1958年版，第158页。

者，所谓立之斯立，道之斯行，绥之斯来，动之斯和。"〔1〕《尚书·洪范》载："天子作民父母，以为天下王。"《尚书·泰誓》亦云："元后作民父母。"〔2〕这些均为先贤家国观念的体现。先秦时期，亦曾有法家提出"吾以是明仁义爱惠之不足用，而严刑重罚之可以治国也"〔3〕，提出"壹刑"，而"所谓壹刑者，刑无等级，自卿相、将军以及大夫庶人，有不从王令，犯国禁，乱上制者，罪死不赦"〔4〕。这一政策可以使一时之勃兴，却始终不能使国家长治久安，秦二世而亡就是明证。故史家称："法家严而少恩，然其正君臣上下之分，不可改矣。……法家不别亲疏，不殊贵贱，一断于法，则亲亲尊尊之恩绝矣。可以行一时之计，而不可长用也，故曰'严而少恩'。若尊主卑臣，明分职不得相踰越，虽百家弗能改也。"〔5〕所以，中国自汉武帝推行"罢黜百家，独尊儒术"的政策以来，直至清末，主流文化始终是以儒家思想为主导的，在这种文化价值的背景之下所构建起来的国家模式是统一的，这就是"宗法制"。

在中国历史上，无论是奴隶制国家还是封建制国家，始终是以变体的家长制形态出现的，也就是"家天下"的变体。古代中国的经济基础一直处于商品经济不发达的小农经济占主导地位的状况，所以与这种生产方式相联系的家族制度也深深地根植于数千年中国社会结构之中，使国家结构也打上了家族结构的印迹，家与国的组织系统及权力配置都是严格的父系家长制。〔6〕国家的权力机构往往并不深入到乡村社会，而是止于县政，在乡村社会通过"家国同构"的社会组织，利用乡村自组织力量将农民束缚在土地上。农民对"家"的认同自然而然地延伸为对"国家"的认同。在"宗法制"之下，无论是君主统治国家，官员管理所辖，还是宗族管理一族一家，抑或个人的修

---

〔1〕　概言圣人或得国为诸侯，或得封邑而为卿大夫，则其教养百姓，百姓便能立身处世；其引导百姓，百姓便会依道前行；其安抚百姓，百姓便会从远方来投靠；其动员百姓，百姓便会同心协力。

〔2〕　概谓之父母者，指其恩育而言，亲之之意；谓之王者，指其君长而言，尊之之意。圣人首出庶物，故能为大君于天下，而天下之疲羸残疾者得其生，鳏寡孤独者得其养。举万民之众，无一而不得其所焉。则元后者，又所以为民父母也。参见（明）解缙等编：《永乐大典》，大众文艺出版社2009年版，第2927页。

〔3〕　《韩非子·奸劫弑臣》。

〔4〕　《商君书·赏刑》。

〔5〕　（汉）司马迁：《史记》卷一百三十《太史公自序》，中华书局1959年版，第3289、3291页。

〔6〕　张岱年、方克立主编：《中国文化概论》，北京师范大学出版社1994年版，第48页。

身，都要以儒家文化为最高准则。君主是天之元子，而为天下父，要上敬皇天，下爱黎民；官员为君主之臣子，而为百姓之父母官，要上忠于君主，下怜恤百姓；家长为一家之主，但作为社会基本单位的"家"的代表又受到国家的管理，既要忠君爱国，又要敬官侍长，还要整饬族众；作为个人，更是要遵守儒家全部的道德要求，克己修身，孝敬长辈，明礼守法，忠君敬上。可见通行的价值观所强调的不是个人的权利，而是社会秩序的调节、群体的存续。国家是放大的家庭，而家庭则是一个缩小的国家，国家的管理者要以德治国，以礼治国，家庭的管理者也要以德治家，以礼治家。这种将血缘和政治结合起来的模式决定了代表国家权力的"国"和代表民间力量的"家"是同构的，当然在文化上也是同核的。

国家之治与地方之治自然也是同理，而且，地方之治与"家"的距离更近，所以，在这一共同文化内核上的相互印证也更为明显，这就是儒家的"礼"。历代王朝在制定法律的过程中无不以儒家的价值观为最高的指导思想，这被称为"引礼入律"。这一过程从西汉时期就开始了，如《论语》中有"父为子隐，子为父隐，直在其中矣"[1]之说，董仲舒便据此肯定了"父子相隐"的合法性。两晋时期，礼律进一步结合，律学家张斐在总结晋律体例时，称其"王政布于上，诸侯奉于下，礼乐抚于中"，"峻礼教之防，准五服以治罪"。[2]至唐律时，"引礼入律"的过程基本完成，奉命修纂《律疏》的长孙无忌在《名例》篇疏议中称："德礼为政教之本，刑罚为政教之用，犹昏晓阳秋相须而成者也。"[3]《四库全书总目〈唐律疏议〉提要》载："唐律一准乎礼，得古今之平，故宋时多采用之，元时断狱亦每引为据。"[4]《大清律例》当然也不例外，康熙、雍正、乾隆祖孙三代曾"钦定""御纂"《诗》《书》《礼》《易》《春秋》五经儒家经典数十部，全面继承和发展儒家"明刑弼教""正人心，厚风俗"的理学思想，以此作为法治的指导原则。乾隆帝在为《大清律例》所撰的序文当中称"弼成教化，以成其好生之德"。可见历代法典，无不以儒家思想为皈依。

民间规则中"礼"的色彩则更为浓厚，尤其是在宋代以后。我们以地方

---

〔1〕 《论语·子路》。

〔2〕 （唐）房玄龄等撰：《晋书》卷三〇《刑法志》，中华书局 1974 年版，第 927 页。

〔3〕 （唐）长孙无忌等纂，刘俊文点校：《唐律疏议》卷一《名例》，中华书局 1988 年版，第 3 页。

〔4〕 （清）爱新觉罗·永瑢、纪昀等编：《四库全书总目提要》，中华书局 1981 年版，第 712 页。

治理的重要表现形式"家法族规"为例。以"修身，齐家，治国，平天下"为政治理想的士大夫将儒家伦理从贵族阶层推向庶民阶层，用儒家伦理来治理和规范基层社会。在这样的环境之下，各宗族大家纷纷制定"家礼""家规""家训""家法""家范""宗法""族规""宗约""祖训"等一系列具体的礼仪规范。如朱熹作《朱子家礼》，再如《陆氏家训》《吕氏宗法》《张氏家范》等家礼的典型代表。这些家礼以国礼〔1〕为蓝本，将儒家所倡导之"礼"具体化为为人处世、待人接物等一系列的规范准则，其主要内容也无非是"三纲五常"。这些"礼"直接规范和控制着基层社会的人们的行为，使家成为一个礼的灌输者和传播者〔2〕。由此可见，无论是国家法律还是地方规范，都是以儒家传统伦理思想为文化内核的。

在司法实践中也是如此，如儒家倡导的"无讼"思想。子曰："听讼，吾犹人也。必也使无讼乎！"〔3〕孔子在此明确提出了他的"无讼"理想，奠定了儒家关于诉讼的思想基础。儒家认为，进行诉讼是一种追求个人的物质利益的行为，这与儒家提倡的追求道德的自律、个人修养和人格的成长是互相矛盾的。在儒家看来，道德伦理要求人们与周围的人和睦相处。在与他人发生冲突时，正确的态度是自省，而非坚持自身利益，将对方诉至法庭〔4〕。受儒家"无讼"思想的影响，无论是统治者还是家族势力，都信奉"以讼为耻"的观念，主张尽量避免用诉讼的手段解决冲突〔5〕。清代从顺治的《圣谕六条》、康熙的《圣谕十六条》，到雍正的《圣谕广训》，都含有息讼的内容。如康熙的《圣谕十六条》就明确提出：

> 敦孝弟以重人伦，笃宗族以昭雍睦，和乡党以息争讼，重农桑以足衣食，尚节俭以惜财用，隆学校以端士习，黜异端以崇正学，讲法律以教愚顽，明礼让以厚风俗，务本业以立民志，训子弟以禁非为，息争讼以全良善，诚窝逃以免株连，玩钱粮以省催科，联保甲以弭盗贼，解仇

---

〔1〕 如清朝订有《大清通礼》，规定了"郊天、参圣、祈年、营造、征战"等活动以及人们祭祀、婚丧、宴饮、庆贺等活动的礼仪规则。

〔2〕 参见田成友：《乡土社会中的民间法》，法律出版社 2005 年版，第 60 页。

〔3〕 《论语·颜渊》。

〔4〕 陈弘毅：《法理学的世界》，中国政法大学出版社 2003 年版，第 182 页。

〔5〕 马小红：《礼与法：法的历史连接》，北京大学出版社 2004 年版，第 229 页。

怨以重身命。[1]

君主以"无讼"为尚，地方官自然亦以"息讼"为己任。如清人汪辉祖便说："勤于听断，善也。然有不必过分皂白，可归和睦者，则莫如亲友之调处。盖听断以法，而调处以情。法则泾渭不可不分，情则是非不妨稍借。理直者既通亲友之情，义曲者可免公庭之法。"[2]皆以劝"忍"为爱民，凡遇讼事，"可息便息，宁人之道，断不可执持成见，必使终讼，伤闾党之和，以饱差房之欲"。[3]劝讼、止讼、息讼便成为作为"民之父母"的地方官吏们的重要使命和断案宗旨，其力图以此来实现"完赋役、无讼事"的"政绩"[4]。民间宗族组织亦是如此。宗族组织构成了传统社会的基层单元，在这个单元里重视宗族成员的和睦相处，推崇礼教，强调家长、族长的绝对地位。同时，宗族组织在运行时也受到统治阶级"无讼"主流思想的影响，宗族普遍流行"诉讼入官为耻"的观念。从清代地方一些家族宗谱中也可以看到类似的规定。安徽桐城《祝氏宗谱》规定："族众有争竞者，必先鸣户

---

[1] 参见周振鹤撰集，顾美华点校：《圣谕广训：集解与研究》，上海书店出版社2006年版，第507页。

[2] 《学治臆说》卷上《断案不如息案》，参阅（清）汪辉祖著，孙之卓编注：《佐治学治解读》，哈尔滨工业大学出版社2015年版，第110页。

[3] 《佐治药言·息讼》曰："词讼之应审者，什无四五。其里邻口角，骨肉参商，细原不过一时之气，冒昧起诉；否则，有不肖之人从中播弄。果能审理，平情明切，譬晓其人，类能悔悟，皆可顿时消释。间有准理，后亲邻调处，呈请息销者，两造既归揖睦，官府当予矜全。可息便息，宁人之道，断不可执持成见，必使终讼，伤闾党之和，以饱差房之欲。"参阅（清）汪辉祖著，孙之卓编注：《佐治学治解读》，哈尔滨工业大学出版社2015年版，第17页。

[4] 西汉韩延寿为冯翊太守时，"有昆弟相与讼田自言"，韩延寿认为这是他"不能宣明教化，至令民有骨肉争讼，既伤风化，重使贤长吏、啬夫、三老、孝弟受其耻"，于是，"入卧传舍，闭阁思过……令丞、啬夫、三老亦皆自系待罪，于是讼者宗族相责让，此两昆弟，深自悔，皆自髡肉袒谢，愿以田相移，终死不敢复争"。自此以后，属下"遍二十四县莫复以辞讼自言者"。（《汉书·韩延寿传》）明朝松江知府赵豫为了平息百姓的争讼，采取拖延的办法，不及时处理诉讼案件。赵豫"患民俗多讼，讼者至，辄好言谕之曰'明日来'，致有'松江太守明日来'之谚"。（《明史·循吏传》）清代陆陇其任知县，审理兄弟二人争财产的案件时，并不问曲直，而是让兄弟二人互唤"哥哥""弟弟"，结果，"未及五十声，已各泪下沾襟"。陆陇其在判词中写道："夫同声同气，莫如兄弟，而乃竟以身外之财产，伤骨肉之至情……从此旧怨已消，新基共创，勉之勉之。"（《陆稼书判牍·兄弟争产之妙判》）明朝海瑞，也对"多讼"深恶痛绝，他曾说："词讼繁多，大抵皆因民俗日薄，人心不古，惟己是利，见利则竞。以行诈得利者为豪雄，而不知欺心之害；以健讼得胜为壮士，而不顾终讼之凶。而又伦理不敦，弟不逊兄，侄不逊叔，小有蒂芥，不相能事，则执为终身之憾，而媒蘖讦告不止，不知讲信修睦，不能推己及人，此讼之所以日繁而莫可止也。"（《海瑞集·兴革条例》）

尊、房长理处。不得遽兴讼端，尚有倚分逼挟、恃符欺弱及遇事挑唆者，除户长禀首外，家规惩治。"〔1〕吴县《范氏规矩宗禁》中《主奉能瀿增订庄规》规定："诸房子孙呈禀，须由本房房长及典籍执事用钤记，于春秋官祭、家祭及有公事会集之期申报。或有争衅小嫌，先赴本房房长及亲支族老调处，未协然后申诉文正位，同掌庄诸位公断，违者概不受理。其公呈亦须诸位亲自签押，如有擅自兴讼及捏名公呈、妄渎官府者，当以悖规陈官法究。"〔2〕乾隆七年刊示合族《宗禁》再次要求"禁健讼匪为"，"驾词健讼，岂安分之所为。搆党逞强，蹈下流而不悔。既违国法，必饬家规"。〔3〕敦煌郡清塘《洪氏世训》规定："族中互相争竞田土大小等事，不许径自赴官陈告。"〔4〕绩溪积庆《葛氏家训》言"争讼事不可轻举妄动"，〔5〕其《家规》随之规定："族人争讼，不可逞气，遽扰官府。须各以事理白之族中尊长及知事者，托之处剖，则是非曲直自有定论。其是者直者固得自伸，非者曲者亦当降心下气，听众劝论，犹胜于轻造公庭反获罪戾。或轻眇族人，恃势好讼，被屈之家即于官府诉告，族众名目公为申禀。又有一等狠心孤迹之人，每于宗族间舞弄机智，挑唆词讼，若此所为，虽无人祸，必有天刑。或有访出得实者，聚共叱辱之。"〔6〕新安《王氏家范》规定"戒争讼"，指出："好争非君子之道，争之不已，则必至讼，讼岂盛德事哉？讼者之辞，皆无实之辞，甚足以坏人心术，且至费财破家，何益之有？故或有外侮，亦宜静以制动。若以非理讼人，尤

〔1〕 陈建华、王鹤鸣主编，周秋芳、王宏整理：《中国家谱资料选编》第 8 册《家规族约卷上》，上海古籍出版社 2013 年版，第 263 页。

〔2〕 陈建华、王鹤鸣主编，周秋芳、王宏整理：《中国家谱资料选编》第 8 册《家规族约卷上》，上海古籍出版社 2013 年版，第 4 页。

〔3〕 陈建华、王鹤鸣主编，周秋芳、王宏整理：《中国家谱资料选编》第 8 册《家规族约卷上》，上海古籍出版社 2013 年版，第 7 页。

〔4〕 陈建华、王鹤鸣主编，周秋芳、王宏整理：《中国家谱资料选编》第 8 册《家规族约卷上》，上海古籍出版社 2013 年版，第 22 页。

〔5〕 绩溪积庆《葛氏家训》曰：讼端一兴，即须费财。苟不用钱，则贪官污吏颠倒曲直，难以取胜。胜而费财，所损多矣。况遇劲敌，虽费财未必胜也。故必事体不可已者，又作别论，而闲气细故，当加含忍。谚云："一字入公门，九牛拔不出。"言讼之难悔也。切须慎始虑终，勿遽兴讼。若路温舒所云："画地为狱议不入，刻木为吏期不对。"方可保身保家。（陈建华、王鹤鸣主编，周秋芳、王宏整理：《中国家谱资料选编》第 8 册《家规族约卷上》，上海古籍出版社 2013 年版，第 24 页。）

〔6〕 陈建华、王鹤鸣主编，周秋芳、王宏整理：《中国家谱资料选编》第 8 册《家规族约卷上》，上海古籍出版社 2013 年版，第 25—26 页。

为不可。故《易》'讼'卦云'终讼',受服而犹有终朝三褫之戒。"〔1〕常德府武陵县《皮氏宗规》也要求"争讼当止",道理讲得很通俗:"太平百姓,完赋税、无争讼,便是天堂世界。有讼人家,要盘缠、要奔走,男不得耕,女不得织,日夜焦劳,寝食俱废。无讼人家,是非不入于耳,荣辱不关于心,晴和日睡早,风雨夜梦长,陶陶然何乐如之!朱夫子有言曰:'居家戒争讼,讼则终凶。'夫理直犹须含忍,若捏故架控,多造机关,多坏心术,经官府审断,亏体辱亲,倾家荡产,有何裨哉?士君子省身寡过,不当为客气所使,又要自作主张,不可听讼师教唆,财被人得,祸自己当。"〔2〕金城世孝堂《颜氏家规家训》亦明示息争。〔3〕浙江会稽《义门裘氏先世族约》中指出:"好讼争能,原非仁厚之风。乃近来以此相尚,小事角口,即架词告官。及一事获胜,公门一出,便高视阔步,逢人自张。独不思蝥棘公庭,囚首乞怜,是何等形状?胥差窘辱,摇尾告哀,是何等卑贱?天下可羞可辱之事,孰有甚于此者乎?乃诩诩然自以为得志,吾不知其肺肠何如也?况彼此角气,兵连祸结,蔓害无休,破家殒命,悉基于此。溯厥所由,皆小不忍所致……凡我族人,戒之哉!戒之哉!"〔4〕所以,当宗族内部成员发生冲突或纠纷时,为了维护宗族的稳定与和谐,采用调解方式解决成员间的冲突或纠纷就成为宗族首领的重要职责。可见,儒家文化亦形成了国家法律与地方规范在实践当中的文化内核。

黑格尔谈到中国问题时指出,这种关系表现得更加切实而且更加符合它的观念的,便是家庭的关系。中国纯粹建立在这一种道德的结合上,国家的

---

〔1〕 卞利编著:《明清徽州族规家法选编》,黄山书社2014年版,第226页。

〔2〕 陈建华、王鹤鸣主编,周秋芳、王宏整理:《中国家谱资料选编》第8册《家规族约卷上》,上海古籍出版社2013年版,第30页。

〔3〕 金城世孝堂《颜氏家训十条》曰:"凡治家之人,事无巨细,争心不已必致成讼。初为争财争气,小事也看得极大一般。及至成讼,拖累日久,用费过多,方悔因小而失大,恨已晚矣。是皆一时躁急,不能忍辱,往往听信讼之言,不能体察真伪,揆度事变之故。若遇非义之加,能以理胜气,以义制忿,细思:一时任气,后来如何了结;一字入官,将来如何审理;如何不致敛怨损财。则争自息,而讼自无矣。范忠宣曰:'能以责人之心责己,恕己之心恕人,不患不到圣贤田地。'圣贤而忧讼乎?有讼则天也,非人也。至若健讼之徒,遇事风生,挟官恣肆,以自逞其恶才,横吞善类,此鬼神之所殛,岂惟王法之所不容?"参见冯尔康主编:《清代宗族史料选辑》(下),天津古籍出版社2014年版,第1903页。

〔4〕 陈建华、王鹤鸣主编,周秋芳、王宏整理:《中国家谱资料选编》第8册《家规族约卷上》,上海古籍出版社2013年版,第69页。

特性便是客观的"家庭孝敬"。中国人把自己看成是属于他们家庭的，而同时又是国家的儿女。在家庭之内，他们没有独立的人格，因为他们的生活单位是血统关系和天然的义务。在国家之内，他们一样缺少人格。因为国家内大家长的关系最著名，皇帝犹如严父，为政府的基础，治理国家的一切部门[1]。梁漱溟认为："中国的家族制度在其文化中所处地位之重要，及其根深蒂固，亦是世界闻名的。中国老话有'国之本在家'及'积家而成国'之说；在法制上，认为家为组织单位。中国所以至今被人目之为宗法社会者，亦即在此。"[2]中央王朝作为社会结构的最顶端以"家制"治国，家庭作为社会结构的最末端亦以"家制"治家，地方社会作为家国之纽带亦必然以"家制"治地方。所以说，中国古代地方社会法治运行模式的最大特征就是"家制"。

四、中国古代地方法治的文化分析

自古以来，中国的道德系统与法律系统并未截然分开，而是一直相互融合，互为渊源的。道德与法律就像古代社会治理这驾马车两侧的车轮，承载着维护社会秩序的重任，挥驰滚滚，一路走来。简单而言，在抽象意义上，道德是法律的灵魂，而法律是道德的权威之源，二者互为表里；而在具体表现形式上，则显现出道德的法律化倾向，和法律的泛道德化倾向。

所谓道德的法律化，是通过将道德上升为具有强制力的法律规范来实现的。先秦三代，作为道德的仪式化表现形式，礼本身就具有法律的性质，违反了礼的要求，也就是触犯了法律，会受到应有的制裁和惩罚。尤其是到西周时，周公在借鉴吸收夏礼、殷礼的基础上，对礼治进行改革厘定，使之进一步系统化，礼更趋于法律化，正式成为名正言顺的法律。《左传》载："礼，经国家，定社稷，序民人，利后嗣者也"[3]，"夫礼，天之经也，地之义也，民之行也"[4]。《礼记》载："道德仁义，非礼不成；教训正俗，非礼不备；分争辩讼，非礼不决；君臣上下，父子兄弟，非礼不定；宦学事师，非礼不亲；班朝治军，莅官行法，非礼威严不行。"[5]《荀子》亦载："事无礼则不

---

〔1〕 [德] 黑格尔著，王造时译：《历史哲学》，上海书店出版社 2006 年版，第 114 页。

〔2〕 梁漱溟：《中国文化要义》，上海人民出版社 2005 年版，第 15 页。

〔3〕 《左传·隐公十一年》。

〔4〕 《左传·昭公二十五年》。

〔5〕 《礼记·曲礼》。

成，国无礼则不宁。"〔1〕《周礼》所确立的基本原则就是"亲亲""尊尊"，与前文所言家国同构具有共通性，正是因为将治家的模式拿过来治国，才会把治家的礼拿过来作为治国的法，这是理所必然的。所以，违礼就是违法，"出于礼，则入于刑"。汉武帝时，罢黜百家，独尊儒术，董仲舒通过阴阳五行相需而成的理论来证实天人感应的必然性，从而得出了"德主刑辅"的结论的正确性与合理性。他认为，君主治理天下应该法天，而法天的基本原则本诸《春秋》。他稽考《春秋》之文，求王道之端绪，找到一个"正"字。《春秋》开篇即说"春王正月"，正字排在王字之后，王字又排在春字之后，春是天体运行方式，正是王的行动方式，这个排列顺序表达的意思就是，王者上承天之所为，也即天道，而下正其所为，也即人事。那么王者欲有所为就当求之于天道了。此所谓：

> 天道之大者在阴阳。阳为德，阴为刑；刑主杀而德主生。是故阳常居大夏，而以生育养长为事；阴常居大冬，而积于空虚不用之处。以此见天之任德不任刑也。天使阳出布施于上而主岁功，使阴入伏于下而时出佐阳；阳不得阴之助，亦不能独成岁。终阳以成岁为名，此天意也。王者承天意以从事，故任德教而不任刑。刑者不可任以治世，犹阴之不可任以成岁也。为政而任刑，不顺于天，故先王莫之肯为也。今废先王德教之官，而独任执法之吏治民，毋乃任刑之意与！孔子曰："不教而诛谓之虐。"虐政用于下，而欲德教之被四海，故难成也。〔2〕

这实际上是将道德法律化的最高诠释，一方面把符合儒家原则的道德通过法律表现出来，另一方面将儒家道德原则引入司法过程，被称为"春秋决狱"。

> 春秋之听狱也，必本其事而原其志。志邪者，不待成；首恶者，罪特重；本直者，其论轻。是故逢丑父当斩，而辕涛涂不宜执，鲁季子追庆父，而吴季子释阖庐，此四者，罪同异论，其本殊也。俱欺三军，或

---

〔1〕《荀子·修身》。
〔2〕（汉）班固撰，（唐）颜师古注：《汉书》卷五十六《董仲舒传》，中华书局 1962 年版，第 2502 页。

死或不死；俱弑君，或诛或不诛；听讼折狱，可无审耶！故折狱而是也，理益明，教益行；折狱而非也，闇理迷众，与教相妨。教，政之本也，狱，政之末也，其事异域，其用一也，不可不以相顺，故君子重之也。[1]

通过立法将道德上升为法律，在司法过程中，又时时以道德为修正法律的更高准则，充分体现了道德的法律化。至唐时，"引礼入律"的过程基本完成，长孙无忌在《名例》篇疏议中称"德礼为政教之本，刑罚为政教之用，尤昏晓阳秋相须而成者也"。[2]体现宗法伦理关系的礼，基本上法律化了，以致"一准乎礼"成为后世历代法律制定的最高准则。

在道德法律化的同时，法律也充分体现出了泛道德化的特征，这实际上是一个问题的两个方面。但道德与法律毕竟不是完全重合的，道德让人感其温情脉脉，而律法则给人以冷酷无情的印象。二者的区别在平时表现得并不突出，但在选择适用时往往又处两难境地。官员尤其是地方官员在审理案件时，往往并不十分钟情于直接援用法律，而是用道德来劝谕。前文曾引用过不少这方面的例子，此处仅举一《名公书判清明集》中的案例，即刘后村"定夺争婚案"之判词：

> 吴重五家贫，妻死之时，偶不在家。同姓吴千乙兄弟与之折合，并挈其幼女以往。吴重五归来，亦幸其女有所归，置而不问。未几，吴千乙、吴千二将阿吴卖与翁七七为媳妇，吴重五亦自知之。其事实在嘉定十三年十一月。去年八月，取其女归家，至十一月，复嫁给李三九为妻，致翁七七经府县有词。追到吴千二等供对，却称先来系谋娶得阿吴为妻，自知同姓不便，改嫁与翁七七之子。同姓为亲，抵冒法禁，离正之可也，岂应改嫁接受财礼？吴千二将阿吴嫁与翁七七之子，固是违法。然后来已自知情。又曾受过翁官会二贯文，岂应复夺而嫁之？但阿吴既嫁李三九，已自怀孕，他时生子合要归着。万一生产之时，或有不测，则吴重五、李三九必兴词讼，不惟翁七七之家不得安迹，官司亦多事矣。当厅引上翁七七，喻以此意，亦欣然退厅，不愿理取，但乞监还财礼，别行婚娶。阿吴责还李三九交领。吴千乙、吴千二、吴重五，犯在赦前，且

〔1〕（清）苏舆撰，钟哲点校：《春秋繁露义证》，中华书局1992年版，第92—94页。

〔2〕（唐）长孙无忌等纂，刘俊文点校：《唐律疏议》卷一《名例》，中华书局1988年版，第3页。

免于断引，监三名备元受钱、会，交还翁七七。[1]

从中可以很清晰地看出，刘后村判案的依据除了法律之外，更揆诸情、理，也就是道德。可以说，在法律的运用过程中，一刻也离不开道德的指归。

除了上述道德与法律的关系之外，还有专制与自治的互相参用。中国古代的社会治理模式，大抵会被认为是专制的。这一结论用于中央王朝，大致是符合实际的，但将之应用于广大地方社会，尤其是基层社会的治理，则存在一定认识上的误区。由于中国的地域广阔，而信息沟通方式原始落后，中央对地方的控制（除了少数动荡时代）不可能完全渗入到基层社会中。中央王朝对基层社会的控制主要是通过对地方官的完全控制来实现的，地方官的一切命运完全掌握在中央王朝或者说君主的手中，这当然也可以说是专制的一种重要表现形式。但地方官员作为国家权力在地方的代表能否在本辖区内施行有效的专制呢？可以说其有此权力却无此能力，所以其只能借助民间精英的力量，来对基层社会进行间接治理，可以称为"以乡治乡"。这种间接统治的中介力量就是民间精英，其中主要是士绅和宗族（在国家力量深入渗透乡土社会的时期还表现为保甲）。

费孝通认为，士绅是封建解体，大一统的专制皇权确立之后，中国传统社会所特具的一种人物。事实上，士绅是中国传统社会自科举制以来产生的一个独特的社会阶层，具体而言，是具有秀才以上功名或一定职衔，介于官僚与平民之间，不同于官、又区别于民的封建统治阶级内部的一个在野的特权阶层，是名副其实的地方权威，并构成了封建统治的社会基础。有的人是取得功名但没有入仕的，有的人是做了官回家养老的，他们具有人们所公认的政治、经济和社会特权以及各种权力，并有着特殊的生活方式，同时承担了若干社会职责。他们视自己家乡的福利增进和利益保护为己任[2]。在政府官员面前，他们代表了本地的利益。他们承担了诸如公益活动、排解纠纷、兴修公共工程，有时还有组织团练和征税等许多事务。他们在文化上的领袖作用包括弘扬儒学社会所有的价值观念以及这些观念的物质表现。士绅在民间模式中的权威和声望来自于他作为主持人的身份，士绅成员经常趋于掌握

---

[1] （明）张四维辑，中国社会科学院历史研究所宋辽金元史研究室点校：《名公书判清明集》，中华书局 1987 年版，第 348 页。

[2] 参见于建嵘："清末乡村皇权、族权和绅权的联结"，载《探索与争鸣》2003 年第 3 期。

地方组织的机要地位。他们掌握一些专业性的伦理观念和规范，宣扬秩序的重要性，每个人都必须按照在社会结构中所处的地位行事。作为乡土社会的传统权威，士绅在不同程度上参与了所有的社会治理运行模式。宗族也是如此，宗族制是按家长制原则组织起来的。族长被视为宗子，为一族之尊，合族之长，位尊望崇，掌握很大的权力，他是"族权"的体现者。一族之内又按昭穆亲疏分成若干支，支下又有"房"，房有房长。大的宗族还有"族正""宗直""户头"一类的执事人员，佐助族长，处理各种事务。富春瓜邱《孙氏家范》规定："宗族必立一家长，以率一族之众。凡大小事务，将有谋为，必先启禀家长。许则行，不许则止，毋得自专，以犯教令。其长，必以年高德劲，众所推重者为之。"[1]可知族长的产生一般多按照辈分、年龄、德行、威望、官爵来推举。如四川云阳涂氏之族长"由全族择廉能公正、人望素孚者，公举充任"。[2]一般农村，大多数为聚族而居，其族长不特具全村之行政权，凡涉于民间诉讼案件及族中私事，亦有处决之权。族长权力的凭借是"礼"与"法"。从"礼"来说，根据宗法和纲常名教的一套礼制，族长处于"尊尊"的地位，"名分属尊，行者宜恭顺退让，不可渎犯"。另外，族长又可执行"家法"，有如官吏之执行"王法"。"家之有长，犹国之有官。敢有詈骂尊长，越礼犯分者，通族权其轻重，公同处置。"为"子姓视效所关，宗族家务所系"，对不守家法、违背教训者，随其轻重处罚。在家族范围内，社会治理的践行者当然属于族权。这表明，在地方社会治理过程中，社会在一定程度上保持着自治的特征。

---

〔1〕《孙氏家范》曰："古者宗法，立事必主于宗子，今宗法废矣。一族之事当主于一族之尊者，一家之事宜主于一家之长者。但为尊长，务要公正平直，不可偏爱、偏恶……"（杭州市富阳区史志办公室、杭州市富阳区档案局编：《富阳历代宗谱序记选编》，西泠印社出版社2016年版，第393页。）

〔2〕 涂凤书纂修：《云阳涂氏族谱》，1930年活字本。

清代州县佐贰官司法权探析*

摘要：清代佐官制度存在的特殊性、层次性以及权力不均衡性对州县司法实践产生了重要影响。清代州县佐贰官在勘验、缉捕、审断、执行等方面拥有不同程度的司法权。清代法律对州县佐贰官的司法权严加限定，但在实际治理中又采取调和策略，导致州县内部结构产生了"复合初审制"的特殊效果，而基层更是存在大量边缘司法现象，这些使得州县司法呈现出一种"法亦有法"的状态。州县内部存在的民事与刑事审判区分，体现了按照事权管理进行司法管理的原则，具有积极意义，但是在行政权与司法权合一的背景下，他们实际上只是区域内特殊的集权者，与现代法治的分权理念大相径庭。

关键词：佐贰官；司法权；勘验；审断

　　自秦汉以来，专制王朝为了强化政府特别是地方政府内部的监督，便着力推行职官正佐间相互牵制的制度，这渐渐成为皇帝驾驭百官、中央统辖地方的一种重要方式，在历史上曾经发挥过相当效能。明清时期，随着州县主官负责制的日趋强化，正佐监督机制逐渐淡化，清朝统治者更是力主建设一级"简约而高效"的州县政府。[1]在此历史背景下，将行政成本、职官数量

---

　　* 本文曾发表于《西南大学学报（社会科学版）》2014年第4期。本文系已故师弟王兆辉的部分研究遗稿的基础上完成的。兆辉师弟笃爱学术，为学勤勉，生前曾分别在南开大学周恩来政府管理学院、日本爱知大学大学院中国研究科攻读博士学位，曾专注研究清代州县佐杂官，已有著述。然兆辉不幸早逝，遗有部分研究成果和资料，吾受其家人委嘱，代为整理发表，亦不忍其遗稿泯于无闻，故继续研究，成文数篇，陆续附之诸刊。以志对兆辉的纪念。

　　〔1〕黄宗智："集权的简约治理——中国以准官员和纠纷解决为主的半正式基层行政"，载《开放时代》2008年第2期。

及功能与地方有效治理结合，发挥等级官僚制度最大效能，便成为统治者积极追求的目标。康雍乾时期，随着州县佐杂分防制度的逐步确立与完善，州县佐贰官（州同、州判、县丞、主簿）经历了专制集权时期佐官制度从"佐而不贰"到"贰而不佐"以至"非佐贰"的历史嬗变，成为具有特殊意义的区域"主官"。对于清代州县佐贰官的司法问题，既有研究多从整体州县司法、佐杂群体、地域或者职权某一方面进行论述，少有关于佐贰官司法权的专门论述。[1]事实上，清代佐官制度存在的特殊性、层次性以及由此产生的权力不均衡性对州县司法实践产生了重要影响，甚至促成了部分州县内部"复合初审制"的形成。本文主要从律例规定、勘验权、审断权、监管权、代监权等方面对清代佐贰官的司法权进行论述，从而揭示清代基层存在的特殊司法现象。

一、清代州县佐贰官司法权的法律禁止

明清以前，州县佐贰官虽非印官，但受理民词并非法律所严禁，甚至曾为其专权。[2]随着明清时期州县权力的日益集中，州县佐贰官受理词讼的行为逐渐被严格限定。明代有"凡清军、捕盗等官有应问词状必由掌印官受理转发问断"的旧例，弘治年间又有"非掌印官不许受词讼，而佐贰官分理一事者，各以其事受词"的新例，[3]受理词讼逐渐成为印官独享的权力。

清袭明制，清律在继承明律基础上又增制了更为繁杂的律例体系，是以律、条例、则例、事例、省例、成案、告示等构成清代法律之渊源，而严限

---

〔1〕 涉及佐贰官司法权的相关论著主要有：瞿同祖《清代地方政府》（范忠信、晏锋译，何鹏校，法律出版社 2003 年版）、那思陆《清代州县衙门审判制度》（范忠信、尤陈俊校，中国政法大学出版社 2006 年版）、日本织田万《清国行政法》（李秀清、王沛点校，中国政法大学出版社 2003 年版）、吴吉远《清代地方政府的司法职能研究》（中国社会科学出版社 1998 年版）、李凤鸣《清代州县官吏的司法责任》（复旦大学出版社 2007 年版）、吴佩林《万事胚胎于州县乎：〈南部档案〉所见清代县丞、巡检司法》（载《法制与社会发展》2009 年第 4 期）、茆巍《万事胚胎始于州县乎？——从命案之代验再论清代佐杂审理权限》（载《法制与社会发展》2011 年第 4 期）等。

〔2〕 （唐）杜佑撰，王文锦等点校：《通典》，中华书局 1988 年版，第 920—921 页。

〔3〕《明孝宗实录》载："吏部主事杨子器言……近例，非掌印官不许受词讼，而佐贰官分理一事者，各以其事受词。赴京越诉者不戒，连累致死者不偿，且词讼多则赃罚多，而为上司者未尝计所属之赃罚，以绝奸贪。请申明旧例，凡清军、捕盗等官，有应问词状，必由掌印官受理，转发问断，仍关牒申上官巡历去处。除申辩冤抑、举正违错外，其不经州县越诉者，不许受理。有司岁终具词讼及赃罚数目，呈巡抚、巡按官稽考。其掌印官应受状而不受者，逮问刑部覆奏。从之。"（《明孝宗实录》卷一百九十八，弘治十六年四月癸亥，上海书店出版社 1984 年版，第 3672—3673 页。）

佐杂擅受的惯例也得到延续。清代法律规定，如果佐贰等官擅准词状，则要降一级调用，正印官不行详查，则罚俸一年；若因佐杂擅受、印官滥批致毙人命，则佐杂将立即被革职且永不叙用，而印官则据情形受到降级或革职的处分。[1]在地方，各省也有相应的条文严禁佐杂擅受民词："设官分职，各有专司，有刑讯之权者则设立刑具，有抚字之责者则审理民词。他如武职大小员弁，职在修明武备，训练巡防；文职佐杂各官，或分司缉捕，或专管监狱，均不得私设刑具，擅受民词。"[2]在州县治理中，因为事关切身利益，州县官往往将禁止滥批佐杂词讼视为"官箴"而加以牢记。

另外，清代法律不仅禁止州县佐贰官擅受词讼，而且禁止其擅设和擅讯。州县审理案件可使用法定刑具依法进行刑讯，对于犯十恶等死罪以及犯抢夺、

---

〔1〕（清）沈书城：《则例便览》，收录于四库未收书辑刊编纂委员会编：《四库未收书辑刊》（第2辑第27册），北京出版社1998年版，第406—407页。

〔2〕《福建省例·刑政例》先是在《清讼事宜八条》中申明了州县主官必须躬亲六事，不得尽信幕友丁书。牧令为自古要官，百姓之所托命，非才德俱优，难言称职。然天下安得许多龚、黄、卓、鲁萃于一方？吾辈与人为善、悬格不可太高；但求中材可勉者。苟能以勤字为本，事事必躬必亲，便可造第一等循吏。乃各州县每逢三八告期，或委典史收状，或由承发房将呈词送交门丁，门丁积压数日，送交幕友，幕友拟批挂榜，而本官尚不省呈中所告何事。至判阅稿票时，任丁书主政，按照呈内姓名，全数差传，不敢删减一名。其至经年累月，未尝坐堂讯问。两造破家荡产，求息讼而不能。此小民所以困穷，案牍所以丛积也。今与诸君约，有六事宜亲者：放告之期，必须亲自收状；能断者立予断结，不能断者交幕友拟批，必须亲自细校，分别准驳、准理者；差票传人，必须亲自删减；命盗案件，以初起供招为重，必亲自勘验，愈速愈妙；承审限期何日解勘，何日详结，必须亲自计算；监禁管押之犯，常往看视，每日牌示头门，每月册报上司，必须亲手经理。六者皆能，则听讼之道失者寡矣。本部院历任以来，从不用签押门丁料理稿案，事事皆系亲办，愿与僚属共勉之。如有怠惰偷安、不肯躬亲者，分别酌惩。如其识字太少，不能躬亲者，严参不贷。继而又在《严禁武职及文职佐杂各官私设刑具擅受民词条》中申明佐杂官不得擅理词讼。同治十年（1876年）五月二十九日，奉兼署总督部堂文、巡抚部院王会札：照得设官分职，各有专司，有刑讯之权者则设立刑具，有抚字之责者则审理民词。他如武职大小员弁，职在修明武备，训练巡防；文职佐杂各官，或分司缉捕，或专管监狱；均不得私设刑具，擅受民词。乃本兼署部堂、部院风闻闽省各营武职暨各属佐杂，竟有违例私设擅受情事，而台湾为尤甚。不特大干功令，抑且有碍民生。何以该管上司毫无觉察？深堪骇异！亟应申明定制，通饬禁革，以除积弊，而挽颓风。除通饬台、内各镇、协、营并各道府州转饬所属一体遵照，嗣后文武大小各官，务须恪守官箴，屏除陋习。武职员弁及文职佐杂，遇有拏获命盗等项人犯，均即解交有司衙门审办，毋得私设刑具，擅自刑讯。其民间词讼，更不准擅受干预。至各处课厘局卡，专为抽收课厘，或查验偷漏而设。各局卡委员如有获到私枭及漏私人犯，亦即送交地方官确讯究惩，毋许该委员等擅自用刑。仍责成该管道府及管辖之营员，就近认真稽察。经此次通饬之后，倘再有违例私设刑具，擅受民词，滥行拘押用刑各情，定即撤任，从严办理，并将该管上司一并参处，决不姑宽，勿谓言之不预也。仍将遵办缘由先行禀覆外，行司即速一体移饬遵照等因，移行遵照在案。

强盗、窃盗、贪污、人命等重大案件重犯，州县可使用夹棍、拶指进行刑讯，对于州县自理案件，法律则禁止擅用。清代可以使用夹棍、拶指的法定衙门主要包括三法司、督抚、按察使、正印官，其余大小衙门则被禁止擅用。除不准乱用上述刑具之外，实际上佐杂官还被禁止擅用"掌嘴"刑。但是遇到特殊情况则又有一番规定，若系印官批发审理，并经批准方可刑讯；若佐贰等官并武弁擅设夹棍、拶指等刑具或执行掌嘴之刑，且不经呈请而擅用，经督抚题参，除本人将受到议处外，正印官也会因失察受处。[1]尽管清朝统治者对佐杂官司法行为进行了明确规定，但在州县实际治理过程中，呈现的却是另一番情形。

二、清代州县佐贰官的勘验权

诸如斗殴之类的轻刑案件的检验工作原则上应由州县官亲自完成。清代法律规定，遇到斗殴伤重之人，凡附近城郭及事简州县，照例应由州县官亲验；对于离城窎远之区及繁冗州县，不能逐起验看者，可委派佐贰巡捕等官代验，仍听州县官定限保辜，若州县官推诿，一概委派佐贰巡捕代验，则要受到惩罚。[2]此外，一些涉及田土勘丈的民事案件，州县佐贰官、巡检等官同样拥有勘验的权力，但是在实践中，出于对佐杂官的不信任，以汪辉祖为代表的一些州县官认为即便遇到勘案，州县官也应亲自主持勘丈而不应转委佐杂官，以免徒费民财。[3]"人命重情，全凭尸伤定案，伤杖相符，供情明确，问拟始得平允。"[4]由于人命案件中确认致命伤尤为关键，主持验尸工作便成为州县官最为重要的司法权。按照《钦定六部处分例》的规定，地方遇到强劫盗案呈报，州县印官须不论远近、风雨，立即与所在地区营汛查验；如果州县官不亲自查验或擅自捏报，则因私罪革职；若有查验迟延，州县官则根据迟延日期受到降级调用甚至革职的处分。如果失事地方印官公出，则佐

---

〔1〕 马建石、杨育棠主编：《大清律例通考校注》，中国政法大学出版社 1992 年版，第 1040—1043 页。

〔2〕 （清）昆冈、李鸿章：《钦定大清会典事例》（卷808），光绪二十五年（1899 年）石印本。

〔3〕 （清）汪辉祖：《学治臆说》（卷上），收录于沈云龙主编：《近代中国史料丛刊》（第 27 辑），文海出版社 1966 年版，第 287 页。

〔4〕 （清）田文镜、李卫撰，韩秀桃点校：《钦颁州县事宜》，收录于郭成伟主编：《官箴书点评与官箴文化研究》，中国法制出版社 2005 年版，第 117 页。

贰捕官须一面会同营汛先行勘验查缉，一面申请临近印官复加查验〔1〕。在这种情况下，州县佐贰官并非独享勘验权，而需要有邻县印官复验的程序。雍正十三年（1735年）规定，遇到人命案件呈报，若印官公出，即由佐贰官相验，不必转由邻县代验。〔2〕乾隆元年（1736年）改定：遇到人命案件呈报，州县印官须立即亲自勘验；如果印官公出，该地方州县佐杂官须移请五六十里以内邻县印官代验。倘若邻县地处弯远，不能朝发夕至，或者印官他出不能兼顾，可禀请上司委派同城同知、通判、州同、州判、县丞等官代验，待印官公回审断，但禁止滥派杂职，若上司不行查明，轻率委派佐杂官代验，则因公罪受到降一级处分。〔3〕这一规定尽管改变了雍正末年佐贰官代验权等级序列，但是确认了州县佐贰官拥有的特殊勘验权限。这也带来一个亟待解决的特殊问题：若那些未设佐贰官或虽设佐贰官而又不同城的地方州县遇到印官公出的情形，命盗勘验工作该如何进行呢？

乾隆时期，逐渐采取了更多灵活策略来应对该问题，起初虽只限于个别区域，但最终以"惯例"形式演变成为制度渊源。乾隆十六年（1751年）规定：贵州、四川等省遇到命案，府州县无佐贰官或有佐贰官而不同城者，遇到印官公出，经历、知事、吏目、典史等官可带领件作进行验尸工作，报名印官回日查验，若印官不能即回，须请邻县印官查验通报。各省有与贵州、四川类似者可酌量办理。乾隆十八年（1753年）又规定：各省州县同城并无佐贰，临封弯远地方，遇有呈报人命，印官公出，如系吏目、典史分辖地方，即日可以往返者，令吏目、典史验立伤单并申报印官；其距城遥远、往返所需数日的地方，州吏目、县典史应一面移会该管巡检就近往验填注伤单，一面申请印官进行复验通报。〔4〕这些佐杂官所拥有的命盗勘验权只是特殊情形下的临时性赋予，对一些拥有专防辖区的州县佐贰官而言，其命盗勘验权则又有另一番情形。例如：在广西凌云，若在离县三百里天峨哨地方发生命案，则由分驻其地的县丞负责带领件作勘验，由县负责承审，不及三百里者仍照

〔1〕（清）文孚：《钦定六部处分则例》，收录于沈云龙主编：《近代中国史料丛刊》（第34辑），文海出版社1973年版，第815—816页。

〔2〕马建石、杨育棠主编：《大清律例通考校注》，中国政法大学出版社1992年版，第111页。

〔3〕（清）文孚：《钦定六部处分则例》，收录于沈云龙主编：《近代中国史料丛刊》（第34辑），文海出版社1973年版，第822页。

〔4〕（清）昆冈、李鸿章：《钦定大清会典事例》（卷808），光绪二十五年（1899年）石印本。

旧由州县负责；在全州和西隆两州，若距州城一百里外发生命案，则分别由分驻地方的州同、州判负责代验，交州承审，不及百里之案仍照旧例办理[1]；在四川省冕宁县属冕山地区，距县一百七十里，路当孔道，汉番杂居，若该地发生命盗案件，分驻冕山县丞则随即勘验[2]，而在崇庆州，州同所属怀远镇地方"遇有人命，令该州同就近相验，拘唤犯证解州审详，如有抢劫、逃犯限满无获稽失察各案，即将该州同查参议处"[3]。这意味着在州县有效控制距离之外，一些分防佐贰官拥有常态化的命盗勘验权。当然，佐贰官司法权的扩大必然带来一些弊端，所以王朝上下也时刻在关注和纠正[4]。

从上述史料至少可以得出如下几点结论：其一，清朝并不完全排斥佐贰官的司法勘验权，而且这种情况在司法实践中相当普遍，让州县佐贰官实际参与命盗勘验程序属于既定程序中的"第三选择"；其二，对于距离窎远之地的分防佐贰官而言，他们可能是法定命盗勘验的"首选"，与印官无异；其三，当未设佐贰官或设有不同城佐贰官的州县遇到特殊情形时，该项权责才会转嫁到经历、吏目、典史、巡检等次级官僚群体手中，而该权力主体的扩展及权力的下放要以印官复验为前提；其四，与杂职官相比，在同时设有佐杂官缺的情况下，与印官同城的州县佐贰官在特殊情况下具有一定的命盗勘验优先权。

---

〔1〕（清）昆冈、李鸿章：《钦定大清会典事例》（卷844），光绪二十五年（1899年）石印本。

〔2〕《清高宗实录》卷一百十四，乾隆五年四月庚辰，中华书局1985年影印版，第10册，第675—676页。

〔3〕（清）丁荣表、顾尧峰：《崇庆州志》（卷3），嘉庆十八年（1813年）东阁藏本。

〔4〕《清高宗实录》载乾隆二十八年（1763年）十月壬寅谕："据佛德奏，外省官员到任，定例将管事长随开具姓名、籍贯，造册通报上司存案，以防奸宄。今有于长随之外，另名管理杂务之人，应请一体造册通报。一经犯法即照例分别治罪一摺。佛德向历外任，此奏必实有所见闻，但所陈办理之法，不过令将姓名、籍贯造册申报，殊于事理未得。繁要况造报，徒事纷繁，久且具文塞责，保无另立名目，仍非所以杜根株而绝弊窦。外省各衙门，既有幕友佐理案牍，复有长随供其驱使，斯亦足矣。今乃于幕友长随外复有办理杂务之名，甚至滥冒顶滞，混厕官场，侵事权而滋奸伪，莫此为甚。至衙署中或子弟随任读书，或近亲依居糊口，亦常情所不能无。但竟使其干涉公务，出入无忌。又安保无不肖之徒藉口办公，招摇生事者耶？著通谕各督抚严饬所属，将办理杂务名目力行禁止，加有违犯，即行据实参究，重示惩儆，以昭炯戒。倘不实力奉行，致所属以私人而代公务，滋生事端，惟该督抚等是问。"（《清高宗实录》卷之六百九十七，乾隆二十八年十月壬寅，中华书局1985年影印版，第17册，第807页。）

三、清代州县佐贰官的承缉权

清朝州县捕官主要是指州吏目、县典史，事实上州县佐贰官同样担负着辖区内的缉捕职能，他们也是承缉权的拥有者。清代州县官吏的承缉权往往与辖区治安权联系密切。清代有些州县佐贰官职名称本身便有"巡捕"，以示缉捕之权责，部分州县佐贰官甚至还兼任巡检，辖有弓兵若干〔1〕。

命盗案件，州县官于勘验后需将案情报告上级衙门，若知情隐讳，还要受到相当严厉的惩罚。以盗案为例，一般直省发生盗案后，接到呈报，州县承缉也随之展开，对于交界地区，相邻州县负有协缉之责，若逾限不获，相关文武官吏均要受到处分。在承缉方面，文武职官员分别专管、兼管、统辖论责，其中以专管官（又称承缉官）所受处分最重。清朝专捕官主要是指州县官以及负责州县全境的县典史和州吏目，若州县有州同、州判、县丞、主簿、巡检分驻，则情况又有所不同。《钦定六部处分则例》规定："盗案疏防失事地方，系吏目、典史管辖者，将吏目、典史查参；系巡检管辖，将巡检查参；其捕盗同知、通判、州同、州判等官有分防地面者，亦照此例。"〔2〕如宛平县分驻庞各庄县丞，负责稽察所辖附近六十九村，遇有盗劫案件承担主要协缉责任，归南路同知管辖。〔3〕光绪年间，永康县永仙分防县丞驻八宝山，专管永康县属四十六七都及仙居县属二十三四都，遇到盗案疏防、承缉不力，分防县丞需要承担专责。〔4〕

上述情形至少表明这样一种权责关系，即分防之地若发生命盗等刑事案

〔1〕（清）周淦等修，（清）高锦荣纂：《灵宝县志》卷三《职官》，光绪二年（1876年）刊本，收录于《中国方志丛书》（华北地方第491号），成文出版社有限公司1976年版，第329页。

〔2〕（清）文孚：《钦定六部处分则例》，收录于沈云龙主编：《近代中国史料丛刊》（第34辑），文海出版社1973年版，第949页。

〔3〕《清仁宗实录》谕内阁："刘镮之等奏，请于县属村庄移驻文员以资稽察一摺。据称，顺天府南路厅所属大兴、宛二县村庄，地界延长，盗窃案件较多。大兴县属，尚有旧设巡检三员，分管南路地面。宛平县之六十九村庄，祇有营弁分缉，并无文员弹压等语。著照所请，将宛平县县丞移驻庞各庄适中，所有附近六十九村，并归该县丞稽察。遇有盗劫案件，作为协缉开参。归于南路同知管辖，仍照原品升转。其大兴县属旧设巡检三员，并著一体归南路同知考核，以专责成而资整饬。"（《清仁宗实录》卷之三百六，嘉庆二十年五月丁未，中华书局1986年影印版，第32册，第67页。）

〔4〕（清）卫荣光：《（光绪十四年）移设县丞都司及建置事宜疏》，收录于（清）葛士濬编：《清经世文续编》，上海书局光绪戊戌年（1898年）石印本。

件，这些分防官实际上是辖区内主要承缉官，由于这些分防官往往与所在地区营、汛兵丁驻地相隔不远，在出现治安问题时双方还存在相互协作配合的空间，是官方所构建的"文武相纬"治安体系的基础。

四、清代州县佐贰官的审断权

清朝律例严禁佐贰官擅受词讼，其审断权似无从谈起，然而在实际运作过程中，一些州县佐贰官还是承审了民词并施以刑罚，其审断权力既有合法授权，又有擅受情形，而后者成为清代州县司法审断的边缘形式。

在福建福清，雍正年间县丞移驻海坛地区，可就近办理征催及民间词讼，徒、流以上案件仍归该县审拟完结。[1]又如，在奉天宁远州，州判驻扎中后所，一切人命相验、户婚、田土、斗殴等事均由州判审理。[2]又如，在浙江省黄岩县，同治年间县丞移驻乌岩，凡是"斗殴、赌窃、奸私、索诈及户婚、田债事，罪在枷、杖下者，或被禁喊求押放等归县丞办理，结后移详备案。至徒罪以上及命盗案件，仍由县审勘，不得搀越"。[3]在这些区域，州县佐贰官的司法裁量范围被明确限定在斗殴、赌窃、奸私、索诈、户婚、田债等事，且处罚拟在枷、杖以下，至于徒罪以上及命盗案件，则无权审断，仍须印官裁决。雍正年间，贵州省南笼府永丰州同、州判分驻册亨、罗斛，署任贵州巡抚沈廷正奏请将册亨州同、罗斛州判照南笼通判管理钱粮、验尸、承审例，将册亨、罗斛地方一切命盗等案，着令州同、州判专管，仍令永丰州兼辖统理[4]。可见，册亨州同、罗斛州判具有承审命盗案件之权力。根据《钦定六部处分则例》的规定，永丰州分驻册亨州同、平番州分驻罗斛州判负责所辖

---

〔1〕（清）高其倬：《（雍正六年十二月二十八日）福建总督高其倬奏报酌筹应分应设州县情形折》，收录于中国第一历史档案馆编：《雍正朝汉文朱批奏折汇编》（第14册），江苏古籍出版社（现凤凰出版社，以下不再说明）1989年版，第296—300页。

〔2〕（清）昆冈、李鸿章：《钦定大清会典事例》卷八百四十五《刑部·刑律断狱》，光绪二十五年（1899年）石印本。

〔3〕（清）陈钟英、郑锡潯：《光绪黄岩县志》卷七《建制公廨》，收录于《中国地方志集成·浙江府县志辑》（第51册），江苏古籍出版社、上海书店出版社、巴蜀书社2000年版，第133页。

〔4〕（清）沈廷正：《（雍正七年二月初十日）署贵州巡抚沈廷正题请铸给永丰州册亨州同罗斛州判关防管理刑名钱粮本》，收录于中国第一历史档案馆编：《雍正朝内阁六科史书》卷四六《吏科》，广西师范大学出版社2002年版，第310—312页。

地方命盗勘验，但是人犯须解送该管知州承审招解。[1]这表明册亨州同、罗斛州判的司法权发生了较大变化，逐渐丧失承审命盗案件的权力，"勘而不审"。在清朝司法体制中，笞、杖刑案件由州县作出终审判决并执行刑罚。作为特殊区域主官的分防佐贰官，其本身仍是县级衙门，自然不存在超越州县司法的可能。清代州县佐贰官的合法审断权被严格限定在民事案件方面，而是否拥有刑事审断权便成为区分印官与佐贰官司法权限的重要标志。

值得注意的是，对于这些佐贰官的民事审判权，有时州县官还会与佐贰官达成某种默契，形成合作关系，产生了特殊的司法效果。从《南部档案》来看，分驻县丞对辖区内户婚、田土等民事纠纷具有裁决权，也可以实施"掌责"或"枷责"，只是所辖地方命盗重案须由县审办；如果乡民对县丞的裁决不服，还可控至县衙。[2]尽管乡民不服县丞初判可诉至县衙，但是原告或被告动辄赴县翻控的行为对州县司法裁判还是产生了不良影响。光绪十六年（1890年），时任南部县丞张保庆曾就歧控之案牒呈知县黄昆，拟立章程以整顿"刁告"，经黄知县准许，决定实行"嗣后如有歧控之案，查明何处具控在先，即归何处审讯"的词讼原则，取得了明显效果。光绪十七年（1891年），张保庆又呈请知县张贤符，希望继续实施上述原则。[3]南部县的例子表明在清朝部分州县内部，分防佐贰官与印官之间在区域司法审判问题上达成了一定的默契，形成了特殊的"上诉"程序并依靠强大的行政资源加以维系。"凡审级，直省以州县正印官为初审。不服，控府、道、司、控院，越诉者笞。其有冤抑赴都察院、通政司或步军统领衙门呈诉者，名曰京控。"[4]这意味着州县印官为司法初审者，但在一些州县内部，佐贰官是真正的初审者，印官只是复审者，形成了一种特殊的复合初审结构。

---

〔1〕《钦定六部处分则例》卷四十七《审断上·稽查佐杂》规定：佐杂官分驻地方遇有窃盗娼赌等犯，许其先行缉拿，随即解送印官审理。若延不解送，罚俸一年（公罪）。如有滥差需索情事以致死者，佐杂官革职（私罪），失察之印官降一级调用（公罪）。未致死者，佐杂官降三级调用（私罪），失察之印官降一级留任（公罪）。其或佐杂人员巧藉缉捕逆犯盗匪名色，滥差差役，苦累小民，即照佐杂官借捕扰民例，将失察之各上司一并议处。参见沈云龙主编：《近代中国史料丛刊》（第34辑），文海出版社1973年版，第949页、第973—975页。

〔2〕吴佩林："万事胚胎于州县乎：《南部档案》所见清代县丞、巡检司法"，载《法制与社会发展》2009年第4期。

〔3〕左平："清代县丞初探——以《清代南部县衙档案》为中心"，载《史学月刊》2011年第4期。

〔4〕赵尔巽等撰：《清史稿》卷一四四《刑法三》，中华书局1976年版，第4211页。

除去合法审断权，事实上基层存在大量佐杂官主导的"边缘司法"。如在江苏吴江，县丞驻盛湖镇，负责稽查赌博、窝娼、私宰、私铸、奸匪、盗贼、地棍、打降等事，户婚田土等民事，则不得干预。[1]然而，县丞实际上还是参与了司法审断这一越权事务，如县丞史尚确"性淳朴、清廉慈惠，判决民事，和颜讯结，两造皆服"。[2]在河南，同知、通判衙门刊有格式状纸，经历、照磨、州同、州判、吏目、丞簿、典史、巡检、驿丞等官有黑面手本，不论事之有无、理之曲直、情之虚实，一见即准。差役下州县提人，同知、通判行硃票，其余佐杂首领等官或出票拘押，或于手本尾末填注差役姓名，朱笔一点。[3]对于导致该现象的原因，汪辉祖曾提到，印官遇到冗小案件往往有不能不发佐贰官代讯之势[4]；黄六鸿也提到，民人遇到口角小事不便控于印官或者为发泄私欲之时，往往禀控至佐贰官[5]。州县佐贰官实际上也往往极尽钻营之能事，期待印官批发词讼获取私利，正所谓"凡赌博、酗酒、窃盗、奸拐、私宰、忤逆、斗殴、私盐等事，户婚、田产非应理之事，内有牵连赌博、拐骗等项，堂翁相好，亦可准究，必须与幕友斟酌，方免上司翻驳。总之，欲近利先远害，此秘诀也"。[6]可见，"边缘司法"的形成既有客观因素，也有主观因素，而该现象往往依托于官僚间的非正式关系。在极其讲求关系的中国，官僚之间因私人关系发生司法权"私相授受"现象也并非偶然，这种情况虽为清代法律所严禁，但只要维系良好关系网络不被揭发，"边缘司法"便有持续的效力，成为司法审断中的特殊形式。当然，对于佐贰官的审断权与调处权，应当区别对待。例如：在台湾地区，佐杂等官虽无法律规定之审断权，但事实上常违例受理民词；至于民事和轻微刑案调息行为，厅县官很少亲自参与调处，往往会令县丞、典史、巡检或差役协同总理、保

---

〔1〕《清高宗实录》卷七十一，乾隆三年六月庚戌，中华书局1985年影印版，第10册，第148页。

〔2〕（清）仲廷机纂：《盛湖志》卷七《政绩》，收录于《中国地方志集成·乡镇志专辑》（第11册），江苏古籍出版社、上海书店出版社、巴蜀书社1992年版，第493页。

〔3〕（清）田文镜撰：《抚豫宣化录》卷之三，收录于《四库全书存目丛书》（第69册），齐鲁书社1996年版，第124—125页。

〔4〕（清）汪辉祖：《学治续说》，收录于王云五主编：《丛书集成初编》（第892册），商务印书馆1939年版，第9页。

〔5〕（清）黄六鸿：《福惠全书》卷三十一《佐贰滥刑》，收录于四库未收书辑刊编纂委员会编：《四库未收书辑刊》（第3辑第19册），北京出版社2000年版，第358页。

〔6〕《佐贰须知》，收录于四库未收书辑刊编纂委员会编：《四库未收书辑刊》（第4辑第19册），北京出版社2000年版，第339页。

长等进行调解，而州县官批交佐贰官、首领官进行调处并不违反律例。〔1〕在司法领域，州县佐贰官执行调息具有合法性，而审断权并非既定权力。

五、清代州县佐贰官的执行权

州县衙门在刑罚的执行过程中扮演着极其重要的角色。对于笞、杖等刑罚，一般都是由州县作出终审判决并执行，福清、黄岩、南部等县规定表明佐贰官也确有执行刑罚的权力。此外，对于徒、流、死等刑案，州县佐贰官在监管囚犯、重犯处决等环节也拥有特殊司法权。

徒、流犯经判决后由督抚负责将相关囚犯定向发配，由府州县决配。按照规定，徒犯到配，以驿丞为专管，州县为兼辖；军流遣犯到配，发交州同、州判、县丞、主簿、吏目、巡检、典史等官收管者，以收管之员为专管，州县为兼辖；若徒犯无驿丞收管，则可照军流情形办理。〔2〕例如：甘肃陇州驻长宁驿州判，负责管理发驿充徒人犯，若有逃脱情形，以州判为专管，知州为兼辖开报议处〔3〕；在广西，各省流徒等犯到配后分拨各犯交内地保甲长，由附郭及四乡分领收管，分防佐杂官就近专管，朔望会同汛员查点，未设分防佐杂官地区，则由吏目、典史会同汛员查点〔4〕。

对于死刑案件，经过各级审判机构的审理，最终被判决为"立决"的死刑犯，将发回原审机构立即执行。对于在州县处决的重囚，州县奉到部文即日处决，若印官公出，则令同城州同、州判、县丞、主簿等官会同本城武职依日期代行监决；若该地方无佐贰官，责令该管知府委派同知、通判、经历等官至州县会同武职代监；监斩之后，佐贰等官须将印官公出缘由、代监者姓名、执行日期、监决犯人资料等报上司查核；在云南，遇到重案犯处决，

〔1〕 那思陆著，范忠信、尤陈俊勘校：《清代州县衙门审判制度》，中国政法大学出版社 2006 年版，第 253、291 页。

〔2〕《钦定六部处分则例》卷四十六《提解·徒流军遣到配分别专管兼辖》规定：徒犯到配，以驿丞为专管，州县为兼辖。军流遣犯到配，发交州同、州判、县丞、主簿、吏目、巡检、典史等官收管者，以收管之员为专管，州县为兼辖。（徒犯无驿丞收管者同）系知县为专管者，即照本管官例核议，无庸以知府、直隶州及丞卒等官为兼辖。参见沈云龙主编：《近代中国史料丛刊》（第 34 辑），文海出版社 1973 年版，第 949，973—975 页。

〔3〕（清）吴炳纂辑：《陇州续志》卷二《建制 城池》，乾隆三十一年（1766 年）刊本，收录于《中国方志丛书》（华北地方第 546 号），成文出版社有限公司 1976 年版，第 173 页。

〔4〕《清高宗实录》卷之六十四，乾隆三年三月丁卯，中华书局 1985 年影印版，第 10 册，第 48 页。

在印官公出、无同城佐贰官时，附郭州县仍照定例执行；非附郭之州县，可令州县吏目、典史会同营员代监，事后将印官公出及代监缘由上报备查。[1]按照通例，在正印官公出情况下处决重犯，同城佐贰官为代监首选，其次为知府委员代监，仅在云南一省存在吏目、典史代监的特例。与其他职官相比，在州县代监问题上，佐贰官具有一定的优先权。

任何一项制度成熟的标志不只体现在其于常态下有效运转，关键是其在非常时期仍能保持平稳而有效运作的惯性。面对勘验、缉捕、处决、民事审断过程中的特殊情形，统治者采取了一系列措施加以应对，州县佐贰官实际上也承担着重要司法权责，是清王朝应对危机的重要途径。这也导致法制上针对佐贰官的限制性规定陷入某种矛盾与冲突，但也产生了意外效果。在"强硬"与"妥协"之间，彰显了统治者无与伦比的强权与专断，成为"法亦有法"的权力支撑。州县内部存在的民事与刑事审判区分，体现了按照事权分类进行司法管理的积极意义，但是这种区分并不具备现代法治的分权理念，黄岩、福清等县分防佐贰官还负有分征赋税的行政职责，行政权与司法权仍然是合一的，他们实际上扮演着区域特殊的集权者角色。在等级官僚制度下，州县佐贰官虽秩卑禄薄，但亦非闲散，实为更"亲民"之官。

---

〔1〕（清）昆冈、李鸿章：《钦定大清会典事例》卷八百五十一《刑律断狱》，光绪二十五年（1899年）石印本。

国家、官绅与社会:清代州县佐杂官治区分防与治理

——以元和县为例[*]

中文摘要：清朝在那些距离地方权力重心窎远、秩序紊乱的基层区域，往往派遣佐杂官（如县丞、主簿、巡检等）执行分防任务，以强化区域治理。在实施过程中，分防的效果不仅取决于佐杂官自身，还取决于佐杂官与耆老、绅衿等地方势力之间能否建立良好的互动关系，能否在财力、物力、人力等方面获得支持。晚清时期，地方团练普遍兴起，遇警招募乡勇渐成常态，这一由地方士绅创建的民间武装力量，成为维护基层治安的支柱性组织，而以佐杂分防为代表的官方基层治安体系逐步成为象征性符号。

关键词：治区分防；佐杂官；社会治理

  州县是清代地方政府的重要一级，学术界关于州县及基层社会领域的研究已经取得了丰硕成果。近些年来，州县以下的行政官署设置及相关职官研究逐渐为学者所关注，"县级衙门是否是清朝统治终点"的问题逐步成为探讨的热点。学术界对州县以及广大基层组织进行了细致的研究，对国家、基层社会两个独立的治理领域有了较为详细的认识，但是在国家和社会之间的中间环节上，相关研究有待拓展。这些更为"亲民"的佐杂官在国家和乡村之间搭建了过渡的平台，对基层佐杂官行为的研究与分析将有助于我们从制度

---

  * 本文曾发表于《甘肃理论学刊》2015年第6期。本文系于已故师弟王兆辉的部分研究遗稿基础上完成的。

应然与实然两个方面理解清朝官吏与地方绅衿的关系，进而为探讨清朝国家与社会关系问题提供一个新的视角。近来有关县丞、主簿、典史、巡检等州县佐杂官的研究逐步引起重视，但从现有关于佐杂官的研究成果[1]来看，专门或者交叉研究总体上还显薄弱，而且大多偏重典章制度分析，对于佐杂官在分防区内实际行为状态的研究，则鲜有涉及。

德国政治经济学家和社会学家马克斯·韦伯曾指出：在"政权地域的各个部分，离统治者官邸愈远，就愈脱离统治者的影响；行政管理技术的一切手段都阻止不了这种情况的发生"。[2]在"天高皇帝远"的官僚制社会里，那些地理位置犬牙交错、华离难治、无人过问之"三不管"地区集中代表了国家统治权力的真空地带，而这些区域往往处于最为基层的乡村社会。在中国传统的基层社会治理格局中，国家权力与地方势力存在一定的界限，那里并不是同质化国家权力的完全延伸，以血缘、地域为基础的宗法权和绅权在基层乡村实际上处于主导地位。在这些国家权力边缘地带，在国家统治的根基和敏感地区，统治者也并非完全放任乡村社会无序状态。清朝在延续传统乡村治理方式的同时，根据实际管理状况，在一些距离州县权力重心弯远、州县交界且位置冲要地区，实行佐杂分防策略，将政治权力渗透到基层以加强区域治理，对国家与区域势力的地方治权进行调和。对于国家和基层社会

---

[1] 瞿同祖在《清代地方政府》（范忠信、晏锋译，何鹏校，法律出版社 2003 年版）第二章"州县政府"第四节中对清朝州县政府中州同、州判、县丞、主簿等佐杂官员的设置、分布、职责状况进行了概述，揭示了佐杂官员的卑微境况。柏桦教授在《明清州县官群体》（天津人民出版社 2003 年版）一书中对明清时期州县官群体进行了研究，揭示了明清时期随着州县主官负责制的确立，以县丞、主簿为代表的佐贰官监督职能逐步失效，渐渐蜕变成僚属的过程。贺跃夫在《晚清县以下基层行政官署与乡村社会控制》（载《中山大学学报（社会科学版）》1995 年第 4 期）一文中对晚清县以下县丞、主簿、巡检司等行政官署及职官职能进行了论述，指出清代县级衙门并非王朝官统统治的终点，它们的存在为县以下分析出次县级行政衙署提供了可能性。日本学者太田出在《清代江南三角洲地区的佐杂"分防"初探》（载张国刚主编：《中国社会历史评论》第 2 卷，天津古籍出版社 2000 年版）一文中对江南三角洲地区的佐杂分防现象进行了研究，就分防县丞、分防主簿、巡检移动现象产生的时间和空间等问题进行了研究，揭示了分防佐杂官辖区的跨区域性特点，注意到了在清朝实行分防策略过程中地方绅衿势力的影响。此外还有李凤鸣《清代州县官吏的司法责任》（中国政法大学 2006 年博士学位论文）、张振国《清代地方佐杂官选任制度之变革》（载《历史档案》2008 年第 3 期）、张研《对清代州县佐贰、典史与巡检辖属之地的考察》（载《安徽史学》2009 年第 2 期）、胡恒《清代巡检司时空分布特征初探》（载《史学月刊》2009 年第 11 期）等论文对县级佐杂官员的选拔、驻地、职责等问题做了有价值的探讨和分析。

[2] ［德］马克斯·韦伯著，林荣远译：《经济与社会》（下卷），商务印书馆 1997 年版，第 375 页。

而言，这些分防佐杂官如何治理都是非常重要的问题。

本文试以元和县境内执行分防任务的佐杂官（县丞、巡检）为例，以其驻地在乾隆、道光年间两次变迁为背景，通过方志史料勾勒佐杂官治理行为镜像，对佐杂移驻分防的缘由以及治理过程中反映的国家、官绅与社会问题略陈管见。

一、元和县佐杂官的设置与驻地变迁

元和县隶属苏州府，为冲、繁、疲、难，最属要缺，于雍正二年（1724年）设置，当时两江总督查弼纳题请分大县以收实效事，认为江南赋税较重，苏松等府所属大县额征地丁、漕项、杂税、钱粮可与四川、贵州一省相比，由于纳户零星、款项繁多，钱粮催比困难，又民情好讼、刑名事项繁杂、钦部案件纷繁，一县往往疲惫不堪，导致弊病发生，因此请求剖析大县，将苏州府属之长洲、吴江、常熟、昆山、嘉定五县，太仓一州，松江府属之华亭、娄县、青浦、上海四县，常州府属之武进、无锡、宜兴三县，各分立一县，以得因地制宜之法，其由长洲分析者，厥名元和。[1]从地理位置来看，其东北有维亭山；西有虎丘、山塘；东南有江宁山，吴淞江自吴江北迤东入新阳，运河亦从县入；南部有澄湖，溢为萧溪湖；东南为长白诸荡、有尹山湖；北部有独墅湖、黄天荡，又阳城湖东北西湖跨长洲，中湖、东湖与新阳交错。[2]元和县处于一个山地、湖泊、河道众多，且与多县交界的地理环境中。元和县设有知县、县丞（系长洲县分拨）、典史、儒学训导（系长洲县分拨）、陈墓司巡检等职官，其中县丞署在县治旁[3]，专管水利事务。

乾隆二十年（1755年）二月，吏部议准江苏巡抚庄有恭的疏请，称元和县甪直镇地方，地广民稠，盗贼经常出没。陈墓司巡检原驻甪直，但因康熙年间公署坍废，移驻县城，距离汛地有五十余里，难以兼顾，于是奏请仍让陈墓司巡检移驻该镇，兼辖昆山、新阳两县所属甪直镇附近村庄，经议准，

〔1〕（清）江之炜等纂修：（乾隆）《元和县志》卷一《建置（沿革附）》，收录于《中国地方志集成·江苏府县志辑》（第14册），江苏古籍出版社、上海书店出版社、巴蜀书社1991年版，第16—21页。

〔2〕（清）赵尔巽等撰：《清史稿》卷五十八《地理志五》，中华书局1976年版，第1993页。

〔3〕（清）黄之隽等编纂，赵弘恩监修：（乾隆）《江南通志》卷二十二《舆地志·公署》，卷一百七《职官志·文职》，文渊阁四库全书本。

陈墓镇巡检移驻甪直镇。[1]乾隆二十五年（1760年），江苏巡抚陈宏谋同两江总督尹继善具题，请求调拨县丞分防，弹压贼盗，维持社会治安。陈宏谋称，江苏地广事烦，州县耳目难周，于是经常委派佐杂官分驻协助，但是各地方情形不一，职守繁简差别很大，应当因地制宜，随时酌定，以收地方之益。苏州府属元和县之甪直镇地方，界连昆山、新阳两县，河流众多，四通八达，为贼薮出没之地。甪直镇地处紧要之地，尽管设有巡检，但并不能完全解决弹压贼薮问题，请求准许将元和县丞移驻甪直镇，将甪直镇巡检移驻地广河多的周庄镇。昆山县属主簿并无专司事件，请准许将其改隶元和县，接管原县丞所管水利事务。[2]乾隆二十六年（1761年）十二月，经吏部等部议覆，批准陈宏谋等奏请，元和县丞由驻城移驻甪直镇，分防元、昆、新三县，并且定各缺均为要缺。[3]经过这次变迁，甪直镇巡检由驻甪直镇改驻周庄镇，昆山县主簿裁缺，改隶元和县，驻元和县城内，接管原县丞之职，专司水利事务。元和县丞则由驻城内专向驻扎甪直镇，分防元和、昆山、新阳地方，称"元昆新县丞"。

道光二十五年（1845年）二月，两江总督壁昌等所奏《访章练塘地方拿盗犯办理情形折子》，称江浙交界章练塘地方，周围湖河，毗连数县，港汊纷歧，内有匪徒聚集，出外抢劫。现在会同浙江营县，选带兵役，前往密拿，获犯多名。道光谕军机大臣等，认为盗贼聚众抢劫，最为闾阎之害，必须实力严拿，令壁昌、李星沅、陈继昌、梁宝常等委派人员，会同地方营县于江浙交界地方认真访拿，严禁州县营汛推诿。[4]

道光二十六年（1846年）七月，江苏巡抚李星沅与原两江总督壁昌密查泖湖设防之处并筹划移驻官兵等事宜。道光二十七年（1847年），兼署两江总督陆建瀛奏密查泖湖设防折，道光令其与两江总督李星沅（原江苏巡抚）

〔1〕《清高宗实录》卷四八三，乾隆二十年二月庚午，中华书局1986年影印版，第15册，第52页。

〔2〕（清）彭方周等纂：（乾隆）《吴郡甫里志》卷二《设官》，收录于《中国地方志集成·乡镇志专辑》（第6册），江苏古籍出版社、上海书店出版社、巴蜀书社1992年版，第11—13页。

〔3〕《清高宗实录》卷四八三，乾隆二十年二月庚午，中华书局1986年影印版，第15册，第277—278页。

〔4〕《清宣宗实录》卷四一四，道光二十五年二月庚子，中华书局1986年影印版，第14册，第194页。

共同筹划妥议。[1]同年八月，李星沅与陆建瀛共同商议，双方在泖湖设防与章练塘设防问题上达成一致。九月，李星沅在《遵旨筹防泖湖再行酌度情形折子》中称："原议章练塘距泖湖仅三里拟请移驻县丞一员、守备一员、外委一员、额外二员兵丁一百四十名，合之旧设弁兵共二百一十四员名，责令巡缉侦探。"[2]十月，李星沅会同陆建瀛奏裁新阳县丞，改设元江青三县县丞分防章练塘，并移松江提标前营守备一员，分驻巡防。其间，道光帝多次谕军机大臣、两江总督李星沅，令其在泖湖筹防中务于扼要之地设防，责令地方文武、兵民一体协作缉拿贼盗，避免地方之间推诿事情发生。[3]期间，李星沅与地方提督尤渤通过信函协商相关事宜，并令地方藩臬二司选派人员与苏松二府共同查勘，均认为章练塘地理位置重要，须设衙署，巡逻稽查。[4]十二月，李星沅上奏《章练塘地处扼要请移驻官兵折子》，李星沅认为苏州与松江二府交界处湖河错杂，港汊纷歧，匪徒最易出没，元和、吴江、青浦三县交界之章练塘，与泖湖、澱山湖相接，处处可以通舟楫，尤为贼盗藏匿之地。盗犯顾双僖等曾盘踞该处，肆行劫抢，蔓延苏松二府各属民商，颇受其害，后经督抚大臣查办。章练塘至元和等县城池三十六里至一百二十里不等，即分管汛地之县丞、巡检等官驻扎处所，亦离该镇自三十里至七十里不等，是文职印捕各管，皆有鞭长莫及之势。奏请移驻分防县丞，负责管辖元和、吴江、青浦三县交界地区村镇。新阳县丞驻扎城内，并无分防汛地等事，事务较简，应以移驻章练塘，作为元和、吴江、青浦三县分防县丞，并添购碎石木筏以利于官兵追缉盗贼。[5]道光二十八年（1848），以新阳县丞移驻甪直，而移元和县丞驻章练塘，称"元江青分防县丞"[6]。

---

　　[1]（清）李星沅：《李文恭公遗集·奏议》卷十五《江督·附奏覆陈泖湖设防片子》，《续修四库全书》集部（1524），上海古籍出版社2002年版，第146页。

　　[2]（清）李星沅：《李文恭公遗集·奏议》卷十五《江督·附奏覆陈泖湖设防片子》，《续修四库全书》集部（1524），上海古籍出版社2002年版，第152—153页。

　　[3]《清宣宗实录》卷四一四，道光二十五年二月庚子，中华书局1986年影印版，第39册，第625页。

　　[4]（清）李星沅：《李文恭公遗集·奏议》卷十五《江督·附奏覆陈泖湖设防片子》，《续修四库全书》集部（1524），上海古籍出版社2002年版，第218页。

　　[5]（清）李星沅：《李文恭公遗集·奏议》卷十五《江督·附奏覆陈泖湖设防片子》，《续修四库全书》集部（1524），上海古籍出版社2002年版，第218—220页。

　　[6]（清）冯桂芬等纂：（同治）《苏州府志》卷二十一《公署》，收录于《中国地方志集成·江苏府县志辑》（第7册），江苏古籍出版社、上海书店出版社、巴蜀书社1991年版，第508页。

从元和县佐杂驻地变迁看，清朝实行佐杂分防策略，主要从地理位置、历史事实、防御全局战略等角度构建基层官方治安防护体系，解决特殊区域内国家权力缺失的问题，达到"因地制宜"的治理效果。在这个过程中，中央和地方对涉及地区进行查勘，反映出清王朝对移驻佐杂的重视和谨慎。在官方档案资料中，这些往往因为较强的官方意识而被忽略，更多反映的是中央与地方官员之间的互动，不可避免地造成策略由官方主观臆断的假象，忽略了基层"里人"的民间意识反馈。实际上在分防佐杂官驻地变迁过程中，地方势力起到了重要作用。以移驻章练塘分防县丞为例，《章练小志》载：

> 高万秀，字生三，号笃山，太学生，干练有智略，能断大事，戚族里党有谋必就之。……练塘距苏城百二十里，为江浙接壤，元江青三界地交错，其间易为逋逃薮，乃白于当事奏请分防，遂裁新阳县丞，改设元江青分防县丞，又移驻前营守备，并为购民居作官廨，身亲经书而盗风绝……[1]

在章练塘分防县丞移驻过程中，以高万秀等耆绅为代表的基层诉求对国家策略的制定与实施产生了一定影响，而且因地方势力需求而移驻佐杂并不是偶然的个案，而是一个普遍的现象。那些地方治安秩序紊乱的受害者对国家实施分防策略持欢迎态度，重要表现形式就是地方百姓和耆绅主动赁让民居，提供官廨。道光时期章练塘移驻官兵时，议买民房田地购料建造，因为防御盗贼、兴修水利，且照时值给价，"民情皆踊跃乐从"[2]。同治年间，周庄镇里人禀请因水患致使公署毁坏而寄居草野湾之巡检重新莅临，并供民居作为公馆。[3]可以说，分防佐杂官的驻地变动从一定程度上表明，在制定、实施区域管理策略过程中，国家与地方、官员与绅民在治理诉求上的某种契合，也反映出在基层治安维护过程中基层社会对国家政治权力的某种诉求，国家与社会之间并不是完全隔离而没有沟通。

---

〔1〕（清）高如圭原纂，（清）万以增重辑：《章练小志》卷四《人物》，收录于《中国地方志集成·乡镇志专辑》（第2册），江苏古籍出版社、上海书店出版社、巴蜀书社1992年版，第831页。

〔2〕（清）李星沅：《李文恭公遗集·奏议》卷十五《江督·附奏覆陈泖湖设防片子》，《续修四库全书》集部（1524），上海古籍出版社2002年版，第219页。

〔3〕（清）陶煦等纂：（光绪）《周庄镇志》卷二《公署》，收录于《中国地方志集成·乡镇志专辑》（第6册），江苏古籍出版社、上海书店出版社、巴蜀书社1992年版，第495页。

二、分防佐杂官的治理

国家规定了职官的职能与权限，但是国家治理终究要依靠官员将政策转变为具体个人行为，辖区治安的专管官将不可避免地成为国家政策实施的载体。清朝分防佐杂官一般都有专管辖区，辖区并不是完全以既定的行政区划为基础，而是具有跨区域性的特点。驻甪直镇分防县丞负责管辖"元和县十七都二百三十一里，昆山县二十六里，新阳县三里"[1]等附近村庄，负责查拿奸拐、逃盗、赌博、斗殴、烧锅、私宰以及异端邪术等项事宜，解县究治。[2]章练塘分防县丞辖"元（和）二十八都一图、二图、三图、四图、五图、六图、七图、八图、九图、十图、十一图；吴（江）十二都副扇七图、二十九都正扇三十图；青（浦）四十一保一区、二区、三区，图共十七，四十二保一区、二区、四区，图共十八，又三区三图、十一图、十五图，五区三十三、四图、三十八图，八区二图、十二图、十三图、二十一图，四十三保一区一并二十六图，三区二十五图"[3]等村镇，负责防御盗贼、兴修水利。周庄镇巡检司管辖"二十四都正副扇三十图、中二十六都正副扇十一图、南二十六都正副扇十六图、二十七都正副扇十七图、二十九都正副扇十七图、南三十一都正副扇十三图、中三十一都正副扇十七图、北三十一都正副扇十六图"[4]等处，负责缉捕盗贼、盘诘奸伪等项事宜，解县究治。元昆新、元江青分防县丞、周庄镇巡检司下均设有弓兵，以便于治安维护。从相关方志史料来看，分防佐杂官的地域治理镜像有：

第一，编查保甲。保甲制度是清朝基层治安管理中最重要的制度，分防辖区的专管官往往承担着编查保甲的主要职责。道光时期，李星沅奏请将章

〔1〕（清）彭方周等纂：（乾隆）《吴郡甫里志》卷二《设官》，收录于《中国地方志集成·乡镇志专辑》（第6册），江苏古籍出版社、上海书店出版社、巴蜀书社1992年版，第13页。

〔2〕（清）彭方周等纂：（乾隆）《吴郡甫里志》卷二《设官》，收录于《中国地方志集成·乡镇志专辑》（第6册），江苏古籍出版社、上海书店出版社、巴蜀书社1992年版，第13页。

〔3〕（清）高如圭原纂，万以增重辑：《章练小志》卷四《人物》，收录于《中国地方志集成·乡镇志专辑》（第2册），江苏古籍出版社、上海书店出版社、巴蜀书社1992年版，第797页。

〔4〕（清）陶煦等辑：（光绪）《周庄镇志》卷二《公署》，收录于《中国地方志集成·乡镇志专辑》（第6册），江苏古籍出版社、上海书店出版社、巴蜀书社1992年版，第478页。

练塘附近渔船验烙编号作为分防县丞职责[1]，佐杂官在分防区内编查保甲是基层比较普遍的现象。

第二，设置水栅，防御盗贼侵扰。"比年以来，江南多抢劫钜案，虽已破获而里巷犹惴惴，夜不安枕，地方官重以为忧。"[2]根据社会状况和盗贼作案依仗船只的特点，道光十六年（1846年），县丞林观光在驻地甪直镇创设九道水栅。道光末年驻甪直镇分防县丞何巢生，面对水栅失修、看守章程废弛的情况，重新加以规划，复设水栅，形成"十里之镇，屹如坚壁"，"夜不闭户"，"独自迄冬至春，犬无夜吠"[3]的良好治安情景，一直到光绪时期，水栅都未曾废弃。

第三，打击盗贼、蠹棍势力。乾隆时期分防县丞初设之时，甫里"南栅之野，向称贼薮，良以民穷失业，相习成风"[4]，经分防县丞彭方周严厉缉拿和打击，"其风渐变"。咸丰年间，吴炳煦"昼夜巡哨""严缉捕，惩处蠹棍"[5]。同治年间吴江知县兼元江青分防县丞沈锡华，面对"枪匪、土棍充斥肆扰"的情况，经过向上司请求准许"以军法从事"，捕诛盗贼共四十余人，使得"一方赖以安靖"。[6]分防县丞对盗贼的打击稳定了驻扎地区的社会秩序，尤其在动荡时期，对保障基层民众生活起到了积极作用。

第四，负责地方桥梁、道路、水利管理。作为修理桥梁、道路的专职提调官，在农隙之时需常加点视修理，渡口须修造桥梁、安置舟楫，否则会受

---

〔1〕（清）李星沅：《李文恭公遗集·奏议》卷十五《江督·附奏覆陈泖湖设防片子》，《续修四库全书》集部（1524），上海古籍出版社2002年版，第219页。

〔2〕（清）佚名纂：（光绪）《甫里志稿》之《水栅·张肇辰甪直添设水栅民更记》，收录于《中国地方志集成·乡镇志专辑》（第6册），江苏古籍出版社、上海书店出版社、巴蜀书社1992年版，第199页。

〔3〕（清）佚名纂：（光绪）《甫里志稿》之《水栅·张肇辰甪直添设水栅民更记》，收录于《中国地方志集成·乡镇志专辑》（第6册），江苏古籍出版社、上海书店出版社、巴蜀书社1992年版，第199页。

〔4〕（清）彭方周等纂：（乾隆）《吴郡甫里志》卷二《设官》，收录于《中国地方志集成·乡镇志专辑》（第6册），江苏古籍出版社、上海书店出版社、巴蜀书社1992年版，第32页。

〔5〕（清）高如圭原纂，（清）万以增重辑：《章练小志》卷四《人物》，收录于《中国地方志集成·乡镇志专辑》（第2册），江苏古籍出版社、上海书店出版社、巴蜀书社1992年版，第824页。

〔6〕（清）高如圭原纂，（清）万以增重辑：《章练小志》卷四《人物》，收录于《中国地方志集成·乡镇志专辑》（第2册），江苏古籍出版社、上海书店出版社、巴蜀书社1992年版，第824页。

到责罚。[1]江浙地区，河道众多，河道与桥梁是关系地方安危与发展的重要因素，即"桥梁之兴废，民间之利病系焉"[2]，能否疏浚河道，关系到区域经济是否发展等问题。因此，在方志史料中往往能见到分防佐杂官疏通河道、兴修水利的事例。乾隆年间，首任分防县丞彭方周应民人所请，疏浚渠道，缩短了商民市镇交易路程，改变了明万历以来因渠道堵塞影响当地市镇经济发展的状况，使得"里南久不成市者，由是稍稍有起色焉"[3]。

第五，宣教化，饬风俗，兴义举。佐杂官还负责当地乡约宣讲，使民返于朴，俗还于淳，知孝悌，敦教化，以"文"兴教。"乾隆壬申，分防县丞移驻镇中，于农隙之时朔望，传集乡耆，举行宣讲，嘉道间集于郡城隍庙宣讲，同治初在义塾内宣讲。"[4]咸丰年间，署周庄镇巡检袁钟琳召集生童，赠以书籍，后"文风大振"[5]，继任巡检姚绍生亦每月两次召集生童观摩文会，供备饮食，亲自评定，名列前列者奖以书籍，生童悦服，无不欣然[6]。此外，分防佐杂官往往从事建同仁堂、葺城隍庙、修葺书院、兴办义学[7]等公益活动。

三、分防佐杂官的地缘网络

分防佐杂官的治理行为在一定程度上促进了区域社会发展和治安秩序的稳定，但是区域治理好坏与否并非由分防佐杂官个人决定。在乡村这样特殊的区域内，地方势力才是区域社会的实际主导者，清朝地方乡绅对区域社会

---

〔1〕 田涛、郑秦点校：《大清律例》卷三十九《工律·修理桥梁道路》，法律出版社 1999 年版，第 618 页。

〔2〕 （清）彭方周等纂：（乾隆）《吴郡甫里志》卷二《设官》，收录于《中国地方志集成·乡镇志专辑》（第 6 册），江苏古籍出版社、上海书店出版社、巴蜀书社 1992 年版，第 96 页。

〔3〕 （清）彭方周等纂：（乾隆）《吴郡甫里志》卷二《设官》，收录于《中国地方志集成·乡镇志专辑》（第 6 册），江苏古籍出版社、上海书店出版社、巴蜀书社 1992 年版，第 149 页。

〔4〕 （清）佚名纂：（光绪）《甫里志稿》之《水栅·张肇辰甬直添设水栅民更记》，收录于《中国地方志集成·乡镇志专辑》（第 6 册），江苏古籍出版社、上海书店出版社、巴蜀书社 1992 年版，第 223 页。

〔5〕 （清）陶煦等纂：（光绪）《周庄镇志》卷二《公署》，收录于《中国地方志集成·乡镇志专辑》（第 6 册），江苏古籍出版社、上海书店出版社、巴蜀书社 1992 年版，第 496 页。

〔6〕 （清）陶煦纂：（光绪）《贞丰里庚甲见闻录》卷下，收录于《中国地方志集成·乡镇志专辑》（第 6 册），江苏古籍出版社、上海书店出版社、巴蜀书社 1992 年版，第 620 页。

〔7〕 （清）高如圭原纂，（清）万以增重辑：《章练小志》卷四《人物》，收录于《中国地方志集成·乡镇志专辑》（第 2 册），江苏古籍出版社、上海书店出版社、巴蜀书社 1992 年版，第 824 页。

治安的影响呈逐步扩大趋势，分防佐杂官必然需要与这些地方势力进行互动，这是影响分防治理实效的关键所在，而"外来之官"与"本地绅民"关系的处理往往是令官员头痛的问题。

分防佐杂官与哪些地方势力互动，又是如何互动的呢？作为分防佐杂官中的突出代表，那些"名宦"的活动可以为我们提供具有代表性的个案。

元和县七名分防佐杂官个案

姓名	时期	职官	主要活动
彭方周	乾隆	元昆新分防县丞	传集乡耆宣讲律令、以公事接见耆老绅士、打击贼薮、疏浚河道等
唐上基	乾隆	周庄镇巡检	有事化为无事，廉明并著，并乐于文人相往来
喻荣疆	嘉庆	周庄镇巡检	除暴安良，士民悦服，好属文
何巢生	道光	元昆新分防县丞	诚劝富绅耆老，募资修筑水栅、预防盗贼
吴炳煦	咸丰	元江青分防县丞	严缉捕惩蠹棍、招募乡勇、偕诸董御寇、饬绅董筹款、热心公益事业等
袁钟琳	咸丰	周庄镇巡检	儒雅风流，与诸同志诗酒往还、招募壮勇、兴文教
沈锡华	同治	元江青分防县丞	捕诛枪匪、土棍，地方赖以安靖

资料来源：主要根据《吴郡甫里志》《贞丰拟乘》[1]《周庄镇志》《甫里志稿》《章练小志》所载"名宦"部分及乡镇志中有关事迹资料整理。

从上表可以看出，分防县丞和巡检最经常接触的地方势力主要包括四种人：耆老、乡绅、文人、棍匪贼盗。棍匪贼盗等有害于基层社会治安的势力是分防佐杂官主要打击对象，而耆老、乡绅、文人（乡村社会最主要的是文童、生员、监生等群体）等则构成了分防佐杂官在区域内最主要的交际对象，这也是由这些人在区域内的特殊地位和角色所决定的。

耆老在传统基层社会扮演着劝民向善、调解民间纠纷的教化和司法角色。

---

[1] （清）章腾龙纂：（嘉庆）《贞丰拟乘》，嘉庆十五年聚星堂刊本，收录于《中国地方志集成·乡镇志专辑》（第6册），江苏古籍出版社、上海书店出版社、巴蜀书社1992年版。

按清朝规定，耆老"须于本乡年高有德，众所推服人内选充，不许罢闲吏卒及有过之人充应"[1]。尽管清朝乡村并不是正式的司法层级，但是以耆老为代表的"老人政治"在乡村扮演着一定的纠纷调解者、裁判者的角色。在宗族势力强大的地区，耆老往往与宗族权力联系起来，具有宗族裁判的能力。

乡绅作为地方利益的代表者，与专制王权共生但又有分离倾向，他们也始终处在王朝给权与限权的空间之中。他们热心于基层公益事业，乐善好施，在区域内比官员更易赢得村民的支持和认同，他们在血缘、地缘利用方面具有天然的优势，行迹遍布基层社会，他们独自出资或者募捐修建桥梁、道路、善堂、善会、城隍、书院等，在方志资料中有大量相关事实的记述。

文人群体在科举社会备受尊崇，也是国家官吏的后备资源，与耆老、乡绅仅仅存在代际差异。官员与文人的互动，既是趣好，亦可视为"文治""崇文"标榜。若是从分防佐杂官区域治理角度看，就不能不注意到这样一个背景和事实，即江南地方社会健讼之风盛行，而生员群体往往有"助讼"的偏好和导向，尽管清朝制定相关法律严禁生员助讼，但是官学和私学生员助讼在清朝一直是严重的社会和政治问题。[2]对地方官员的评头论足以及相互间的交际，往往使得"文人"群体成为基层社会舆论的操控者。在清朝江南抗粮事件中，耆老、绅衿群体扮演了重要的角色，发挥了重要作用。[3]因此，佐杂官与文人的互动在某种程度上具有稳定基层社会的意义。

值得注意的是，募资、募勇等行为反映了清朝分防佐杂官在区域社会治理过程中所面临的主要难题：财力、人力问题。在这个问题上，事实上耆老、绅衿群体完全处于主导地位，而作为官方的代表，这些佐杂官往往处于弱势地位。最常见的解决方式是佐杂官动员耆老、乡绅，依靠他们在区域社会中的号召力，筹备资源。在区域社会中，耆老、乡绅往往是地方最为富裕的人，

---

〔1〕 田涛、郑秦点校：《大清律例》卷三十九《工律·修理桥梁道路》，法律出版社 1999 年版，第 183 页。

〔2〕 侯欣一教授在《清代江南地区民间的健讼问题——以地方志为中心的考察》（载《法学研究》2006 年第 4 期）一文中对江南健讼风潮进行了研究，认为清朝江南地方形成了健讼风俗；霍存福教授在《宋明清"告不干己事法"及其对生员助讼的影响》（载《华东政法大学学报》2008 年第 1 期）一文中以"告不干己事法"为中心考察了宋明清时期助讼现象，指出尽管统治者严禁助讼，但是地方社会中生员往往助讼，成为社会和政治的严重问题。

〔3〕 吴琦、肖丽红《清代漕粮征派中的官府、绅衿、民众及其利益纠葛——以清代抗粮事件为中心的考察》（载《中国社会经济史研究》2008 年第 2 期）对抗粮事件中绅衿群体的作用作了论述。

为了赢得乡绅支持，佐杂官需要表现出更为"亲民"的姿态。例如道光末年时任元昆新分防县丞何巢生，鉴于以前水栅失修、章程废弛的局面，面对当时镇人"向吝""百十钱不肯出"的情况，其"先谋于镇之绅富耆老，动之以诚，俾同劝募集资修复"，同时自己以身作则，"不自言劳"，兢兢业业。受到其感召，其"所派之绅富、司事及兵役、栅夫、更丁者，无一人懈怠"，所以在其任内，夜不闭户，取得了良好的社会治理效果。[1]

道咸以来，军政废弛，遇警招募乡勇渐成常态，地方团练更是普遍兴起，这一由地方士绅创建的民间武装力量，成为维护基层治安的重要组织。在这个过程中，清王朝构建的以分防为主的基层治安体系瓦解，官方力量逐渐成为地方力量的附属，传统的以科举、仕途、名望为基础形成的绅衿力量在变动时期逐步与军事力量相结合，绅董们在乡村社会控制管理中发挥着越来越大的作用，分防佐杂官则在这个变动过程中呈现出更为明显的被动性特征。

晚清时期，乡绅们筹办团练以求得所在区域自保，分防佐杂官往往率领乡绅招募的私人武装巡哨。以章练塘为例，咸丰庚申，粤匪劫掠章练塘，曹一山创办民团，名义安局，刘汝梅首议集资办团练，钱保定举办民团，招募壮勇，筹请水师驻防，开水营礮队，汇集经费，寇盗劫掠时与元江青分防县丞共同御敌。[2]咸丰末年分防县丞吴炳煦亲自率领团勇昼夜巡视，同治元年寇盗突袭劫掠章练塘时，督团奋力缉堵，诸董筹备薪米，支应供给，苦撑危局，至四十余日，卒赖保全，后因积劳成疾致卒，士民皆痛惜，光绪年间里人为之设立名宦祠。[3]同治二年（1863），浙寇大至章练塘，镇为寇踞，枪匪沈文鹤、巢匪朱廷学、土匪莫景明趁机劫掠章练塘，为患地方，绅董钱保定密禀继任分防县丞沈锡华捕斩之，一方赖以安靖。[4]

事实表明，当国家政策或制度设计由单纯的政府行为或官员个人行为真

〔1〕（清）佚名纂：（光绪）《甫里志稿》《水栅·张肇辰角直添设水栅民更记》，收录于《中国地方志集成·乡镇志专辑》（第6册），江苏古籍出版社、上海书店出版社、巴蜀书社1992年版，第199页。

〔2〕（清）高如圭原纂，（清）万以增重辑：《章练小志》卷四《人物》，收录于《中国地方志集成·乡镇志专辑》（第2册），江苏古籍出版社、上海书店出版社、巴蜀书社1992年版，第832页。

〔3〕（清）高如圭原纂，（清）万以增重辑：《章练小志》卷四《人物》，收录于《中国地方志集成·乡镇志专辑》（第2册），江苏古籍出版社、上海书店出版社、巴蜀书社1992年版，第824页。

〔4〕（清）高如圭原纂，（清）万以增重辑：《章练小志》卷四《人物》，收录于《中国地方志集成·乡镇志专辑》（第2册），江苏古籍出版社、上海书店出版社、巴蜀书社1992年版，第834页。

正转变为官与民的共同行为时，其影响往往是巨大的。但是也应当看到随着晚清国势的衰微，在基层社会控制过程中，以分防佐杂官为代表的国家治安权力逐渐弱化甚至崩溃，仅仅具有象征性意义，而以乡绅为主导的地域性力量逐渐增强。清末江南地方社会中乡绅为主的乡董、镇董、城董、董事等各类绅董极为普遍。光绪时期章练塘绅董钱保定奉令编查保甲，在郡庙设立保甲局，以便巡防，倡导民捐民办，不经胥吏之手[1]，一方面表明基层治安中胥吏之危害，另一方面也表明"绅权"在与官方治权抗衡中掌握了主导权，耆绅招募的私人武装在基层治安控制中逐步取代了官方势力，并逐步成为地方分离性力量，体现了"国家治权弱化，乡绅治权强化"的基层治安格局，而这种格局一直延续到民国时期。

四、余论

清朝州县佐杂分防策略突出反映了清朝统治者"因地制宜，以收地方之益"的区域治理理念及对基层社会的控制和管理意识，是清王朝在国家权力缺失地带加强控制的尝试，在一定时期也取得了良好效果，但是总体上呈现出时断时续、时好时坏的历史画面。任何一项制度在实施过程中，其效果都是制度本身与行为、社会背景交融的结果。

作为国家职能执行者，分防佐杂官的治理行为恰恰代表一种官方态度，但是这种官方态度也受到行为者自身的制约。一任官员不过几年，"夜不闭户""犬无夜吠"只是短暂的插曲，更多的是任职者变化后往往废弛的局面，区域治理有效性必然蜕化为历史长河中的偶然性和阶段性。多数佐杂官卖弄风雅、琴棋书画、悠然自得，即便遇到分防区内"敛钱演剧，游惰者引诱招摇，聚为赌博，表演花鼓淫词坏人心术"[2]，也置若罔闻，遇到贼匪焚掠更是今非昔比，地域治安维护又如何谈起？此情此景，无怪乎里人往往以方志寄托情愫，期望地方有司加以惩戒。那些真正恪尽职守、深入民心、兢兢业业而留下声誉的官员实可谓是凤毛麟角，但又往往贫困潦倒甚至客死他乡，这不能不说是制度的悲剧。

---

〔1〕（清）高如圭原纂，（清）万以增重辑：《章练小志》卷四《人物》，收录于《中国地方志集成·乡镇志专辑》（第2册），江苏古籍出版社、上海书店出版社、巴蜀书社1992年版，第834页。

〔2〕（清）叶世熊纂：（宣统）《蒸里志略》卷二《疆域下·风俗》，收录于《中国地方志集成·乡镇志专辑》（第2册），江苏古籍出版社、上海书店出版社、巴蜀书社1992年版，第732页。

　　统治者强调分防中的官民合作、衙署之间的合作，而在实际运作过程中各官之间往往相互推诿，但得一己安宁，却失去了区域治理的全局意识。分防佐杂官有专责却没有专权，当遇到紧急情况时，制度设计的缺陷就会显露。分防效果很大程度上取决于任职者能否实力奉行，能否赢得基层社会中以耆老、乡绅为代表的地方势力支持，这与真正动员"民众"力量参与区域治理存在较大差距。在以联合乡绅为前提的情况下，当遇到国家衰微、吏治败坏、官德殆尽时，官绅间狼狈为奸注定不会是偶然现象。晚清"绅"的"土豪劣绅化"，演变成地方治安最大隐患，最终以整个区域失序为代价，这也在一定程度上反映出"国家—官吏—绅衿—社会"区域治理方式所存在的缺陷。

清雍正朝闽省内地州县区划变动与职官控制*

中文摘要：清雍正晚期闽省进行了大规模的州县区划调整和职官移动，通过"升府增州县"方式增加了同级结构，相应缩小了政治控制幅度；对于广大基层社会，统治者通过移动职官的方式拓展了国家权力的边界，将广大乡村社会纳入控制视野。以县丞为代表的佐贰官，在州县治理过程中，驻地逐步脱离州县治中心而移驻到村镇，并在所管地区实现了集权，完成了州县佐贰官权力的空间转移，在强化国家对地方控制的同时进一步模糊了国家与社会的边界。

关键词：闽省；州县区划；职官控制；县丞

一、雍正朝升府增州县

清代州县是执行政令并直接管理百姓的地方政府层级。作为最重要的基层行政单位，州县稳定与否关乎统治者根本安危。对于区划调整，历朝统治者往往遵循"拓地广则易新名，控制难而有裁并析入"[1]的治理策略，加强州县政治控制。清朝确立统治后，沿袭了明朝府州县区划格局，闽省地方控制的官方强化却是在平定三藩之后。在治理过程中，闽省"山海辽阔""民性不安""山居者多强悍""聚众拒捕""性好抗粮""习娴争讼""操戈斗杀"

---

* 本文曾发表于《历史地理》2015 年第 2 期。本文系于已故师弟王兆辉的部分研究遗稿基础上完成的。

[1] （清）郝玉麟等监修，（清）谢道承等纂修：（乾隆）《福建通志》卷二《建置沿革》，清乾隆二年（1737 年）刻本。

"偷越劫掠"[1]等社会地理环境为统治者所熟知。本着移风易俗、倡导教化的目标，统治者逐步采取措施加强政治控制，州县区划调整成为最重要的方面，在高其倬、郝玉麟两位福建总督任职期间，清代闽省府州县区划格局基本得到确定。

雍正六年（1728 年）十二月二十八日，福建总督高其倬上奏《酌筹应分应设州县情形折》。[2]高其倬认为闽省丛山叠海，形势险要，人情愚悍，奸匪事件屡发，大姓往往恃众械斗，倚仗山深路险，抗粮抗讼。但是既有州县治所多设在人烟稠密、地方宽展地方，而深山幽谷、人烟稀少之处未设置治所，且中间相离太远、控制不便。根据实际治理状态，高其倬提请添设州县治所和职官，以便就近管理。他认为应当添设县治的地方共有六处：其一，福州府古田县，幅员广阔，与侯官县接壤地区达数百里，深山密林且多发匪盗案件，应于侯官县属雪峰地方增设一县，割古田之南、侯官之北，设官管理；其二，泉州府属同安县，幅员颇大，地处海疆要区，居民庞杂，风习不纯，大族械斗、偷渡及私枭、盗窃颇多，其深山地区州县管理鞭长不及，应在同安县及漳州府属龙溪县之间增设一县，就近弹压；其三，漳州府属漳浦、诏安二县，俱在沿海地区，幅员皆阔，民情刁悍，粮多逋欠，地易藏奸，应于两者适中云霄地区添设县治；其四，福宁州属桐山地方，地处闽浙海洋交接地区，应割福宁、福安之境增设一县；其五，福州府属福清县，幅员辽阔，积欠为闽省之最，民风刁顽，应酌分设县治；其六，兴化府莆田县属涵江地方，离莆田县稍远，人烟辏集，地接紧要海口，应分设一县，割福清县属江阴等处隶之。另外，福清县海坛地区，濒临大海，民人纳粮结讼不便，但其地难设一县，应将县丞移驻就近办理征催及民间词讼小事，徒、流以上案件仍归福清县审拟完结。除去增设县治之外，对于各府所属事务繁杂、距离府治太远、控制难及地区，高其倬主张增添直隶州分理。他认为福州府属古田县应改设为直隶州，管辖福州府属闽清县、延平府属尤溪县及新拟设之县；泉州府属永春县应设为直隶州，管辖泉州府属德化、安溪二县；漳州府属漳平县，应改为直隶州管辖龙岩、宁洋二县；建宁府属政和县应改为直隶州，

---

〔1〕《清世宗朱批谕旨》第六册《朱批毛文铨奏折》，雍正三年十月二十五日，光绪丁亥上海点石斋缩印本，第 55—56 页。

〔2〕雍正六年十二月二十八日《福建总督高其倬奏报酌筹应分应设州县情形折》，收录于中国第一历史档案馆编：《雍正朝汉文朱批奏折汇编》（第 14 册），江苏古籍出版社 1989 年版。

管辖寿宁、松溪二县以及浙江省庆云地区；汀州府属上杭县应改设直隶州，管辖武平、永定二县。雍正八年（1730年），福清县丞移驻平潭，但其他请求并未立即得到执行。

雍正十一年（1733年）六月二十七日，福建巡抚郝玉麟等奏《请添设府州县治以益地方折》[1]。郝玉麟分析了闽省地理位置及完善建置的必要性。他认为既有府级单位无须变动，但是福宁直隶州因东临大海，南接省会，北连浙江，西界建宁府，地处崇山峻岭，为浙闽水路通衢咽喉，知州事务繁冗，往往难以兼顾，请求将福宁直隶州改设为府，并增设附郭办理钱粮、户口事务。另外，建宁府属寿宁县，离建宁府水路六百里，路径崎岖，离福宁仅二百七十里，且平坦易行，应将寿宁县改隶福宁府。福州府属古田县，地处万山之中，疆域广阔，都保较多，钱粮赋税较重，深山弯远之处俗犷悍，历来抗欠，犯案累累，甚至殴差拒捕，每当县令亲自征比钱粮或审验案件，辄逃避深山，不知所踪，其所属双溪地方距县二百余里，山深路险，奸匪易匿，民情顽梗，最为难治，应于双溪增设一县，隶福州府管辖。泉、漳二府，俗悍民刁、健讼好斗，所辖地方太广，往往鞭长不及，应设直隶州分理，其中泉州府属永春县，界于兴、延、漳三府，奸宄易于潜藏，离府甚远，但西北至德化县仅三十里，西南至大田县一百一十里，应将德化、大田二县隶其管辖；再漳州府辖龙岩县，上接汀州，下通延、建，距漳州府有三百余里，公事呼应不灵，龙岩县东至漳平、西至宁洋各有七十里，应将龙岩县改为直隶州，就近管辖漳平、宁洋二县。雍正十二年（1747年）五月，经吏部议准，郝玉麟的增设府州县请求得到批准，[2]这标志着清初闽省府州县区划格局的基本确定。

通过对照高、郝二人奏折，可以看到两人均从地理位置、民情风俗、地方势力影响、州县控制实态等方面强调加强区域官方控制的必要性，其所涉及地域多是府州县交界地带。在治理策略上，两人均倡导以增改府州县的方式，通过增加层级结构相应缩小政治控制幅度，从而强化国家政治控制功能，但二人在拟增设州县数量及州县治所等细节上有差异。高其倬更倾向于较大

---

〔1〕《清世宗朱批谕旨》第五十五册《朱批郝玉麟奏折》，雍正十一年六月二十七日，光绪丁亥（1887年）上海点石斋缩印本，第91页。

〔2〕《清世宗实录》卷一百四十三，雍正十二年五月辛卯，中华书局1985年影印版，第8册，第794页。

范围的增设方案，而郝玉麟的主张明显要缓和，其主张增改府州县总数不到前者1/2，所增州县总数不及前者1/3。从政治控制应然状态讲，高其倬所主张的力度明显要大。但清朝统治者最终并未完全采纳高其倬的主张，反而是郝玉麟所提方式赢得了青睐并最终付诸执行，这表明统治者对高其倬提出的近2/3地区增设州县治所尚存疑虑，其原因可能是统治者有意避免由此产生的巨大财政成本，或者源于清初州县变动的经验和教训。经这次区划调整，闽省府州县格局基本确定，政治控制幅度与之前相比有了明显变化。

1734 年福建所属府州县区划变迁前后比较[1]

府（直隶州）	变迁前辖县数（个）	变迁后辖县数（个）	变化率（%）
福州府	9	10	↑11.1%
泉州府	7	5	↓28.6%
漳州府	10	7	↓30%
延平府	7	6	↓14.3%
建宁府	8	7	↓12.5%
福宁府（原直隶州）	2	4	↑100%
永春直隶州（原县）	0	2	—
龙岩直隶州（原县）	0	2	—
县总数	43	43	0%
平均辖县数	7.2	5.9	↓25.00%

从上表可以看出，经过调整，超过66.7%的府缩小了，原来五府一州共辖43县，平均辖县7.2个，变迁后尽管县总数未变，但因府、州数量增加，平均辖县数减至5.4个，降幅达25.00%，降低了闽省府级管辖幅度。与此同时，福州府、福宁州（府）辖县数量却有所增加，福州府辖县数上升11.1%、福宁州则因升府提高了一倍，它表明清朝地方区划变动中的另外一个特征，其着眼点不是府而是县，不是缩府而是缩县，雍正初年江南大范围的"升州析县"便是典型个案。

---

[1]（清）郝玉麟等监修，（清）谢道承等纂修：（乾隆）《福建通志》卷二《建置沿革》，清乾隆二年（1737年）刻本。

二、职官控制与移驻弹压

吏部等衙门议准标志着闽省府州县横向区划格局的确立。值得注意的是，在成形的区划中，高其倬奏折中提到的众多地区并没有体现，但这并不意味着统治者放弃了对这些紧要区域的政治控制，任由地方势力恣意妄为。统治者主要采取了职官移驻的方式强化州县以下区域控制。通过职官直接移驻的方式形成州县管理的次级形式，以职官带动区划变动，纵向缩减政治控制幅度，并将以往被地方势力控制的乡村地区纳入统治者视域。

特殊区域的职官移驻并非清朝所创，以闽省来看，在大范围州县区划调整之前，职官移驻现象就已经存在。如明朝嘉靖年间，在宁德东洋里曾设立过东洋行县，以主簿驻扎其地，负责征收赋税[1]；万历年间，因矿徒作乱，统治者于古田县双溪地方设置通判，拨兵弹压[2]；至于巡检，其驻扎地本身就设在村镇等关津要地，而且往往根据治理需要变动驻地。这些职官移驻往往与所在地区里甲、都图组织归属调整联系紧密，是统治者"因地制宜，就近管理"治理策略的体现。从地方志资料来看，自康熙以来，清朝闽省府州县职官移动也是较为常见的现象。例如：康熙二十五年（1686年）泉州府同知移驻厦门城，康熙三十五（1696年）年移漳浦县盘陀巡检司驻云霄镇，雍正七年（1727年）泉州府通判移驻安海城，雍正八年（1728年）福州府福清县丞移驻平壤地区[3]。

自雍正中期开始，闽省内地州县佐杂职官移驻变得频繁起来，而且经常可以见到相关奏请。以南靖县车田地方为例，雍正六年（1728年），福建总督高其倬就南靖县车田地方离南靖县较远、大族抗粮抗讼等事情奏请将其地归漳浦县就近管理[4]。雍正七年（1729年）八月，高其倬上奏《南靖县车田地方改归漳浦县管辖事属可行折》，进一步确认车田地方以及平和县五寨地

〔1〕（清）卢建其等纂：（乾隆）《宁德县志》卷二《建置志·公署》，乾隆四十六年（1781）刻本。

〔2〕（清）穆彰阿等撰：《嘉庆重修一统志》卷四百二十五《福州府一·关隘》，上海书店出版社1984年影印四部丛刊本，第25册。

〔3〕（清）郝玉麟等监修，（清）谢道承等纂修：（乾隆）《福建通志》卷十九《公署》，清乾隆二年（1737）刻本。

〔4〕雍正六年十二月二十八日《福建总督高其倬奏报酌筹应分应设州县情形折》，收录于中国第一历史档案馆编：《雍正朝汉文朱批奏折汇编》（第14册），江苏古籍出版社1989年版，第296—300页。

方改归漳浦县管理的可行性。雍正皇帝朱批强调务必加强犬牙交错地区村落钱粮征收工作。[1]雍正十年（1730年），福建巡抚郝玉麟奏陈《酌议漳州南界宜分驻改辖缘由折》[2]，称平和县南胜地方离县一百五十里，附近五寨、洋头、坂仔、琯溪、山隔、黄井、翠微、三坪、透龙等处民居稠密，杨、林、胡、赖、叶、陈、张、李、蔡、黄等诸姓环列聚居，且墟场杂沓，抗粮、械斗、殴差、匿犯等事习以为常，议拨漳州府同知分驻弹压；南靖县车田地方共一十五保，离县一百五十里，东至漳浦县城仅一十五里，俗悍民刁，遇事缉犯常常抗匿，提议将车田十五保之田园、丁口、钱粮等项割归漳浦县就近管辖。同年十月，漳州府同知移驻平和县南胜地方。清初以来地方职官移动现象延续了明朝的情况，地方职官主要是府州县属巡检、府属佐贰官（同知、通判），县一级佐贰官移动现象仅仅具有典型个案特点，这种状况在雍正十一年发生了重要转折。

雍正十一年（1733年）六月二十七日，福建巡抚郝玉麟等在《奏请添设府州县治以益地方折》中提到了增添佐杂人员加强治理的问题。雍正十二年（1734年）六月，吏部议准郝玉麟疏奏闽省移驻增改佐杂官员及地方分隶事宜。其中，闽县县丞移驻营前、侯官县县丞移驻大湖、同安县县丞移驻金门、漳浦县丞移驻云霄、松溪县丞移驻永和里、宁化县丞移驻泉上里、上杭县丞移驻峰市、宁德县丞移驻周墩。顺昌县仁寿巡检改设县丞，驻扎仁寿。侯官县五县寨巡检移驻南屿、福清县江口巡检移驻江阴、松溪县东关司巡检移驻遂应场、宁德县麻岭巡检移驻石堂、漳浦县云霄巡检移驻盘陀。南安县大盈驿、仙游县枫亭驿、宁化县石牛驿丞均改为巡检，并兼管驿务。永春州黄坂古格地方、仙游县兴泰里，添设巡检，以便稽查。漳浦县南界大岭后社塘、柘林、口蓁、内蓁等村及铜山、续编二堡，请分隶诏安县管辖。沙湾、镇坑、姑垅、岐岛、荷鄛、石埠、仙恬、浦西等八堡分隶海澄县管辖。其宁化县永春里，

〔1〕 雍正七年八月二十七日《福建总督高其倬奏核南靖县车田地方改归漳浦县管辖事属可行折》，收录于中国第一历史档案馆编：《雍正朝汉文朱批奏折汇编》（第16册），江苏古籍出版社1989年版，第453—454页。

〔2〕 雍正十年闰五月二十四日《署福建巡抚郝玉麟奏陈酌议漳州南界宜分驻改辖缘由折》，收录于中国第一历史档案馆编：《雍正朝汉文朱批奏折汇编》（第22册），江苏古籍出版社1989年版，第562—564页。

归并安远寨巡检管理。[1]

这次职官移驻地区基本上包括了高其倬奏请应设县治而未成形的地区，并且所涉地域范围更为广泛。从闽省职官变动来看，它是清初规模最大的一次，即便从整个清朝来看，如此大规模的职官变动也不多见，它既有以往职官移驻治理的特点，也具有特别值得注意的问题。这些移驻地区往往具有地理位置窎远难治，族际势力强大，械斗事件风行，乡民抗粮频发，民悍好讼，户婚、田土、窃盗案件繁多，偷渡私贩活动猖獗的特点[2]，这表明了职官移驻现象与区划调整的内在一致性，也是清朝州县治理格局的反映。

三、县丞的集权现象

这次大规模职官增改事宜最应引起注意的是"县丞"这一佐贰官。清朝规定县佐贰官所管"或粮、或捕、或水利"[3]，以佐理正印官。佐贰官办公场所多与正官同城，甚至就在县正堂旁边，尽管明朝时期也有县丞或者主簿分驻地方的现象，但是范围较小而且并非长期现象。雍正年间的大范围县丞移驻改变了此种状况，县佐贰官驻地脱离县治中心正由典型个案逐渐演变为普遍现象。

根据地方志史料记载，这些地区距县治中心往往在六十里至二百里之间，移驻地主要在里、都层级上，并不是到达村这一层级。移驻县丞获得了所在地区里、都组织的专管权，而且这些驻地往往具有抗粮抗讼、宗族械斗的记录，大多还是所在区域的商品流通市场，具有较强的经济辐射功能，社会人员流动频繁，一定程度上反映了清朝统治者"将新近崛起的贸易中心合并成为治所"[4]的特点。从清代州县权力来看，其一，佐贰官负责寺租银、渔课

〔1〕《清世宗实录》卷一百四十四，雍正十二年六月庚戌，中华书局1985年影印版，第8册，第800页。

〔2〕参见福建观风整俗使刘师恕在雍正七年（1729年）到九年（1731年）奏折：雍正七年七月二十五日、雍正七年八月初二日、雍正七年九月初六日、雍正七年十月十六日、雍正七年十月十六日、雍正八年四月十一日、雍正八年五月十五日、雍正八年七月初六日、雍正八年九月初六日、雍正九年三月初三日、雍正九年十月十七日的奏折。中国第一历史档案馆编：《雍正朝汉文朱批奏折汇编》，江苏古籍出版社1989年版。

〔3〕（清）昆冈等撰：（光绪）《钦定大清会典》卷四《吏部》，清光绪二十五年（1899年）重修本。

〔4〕[美]施坚雅主编，叶光庭等译：《中华帝国晚期的城市》，中华书局2000年版，第328页。

银、修仓银、酒税银、船税银、匠班银、颜料银、丁口银、田地银、屯丁银、屯田银、粮米等正杂项目征收。[1]可以说，移驻到基层的佐贰官承担了部分"里甲制"赋税功能，将国家政治控制与对地方势力的监督联系起来。其二，这些县丞在区域治理过程中还逐步被赋予户婚田土等案件的司法审判权以及命盗案件勘验权，而按照清朝法律规定，州县佐贰官被严格禁止"擅受词讼""滥委佐杂勘验命盗案件"。[2]其三，这些县丞因拥有单独的分防印信而成为所在地区专门的治安官。从雍正八年（1730年）到雍正十二年（1734年），闽省内地州县共移驻县佐贰官十二员，从州县权力空间演化来看，此次移动县丞数量较多，这些移驻到地方的县丞往往有自己的专属管辖范围，承担着所在地区正项钱粮、杂项税课的征收，管辖着一定的人口，具有单独的关防印信，被赋予了以户婚田土为代表的民事司法权限，逐步实现了区域内集权。乾隆时期进一步强化了县丞移驻分防策略，从乾隆八年（1743年）开始，闽省又进行了大范围的县丞移驻现象，更多的驻城县丞移驻到村镇，原有移驻县丞驻地也发生了新的变化，并开始配备仵作专司勘验，县丞辖区在勘灾、减免等事情中获得相对独立的"财政认同"。

这种现象并非仅仅出现在闽省一地，在很多地方也有类似的情况，如江苏元和县。据《清高宗实录》载，乾隆二十年（1755）二月，吏部议准：

> 江苏巡抚庄有恭疏称，元和县角直镇，地广民稠，宵小出没。查陈墓司巡检，明时原驻角直，康熙年间，公署废，移驻在城，距汛地五十余里，势难兼顾。请仍驻该镇，但兼辖昆、新附镇村庄。额设弓兵，不敷差缉，应酌添。其印信，换给元和县角直镇巡检字样，仍隶元和县，改为要缺，在外拣补。从之。[3]

乾隆二十五年（1760年），江苏巡抚陈宏谋同两江总督尹继善具题，请

---

[1] 详参：（光绪）《福清县志》、（同治）《重修泉州府志》、（道光）《龙岩州志》卷三《赋役志》、（乾隆）《福州府志》、（嘉庆）《漳州府志》、（乾隆）《上杭县志》、（同治）《汀州府志》、（乾隆）《宁德县志》、（光绪）《顺昌县志》、（乾隆）《延平府志》所载《田赋志》《赋役志》《食货志》《乡都》《都图》等内容。

[2] （清）昆冈等撰：（光绪）《钦定大清会典》卷五十五《刑部》，光绪二十五年（1899年）重修本。

[3] 《清高宗实录》卷四八三，乾隆二十年二月庚午，中华书局1986年影印版，第15册，第52页。

求调拨县丞分防，弹压贼盗，维持社会治安。陈宏谋称，江苏地广事烦，州县耳目难周，于是经常委派佐杂分驻协助，但是各地方情形不一，职守繁简差别很大，应当因地制宜，随时酌定，以收地方之益。请求准许将元和县丞移驻甪直镇，将甪直镇巡检移驻地广河多的周庄镇。昆山县属主簿并无专司事件，请准许将其改隶元和县，接管原县丞所管水利事务。[1]《清高宗实录》又载，乾隆二十六年（1761年）十二月，经吏部等部议覆：

> 江苏巡抚陈宏谋等疏称，苏州府属元和县甪直镇，界连昆山、新阳二县，支河汊港，宵小出没。请将该县县丞移驻，兼辖昆、新二县附近该镇村庄。元和县周庄镇地广河多，即将甪直镇巡检移驻，改为周庄巡检司。再昆山县主簿并无专司事件，应改隶元和县，专管水利各缺，均定为要缺，在外拣调……并铸给元和县分防甪直镇县丞、元和县周庄巡检司等印……均应如所请。从之。[2]

经过多次变迁，甪直镇巡检由驻甪直镇最终改驻周庄镇，昆山县主簿裁缺，改隶元和县，驻元和县城内，接管原县丞之职，专司水利事务。元和县丞则由驻城内专向驻扎甪直镇，分防元和、昆山、新阳地方，称"元昆新县丞"。

地方移驻地区县丞被赋予司法权限，表明清朝统治者强化地方社会官方控制的策略。佐贰官被严格限制并因委派才能享有的权力演变成了区域常态。这也表明清朝州县一级地方政府并非不存在分权倾向，但是在正印官集权负责情况下，这种分权并非要以横向制约正官为目标，其导向是纵向管理层级的变化，是国家政治权力外延上的扩展。他们深入乡村，直接负责赋税、钱粮征收，加强了统治者与臣民的直接联系，一定程度上削弱了传统士绅和地方豪强势力，是强化国家统治权威的体现[3]。同时，它也表明乡村享有自治权，但并不是政府有意要赋予它类似于自治的权力，而是因为当局无力完全

---

〔1〕（清）彭方周等纂：（乾隆）《吴郡甫里志》卷二《设官》，收录于《中国地方志集成·乡镇志专辑》（第6册），江苏古籍出版社、上海书店出版社、巴蜀书社1992年版，第11—13页。

〔2〕《清高宗实录》卷六百五十，乾隆二十六年十二月乙丑，中华书局1986年影印版，第17册，第277—278页。

〔3〕［美］曾小萍著，董建中译：《州县官的银两——18世纪中国的合理化财政改革》，中国人民大学出版社2005年版，第4页前言。

控制或监督其活动。一旦有机会，统治者会试图对乡村在各个方面进行控制[1]。

通过区划调整与职官移驻，清朝统治者基本上确立了闽省区划格局与地方控制策略，初步完成了地方社会的控制。从此后发展来看，历任统治者延续了职官移驻的控制策略，范围更为广泛，但是始终未突破雍正时期确立的职官权力边界。在地方行政区划稳定情况下，政治控制的强化便转向依赖层级内部变迁，通过调整基层组织归属关系，借助移驻职官品级析出管理层次，便成为官僚制下强化控制的重要方式，甚至促进了区划层级的变动。当在特定历史背景下，区划效应与职官效应都出现问题的时候，统治者面临的是社会控制管理的危机。

---

[1] 参见瞿同祖著，范忠信、晏锋译，何鹏校：《清代地方政府》，法律出版社2003年版，第11页脚下注。

同核相生：国家法、民间法关系的回眸与前瞻

——从《黄岩诉讼档案》谈起*

中文摘要：关于中国古代基层司法过程中到底是适用国家法还是援用民间法的争论由来已久，似乎二者本来就是水火不容的矛盾关系。本文在"国家—社会"的视角之下，对《黄岩诉讼档案》（以下简称《黄岩讼档》）进行一些解读，尽力从其中得出一些有助于理解纠纷解决过程中国家与社会关系的结论。从《黄岩讼档》来看，国家法与民间法并不像有些学者所描述的那样相互冲突，而是彼此相生的。国家法与民间法绝非断裂的，无论是主持处理纠纷的主体还是所依据的规则，国家法与民间法都是相互支撑、相映成趣的。

关键词：黄岩讼档，国家法，民间法，同核相生

随着民间法这一概念被提出，学界就开始对中国法学本土资源前所未有的关注和挖掘。时至今日，短短的几年之内，民间法的研究就完成了起步阶段，从开始的对现象的简单描述进入了对其进行较为全面和深入的理论探索阶段。但有一点是所有学者始终不能回避的，那就是民间法与国家法之间的关系以及民间法在当前这个急剧变革的时代的前途和命运。笔者以为这正是对民间法的研究之于我国法治进程与法学发展的意义所在。本文将以清代的一批基层诉讼档案为线索，试图剖析这一争论已久的问题。

　＊ 本文曾发表于谢晖、陈金钊主编：《民间法》（第9卷），济南出版社2010年版。在本文写作过程中，于语和教授提出了诸多宝贵意见。

一、黄岩讼档

2000 年的一场台风吹倒了浙江黄岩县的一幢老房子，也正因为有此机缘，才使得一批珍贵的清代地方诉讼文书被发现，经过整理的 78 件诉讼档案成为我们研究中国古代基层司法的珍贵史料。田涛先生又先后两次组织了对黄岩县的田野调查，收集了大量的标本。这一田野调查与《黄岩讼档》相互辉映，印证了这一现实当中的历史与历史当中的现实。我们逐渐揭开中国古代基层司法的面纱，发现的是国家法与民间法在司法过程（请注意，这里的司法过程涉及的是正式起诉到国家机关的案件，而非简单的民间纠纷）当中的相映成趣。在这里，国家法与民间法并不像有些学者所描述的那样相互冲突，而是彼此相生的。

关于中国古代基层司法过程中到底是适用国家法还是援用民间法的争论由来已久。黄宗智认为清代的法律体系存在处理纠纷的正式系统与非正式系统之分，即官方表达与具体实践的差别，其中官方表达表现为《大清律例》，而具体实践则表现为民间规则。此外还存在一个由衙役、乡保所主持的半官半民的处理模式，即所谓的"第三领域"。梁治平则认为国家法与民间法之间是"分工"与"断裂"的关系。[1]日本学者滋贺秀三则认为，清代诉讼审判所适用的规范包括情、理、法三项，其中情和理应当是对乡族传统的考虑。[2]以上三种观点虽都言之成论，但总觉缺乏令人信服的论证。从《黄岩讼档》来看，国家法与民间法绝非断裂的，无论是主持处理纠纷的主体还是所依据的规则，国家法与民间法都是相互支撑的。

《黄岩讼档》所记录的 78 件案件均在州县审理权限之内，主要涉及户婚、田土等"薄物细故"。其中，涉及完粮纳税的案件 2 起，涉及婚姻家庭的案件 9 起，涉及田、土的案件 40 余起，涉及轻微刑事犯罪的 12 起。可以看出，这些都是民事或轻微的刑事案件，而且在田野调查的过程中调查者发现当事人的居住地距县衙所在地普遍较远，这正如柏桦先生一直坚持的，"学界一直认为传统中国人都有厌讼思想是不确切的，相反，他们普遍好讼。也正是因为

---

〔1〕 参见梁治平：《清代习惯法：社会与国家》，中国政法大学出版社 1996 年版，第 140 页。

〔2〕 参见 [日] 滋贺秀三著，王亚新译："清代诉讼制度之民事法源的考察——作为法源的习惯"，载王亚新、梁治平编：《明清时期的民事审判与民间契约》，法律出版社 1998 年版，第 34 页。

有了好讼的现实，才会设计出止讼的法律"。[1]这一点也是我们接下来要论述的官府严格控制诉讼的原因之一。从官府的处理方式上来考察，除了少量的涉及刑事犯罪的案件决定立案处理之外，大部分案件都没有正式立案审理，作出了不准的批复[2]。不准的理由分为几类：一是事实不清，证据不足[3]；二是不符合程序要求[4]；三是逞讼，即所谓的滥诉或缠讼[5]；四是交与宗族或局绅进行调解处理[6]。第四类案件在不准的案件中占了相当的比重，即43%，且占到了案件总数的32%。显而易见，相当大的一部分案件是交与了民间法所支配的领域来处理，除此之外，可以设想其他33件不准的案件最终也必然要通过民间模式来解决，只是不是"钦定"的罢了。如此看来，则有3/4的案件是要通过民间模式适用民间法来解决的。

在上述的官府不准而要求乡里解决的案件中又有不同的分类：一是投保类，即交与地保处理调和。如第5号案件批示：随时投保查禁，不必立案。第7号案件批示：即经理赔和服，著即邀保，协同原理之人，向其催诘。[7]二是由家族长按照家法族规进行管教处理。如第9号案件批示：带交亲属领回管束，自无他患。第14号案件批示：极宜治以家法，否则仅可澄清提究。[8]三是双方和解。如第10号案件批示：著自妥为理明，勿庸肇讼。[9]四是交与绅衿亲房调解处理。如第1号案件批示：或仍凭土兴、张绅等妥为理息，以免讼累。如处理不下，准即带案讯办。第21号案件批示：著邀房言

---

〔1〕 参见柏桦先生《中国法律史讲义》。

〔2〕 其中正式立案的只有20件，而不予立案的则有58件，占到了案件总数的74%。

〔3〕 以事实不清，证据不足为由而批复不准的案件有：第3、8、15、19、27、30、31、32、33、41、51、52、53、54、58、59、62、66号案件。

〔4〕 以不符合程序要求为由而批准不准的案件有：第11、23、26号案件。

〔5〕 以逞讼为由而批复不准的案件有：第4、6、16、17、18、20、24、42、44、55、64、72号案件。

〔6〕 要求调处的案件包括：第5、7、9、10、13、14、21、28、34、35、36、37、40、46、47、49、50、56、57、63、67、68、70、71、73号案件。

〔7〕 此类案件共2件，即第5、7号案件，见田涛、许传玺、王宏治编：《黄岩诉讼档案及调查报告上卷》，法律出版社2004年版，第241页、第244页。

〔8〕 此类案件共2件，即第9、14号案件，见田涛、许传玺、王宏治编：《黄岩诉讼档案及调查报告上卷》，法律出版社2004年版，第247页、第254页。

〔9〕 此类案件共5件，即第10、28、34、35、70号案件，见田涛、许传玺、王宏治主编：《黄岩诉讼档案及调查报告》（上卷），法律出版社2004年版，第249页、第272页、第282页、第283页、第331页。

辞理处毋讼。[1]我们不能确认这78件案件即是这一时间段内黄岩县所有的案件，但至少它能反映出当时的诉讼状况，即大部分案件是被放到民间消解了，而官方以正常程序审判的案件微乎其微。以最典型的一任县官为例，即光绪时期的倪姓县官在三年内只审理了3件案件，我们不能说这不能说明问题。此外，其中有部分案件是所谓的"逞讼"，即缠讼不已，也就是说这些案件曾经不止一次地被发送到民间（地保、乡绅或者亲族）去处理过，但当事人还是不厌其烦地来官府起诉。这至少说明两点：一是，官府总是要使这些案件最后落到民间来处理；二是，当时的民间处理模式和民间处理结果是无强制力的。我们可以第63号案件为例来说明，即发生在光绪十一年（1885年）四月初八的一起案件。原告陈周氏状告夫侄陈法藐盗窃自己家的林木，并希图捏诈。兹将具呈摘录于下：

> 呈为图诈挺捏，声求提究事。窃嫡逆侄，陈法藐，藐五，素不安分，荡尽家产，在外惯行盗砍山木。逆母牟氏，庇纵为非。身男法增，经济重农，屡受欺凌，不时借扰些少。身男允从买安。上年二月廿五，逆侄在身山内，盗砍去松木数十株，当身男撞获，夺回十一株，投保理，被凶横，并将身殴辱，致身不已。就近呈沐粮廉提讯。旋经公人卢祥等劝身总念嫡亲，理处和服。不期逆等终恃无聊，仍又时寻生事。身男农拙莫较，诬逆等无隙可寻，反凭空倒捏身男盗伊树木，将伊母凶殴等谎。挺母陈牟氏埋呈图诈，荷奉明察批饬。叩原身夫在，与逆父曾于咸丰元年分爨，各有分据执凭。该逆等荡尽产业，一无遗存，何来山木被身男窃砍，即前储挨轮祀田，概被盗卖。且逆等住屋基粮每年具身男代完，今被凭空挺母捏控，不求提案究惩，法理奚容。为此录批声求，伏乞大老爷电赐提案，究惩杜横扶弱，祝德上呈。如虚坐诬。

附批单一纸：

> 氏侄陈法藐等果砍氏山松木，当被氏子夺获，并将该氏殴辱，殊属

---

[1] 此类案件共16件，即第1、13、21、36、37、40、46、49、50、56、57、63、67、68、71、73号案件，见田涛、许传玺、王宏治主编：《黄岩诉讼档案及调查报告》（上卷），法律出版社2004年版，第233页、第253页、第263页、第270页、第286页、第291页、第298页、第302页、第303页、第311页、第312页、第321页、第327页、第328页、第332页、第334页。

不合。惟前据陈牟氏具呈，该氏子陈法增窃树呈殴，业经批饬，邀理在案。该氏应即遵照听理，误伤亲亲之谊。

另设三月廿八日批单一纸（针对陈牟氏反讼的批单）：

> 指窃并无凭据，指殴又不请验，为名分攸关，著邀房族理处，勿庸涉讼。

在这一案件中，首先经过了"投保"，即经过了地保的调解与处理；其次又经过公人卢祥等的调解处理，双方达成和解；此后被告又违反和解所达成的协议，到官府起诉。县官要求交由亲族房右调解处理；陈周氏又不服，提起诉讼。县官再次批复交与本族调解处理。当事人双方的矛盾纠纷经过了四次民间调解处理，两次到官府起诉，这其中存在着多次博弈，即当事人双方之间的六次博弈，当事人与官府之间的两次博弈，当事人与民间力量的四次（甚至更多）博弈，官府与民间力量的两次（甚至更多）博弈。这样一个轻微的刑事案件，却涉及十几类次的关系，总而观之就是一种关系，关系的一方是当事人，另一方是由官府和民间组织组成的，他们通过彼此的合作，以"太极推手"的方式来试图化解矛盾，稳定社会。这似乎与我们以前所保留的观念不太一致。首先，传统社会中的民众并不厌讼，当事人双方都是希望通过官府以正常的法律途径来解决彼此之间的矛盾的。究其原因，可能经济因素是次要的，双方都要争一个是非曲直，这才是他们不惜一切代价的目的。只有官府的严格法律程序才能给他们一个准确具体的评判，相反，民间力量却只能给他们一个模糊的"和稀泥"似的解决方案，目的只是平息双方的矛盾，并不在意对双方的对与错的评价。所以当时双方才不厌其烦地到官府起诉，寻求法律（同时也是一种权威的力量）给予自己肯定，而给予对方否定和惩罚。至于经济利益，双方都很明白，通过官府解决矛盾，其受益与代价之间的差额要远小于通过民间模式所获得的收益，而他们选择了官府，说明他们不在意（至少不是最在意的）这一点。其次，国家法与民间法并不像我们所认为的那样彼此断裂，抑或说冲突。在本案件中，恰恰相反，国家法与民间法是充分合作、彼此依持的。这一点我们会在下一部分展开论述。

二、纠纷解决中官府与民间的互动

在本文的上一部分，我们谈到了民间法与国家法的相互合作关系，我们把这种关系称为"相生"，之所以称为"相生"，就是因为它们在同一个社会当中扮演它们的角色、发挥它们的作用是离不开对方的。我们仍以《黄岩讼档》为例进行论述。我们的论述首先要从国家法与民间法相分开始，也就是民间法具有相对独立于国家法的地位，因为只有相分与独立才涉及相生的问题。具体到《黄岩讼档》就是矛盾纠纷民间处理模式的相对独立性。首先，在这 78 件案件中，凡是涉及民间处理模式的案件，其主持者都是或为地保，或为家族长，或为地方绅衿，或为亲族房右。总而言之，他们均为官府以外的人，本身没有"公"的色彩。他们本身虽然不免要受到官府的影响，但他们作为主持人始终具有纯粹的民间性。其次，民间模式在漫长的实践过程中，逐渐形成了自身的形式灵活又相对固定的模式。民间模式之所以能够顺利地得出一个结论，最主要的因素就是其具有形式灵活、因时因事因地而制宜的特点。总体而言，有三种基本模式，一是中介型，二是仲裁型，三是教谕型。中介型是指主持者主要作为纠纷当事人之间交涉、和解并最终达成和议的渠道而发挥作用。换句话说，这种类型在几个重要的方面，将纠纷的解决交由当事人自身来决定。[1]这种模式以亲族房右所主持的纠纷解决为代表。仲裁型是指主持者以自身的实质性裁断为核心，谋求和议的形成。[2]教谕型是指主持者运用其影响力或操作技术，基于一定的规范来说服当事人，以达成共识（包括和议与虚假的和议），在解决纠纷的同时也对当事双方乃至更大的对象范围进行教育。[3]社会关系分类丰富，而主导每一类关系中行为规范的社会力量又是不同的，这就要求社会关系的参与者谨慎地对待纠纷所发生的精确社会环境，寻求与当事各方的角色以及与其过去和未来的关系相符的解决

---

〔1〕 ［日］棚濑孝雄："对自治型调解的期待——法治社会的调解模型"，载《法律家》1998 年第 921 号，第 44 页下。

〔2〕 ［日］原田钢：《权力复合态的理论——少数者统治和多数者统治》，有斐阁 1981 年版，第 30 页下。转引自强世功编：《调解、法制与现代性：中国调解制度研究》，中国法制出版社 2001 年版，第 47 页。

〔3〕 ［日］渡濑浩：《权力统制和合议形成——组织的一般理论》，同文馆 1981 年版，第 306 页以下，尤其是 311 页的表 58。转引自强世功编：《调解、法制与现代性：中国调解制度研究》，中国法制出版社 2001 年版，第 47 页。

方案。[1]在此条件下，解决模式的灵活性与其相对固定化自然是顺理成章的事情。最后，就是民间模式适用规则的相对独立性。关于这一点，学界在近些年来的研究中已有了相当深入的研究，反映在《黄岩讼档》当中也不外乎"事理"与"亲亲之谊"的情，此不赘述。

官民相生，即国家法与民间法的相互依存关系，是我们要着重论述的。在《黄岩讼档》所记载的78件案件当中，有74%的案件没有立案，而是驳回或明确批复交与民间力量来处理，这其中透露出来一个问题需要我们解答，即官府与民间力量之间是相互推诿还是达成默契的。总体来讲，中国传统社会中存在两种力量，一种自然是代表国家的官府，另一种即是民间力量，习惯上把他们称为乡土精英（但并非褒义）。国家力量对乡土社会的直接控制在历代以及一代的不同时期，其范围与程度都是不断变化的，这一点我们放到下一部分来讨论。国家力量除了对乡土社会进行直接统治外，还要进行间接的统治，我们把它称为"以乡治乡"。这种间接统治的中介力量就是乡土精英，其中主要是士绅和宗族（在国家力量深入渗透乡土社会的时期还表现为保甲）。费孝通先生就认为，士绅是封建解体，大一统的专制皇权确立之后，中国传统社会所特具的一种人物。事实上，士绅是中国传统社会自科举制以来产生的一个独特的社会阶层，具体而言，是具有秀才以上功名或一定职衔，介于官僚与平民之间，不同于官、又区别于民的封建统治阶级内部的一个在野的特权阶层，是名副其实的地方权威，并构成了封建统治的社会基础。有的人是取得功名但没有入仕的，有的人是做了官回家养老的，他们具有人们所公认的政治、经济和社会特权以及各种权力，并有着特殊的生活方式，同时承担了若干社会职责。他们视自己家乡的福利增进和利益保护为己任。[2]在政府官员面前，他们代表了本地的利益。他们承担了诸如公益活动、排解纠纷、兴修公共工程等事务，有时还有组织团练和征税等许多事务。他们在文化上的领袖作用包括弘扬儒学社会所有的价值观念以及这些观念的物质表现。士绅在民间模式中的权威和声望来自于他作为主持人的身份，士绅成员经常趋于掌握地方组织的机要地位。他们掌握一些专业性的伦理观念和规范，

---

〔1〕 Northorp, "The Mediation Approval Theory of Law in American Legal Realism", 44 *Va. L. Rev.* 347 (1958).

〔2〕 参见于建嵘："清末乡村皇权、族权和绅权的联结"，载《探索与争鸣》2003年第3期。

宣扬秩序的重要，每个人都必须按照社会结构中所处的地位行事。作为乡土社会的传统权威，士绅在不同程度上参与所有的民间法运行模式。

宗族也是如此。宗族制是按家长制原则组织起来的。族长被视为宗子，为一族之尊，合族之长，位尊望崇，掌握很大的权力，他是"族权"的体现。一族之内又按昭穆亲疏分成若干支，支下又有"房"，房有房长。大的宗族还有"族正""宗直""户头"一类的执事人员，佐助族长，处理各种事务。族长的产生多按照辈分、年龄、德行、威望、官爵来推举。如四川云阳涂氏之族长"由全族择廉能公正、人望素孚者，公举充任"[1]。一般农村，大多数为聚族而居，其族长不特具全村之行政权，凡涉于民间诉讼案件及族中私事，亦有处决之权。族长权力的凭借是"礼"与"法"。从"礼"来说，根据宗法和纲常名教的一套礼制，族长处于"尊尊"的地位，"名分属尊，行者宜恭顺退让，不可渎犯"。另外，族长又可执行"家法"，有如官吏之执行"王法"。"家之有长，犹国之有官。敢有詈骂尊长，越礼犯分者，通族权其轻重，公同处置。"为"子姓视效所关，宗族家务所系"，对不守家法、违背教训者，随其轻重处罚。在家族范围内，民间法的推行者当然属于族权。

在《黄岩讼档》中出现了大量的所谓"官批民调"案件。州县官有时认为事属细微，不必在堂上处理，就批令乡里士绅、亲族去调解处理，或者加派差役协同乡保"秉公处理"，调处后禀县衙销案。但后一种情况只是在特定的时期或者特定的案件当中才使用，多数情况下是前一种情况。田涛先生收藏有两则史料，可以说明这一现象的普遍性。一是《雍正六年徽州府歙县正堂给汪氏族正汪文周委牌》[2]：

> 奉旨严饬州县设立族正案。当经出示饬行公议遴举去后，今据二十五都一啚族正县认前来，据此合给委牌。为此牌给族正汪文周前去，即便遵照先行。奉旨事理族内之中，不时稽查。如有素不务业，游手好闲，为非匪类及行踪诡秘不法之徒，许尔族正据实指名赴县首报，以凭严拿究治。倘有容隐徇情不首，事发之日与保甲等一体连坐。该族正务遵功令稽查，不得借端生事扰民，查出致干未便，均勿故违，须至牌者。

---

[1] 涂凤书纂修：《云阳涂氏族谱》，1930年活字本。
[2] 此委牌原为已故田涛先生收藏。

二是清光绪年间的一份知州、知县敦请族长调处法律纠纷的空白格式批文[1]:

> ……为此谕仰该　　　知悉此事,尔如能出为排解,俾两造息讼,最为上策。此谕仍交地保缴销,若不能息讼,即由该族长告知被告
> 令其于　　　月　　　日午前到城,本　　　每日于未初坐堂,洞开大门,该原被告上堂面禀,即为讯结。……此因该族长向来公正,言足服人,帮饬传知,并非以官役相待,亦不烦亲带来城,不过一举足、一启口之劳。想该族长必能体本　　　爱民如子之意,共助其成,实有厚望……

从第一则史料中可以看出,首先是"奉旨",也即皇帝的命令。在宗族中设立"族正"应该得到了国家最高权力者的认可。而且从"严饬州县设立族正案"可知这不是针对某一特定的地区颁布的,而是带有普遍性的命令。其次,以"委派"的形式授权族正代官府行使稽查权。这种以"授权书"的形式正式的任命或者授权体现了国家权力与民间力量的结合更为具体化。最后,官府在授予族正相应权力的同时,也对其权力进行了限制,并设置了相应的责任,其只能稽查,而不能"严拿究治",如果徇情不首,还要"一体连坐"。这又表现出族正的"民间"身份。

从第二则材料中可以看出,州县官以和蔼的口吻传知族长,如有民间纠纷,首先要调解处理,尽量解纷息讼。如不能息讼,再告知两造到官府进行诉讼。更值得注意的是,这是一份"格式批文",是预先用雕版印刷好的空白文书,用时再填上相应内容,可知其系反复使用的。这种模式的普遍性也是毫无疑问的了。

综合这两则史料所表达的信息,可知官府(国家力量)对民间力量的"借用"在当时是普遍的现象。从另一方面来思考,民间力量在这一过程中也并非徒劳,他在为国家力量所用的同时,也获得权力,而且这种权力在乡土社会中是相当受用的。同时,在家国同构的大背景下,其所引领和推行的民间法得到了国家的承认,成为统治体系链条中的重要一环。"宗主一方面是本

---

[1] 该批文由田涛先生发现,采用雕版印制,用于清光绪年间。

族的族长，是家族的统治者；另一方面又代行乡里政权组织的职能。"〔1〕在这样的结构里，族长取得了对族人在政治、经济、息争、教化等方面的特权。族人若擅自兴讼到官，族长有权重责。"每有纷争，最初由亲友耆老和解，不服则诉诸各房分祠，不服则诉诸叠绳堂〔2〕。叠绳堂为一乡最高法庭，不服则讼官矣。"〔3〕所以民间法在此过程中从国家法那里获得了权威，就如《黄岩讼档》里所描述的那样，矛盾纠纷的当事人是很难越过民间模式这一关的，如果你越过民间模式直接讼于官府，官府也会把案件再次发回民间，反而会使这些民间精英们对当事人产生"擅自兴讼到官"的不良印象，给他穿"小鞋"。《黄岩讼档》中甚至有四讼四驳的情况，当事人对民间模式的解决方案不服，反复讼于官府，又屡屡被驳回民间。原因很简单，一旦官府打开缺口，案件会如洪水一样涌来，令其难以招架。也正是因为官府的决不松口，才使得民间模式具有了不可替代的权威，而民间模式的屡屡成功也为官府减轻了负担，达到了维护基层稳定的目的，国家统治也因此进入了一个良性的循环。

三、乡治中的文化同质

在本文的上一部分，我们对"官民相生"的现象进行了描述，在接下来的论述中我们将对"官民相生"的深层原因进行探讨。我们将从文化延续、社会功能、技术分析三个向度上来分析。在文化延续论方面，以柯恩和梁治平为代表，其认为调解（最典型的民间模式）不仅是一种纠纷解决的方式，更体现了一种关于社会秩序的安排甚至宇宙秩序的安排，体现了一种特殊的文化价值的趋向。因此，调解在中国就体现了传统儒家文化的追求自然秩序和谐的理想，调解与传统儒家文化的"无讼"思想是一致的，从某种意义上讲，传统的调解制度是儒家文化的产物。〔4〕我们不能仅仅通过外在的现象观察，将调解理解为一种纠纷解决机制，而要将这种解决纠纷的办法放在一个

〔1〕 徐扬杰：《中国家族制度史》，人民出版社1992年版，第229页。

〔2〕 "叠绳堂"为梁漱溟文中的梁氏宗祠。"吾梁氏约三千，居山之东麓，自为一保。……本保自治机关则吾梁氏宗祠'叠绳堂'。自治机关之最高权，由叠绳堂子孙年五十一岁以上之耆老会议掌之。未及年而有'功名'者（秀才监生以上），亦得与焉。"

〔3〕 梁漱溟：《中国文化要义》，学林出版社1987年版，第277页。

〔4〕 参见强世功编：《调解、法制与现代性：中国调解制度研究》，中国法制出版社2001年版，第2页。

更大的文化背景中来理解，调解由此被理解为一种构建社会事实的文化实践，由此形成了与功能分析相对应的文化解释方法。[1]在社会功能方面，以陆思礼的研究为代表。在他看来，不能简单地通过外在的现象将之看成传统儒家文化的延续，而是要看它在实践中发挥了怎样的功能。针对当代中国的调解制度，他认为正是由于传统中国的调解制度缺乏一种严格的保护个人权利的法律技术，才使得传统的调解很容易被加以改造并继续利用。在这个意义上，如果说传统的调解制度和新的调解制度之间存在连续性的话，那么这种连续性也是以西方的法律制度作为背景才有意义的。[2]在技术分析方面，以强世功和赵晓力为代表。他们通过对调解过程中权力技术和策略的运用进行细致分析，发现所谓的"情、理、法"的调解模式不过是在这种特定的权力关系中，通过不同的权力技术和策略对不同的权力资源进行运用所体现出的一种效果。"法律"由此和"情理""政策"一样被理解为一种权力资源。在这样的实践中所体现出来的两种不同的权力技术和权力资源的对抗，其背景就是国家法与民间法或者国家与社会之间进行征服与反抗的复杂关系。[3]以上三种观点从不同的理论背景对这一问题进行分析，但忽略了一点，那就是民间法与国家法的共通性，也即它们内核的共通性。

从我们的文化内核来看，以儒家思想为主导的文化始终是主流文化，无论是国家法制还是民众行动，基本都是奉行这一套的。汉武帝时，罢黜百家，独尊儒术，从这以后就推行外儒内法的政策，一直至清末。这与在西周的时候就确立的"宗法制"是有源流关系的。在"宗法制"之下，无论是君主统治国家，官员管理所辖，宗族管理一族一家，还是个人的修身，都要以儒家文化为最高准则。在这最高准则的背景之下所构建起来的国家模式当然也是家制的扩大。既然是扩大，家有家长，国要有君主，一州一郡也要有长牧。君主是天之元子，而为天下父，要上敬皇天，下爱黎民；官员为君主之臣子，而为百姓之父母官，要上忠于君主，下怜恤百姓；家长为一家之主，但作为社会基本单位的"家"的代表又受到国家的管理，要忠君爱国，又要敬官侍长，还要整饬族众；而作为个人，要遵守儒家全部的道德要求，克己修身，

---

〔1〕 参见梁治平编：《法律的文化解释》，生活·读书·新知三联书店1994年版，第1页。

〔2〕 参见强世功编：《调解、法制与现代性：中国调解制度研究》，中国法制出版社2001年版，第4页。

〔3〕 强世功编：《调解、法制与现代性：中国调解制度研究》，中国法制出版社2001年版，第11页。

孝敬长辈，明里守法，忠君敬上。可见通行的文化价值观所强调的不是个人的权利，而是社会秩序的调节，群体的存续。国家是放大的家庭，而家庭则是一个缩小的国家，国家的管理者要以德治国，以礼治国，家庭的管理者也要以德治家，以礼治家。这种将血缘和政治结合起来的模式决定了代表国家权力的"国"和代表民间力量的"家"是同构的，在文化价值取向上也是同源的，就是群体取向，个体是被忽略的，以后各种思想和观点也大抵都从这一点生发出来。

这一点体现在社会规范上就更加明显，无论是庙堂之上的国法，还是江湖之远的家规，在这一共同文化内核上的相互印证也不例外。当然，虽然《论语》里就有了"父为子隐，子为父隐，直在其中矣"[1]的观点，但制度化主要是从西汉后才更突出。这个过程被称为"引礼入律"。董仲舒根据《论语》中的观点肯定了"父子相隐"的合法性，甚至有了"春秋决狱"的做法。两晋时期，礼律进一步结合，律学家张斐在总结晋律体例时，称其"王政布于上，诸侯奉于下，礼乐抚于中"[2]，"峻礼教之防，准五服以治罪"[3]。儒家的"礼"已经成为此后历代王朝在制定法律过程中的最高指导思想。大概至唐代时，"引礼入律"的过程基本完成，《唐律疏议》就是这一过程基本完成的标志。长孙无忌在《名例》篇疏议中称"德礼为政教之本，刑罚为政教之用，尤昏晓阳秋相须而成者也"[4]。《唐律疏议》成为后世法典的蓝本。清人在编《四库全书》时就这样评价唐律："唐律一准乎礼，得古今之平，故宋时多采用之，元时断狱亦每引为据。"[5]当然，《大清律例》作为最后一个专制王朝的法典自然也不例外。乾隆帝在为《大清律例》所撰的序文当中称"弼成教化，以成其好生之德"。可见历代法典，无不以儒家思想为皈依。清代虽是少数民族入主中原，但与元代的情形不同。清代的统治者服膺儒家文化，对于儒家文化的统治功能认识到位，运用得也娴熟。康雍乾三代全面继承和发展儒家"明刑弼教""正人心，厚风俗"的理学思想，"钦定""御纂"《诗》《书》《礼》《易》《春秋》五经儒家经典数十部，以此作

---

〔1〕《论语·子路》。

〔2〕（唐）房玄龄等撰：《晋书》卷三〇《刑法志》，中华书局 1974 年版，第 927 页。

〔3〕（唐）房玄龄等撰：《晋书》卷三〇《刑法志》，中华书局 1974 年版，第 927 页。

〔4〕（唐）长孙无忌等纂，刘俊文点校：《唐律疏议》卷一《名例》，中华书局 1988 年版，第 3 页。

〔5〕（清）爱新觉罗·永瑢、纪昀等编：《四库全书总目提要》，中华书局 1981 年版，第 712 页。

为法制的指导原则，成为国家法律制定和运行的文化背景。

民间规则亦是如此，大抵在宋代以前，民间社会并不发达，民间规则的表现形式也不丰富。宋代以后，以家规家范、乡约为代表的民间规范越来越多，逐步体系化，其中也蕴含着浓厚的儒家"礼"制的色彩。以家规为例，宋代以后，"家礼""家规""家训""家法""家范""宗法""族规""宗约""祖训"等各种家规的表现形式如雨后春笋，著名的如范仲淹作《义庄规矩》，朱熹作《朱子家礼》，再如《陆氏家训》《朱子家训》《吕氏宗法》《张氏家范》等家礼的典型代表，出现了家家有规训的局面。这些虽为一家之礼，指导思想和内容却是大体一致的，因为它们都是出自士大夫之手，士大夫以"修身，齐家，治国，平天下"为政治理想，上要"致君尧舜上"，下要"再使风俗淳"，便想着将儒家伦理从贵族阶层推向庶民阶层，用儒家伦理来治理和规范基层社会。在这样的语境之下，各宗族大家纷纷以国礼[1]为蓝本制定一系列具体的礼仪规范，将儒家所倡导之"礼"具体化为为人处世、待人接物等一系列的规范准则，其主要内容也无非是"三纲五常"。这些"礼"直接规范和控制着基层社会的人们的行为，使家成了一个礼的灌输者和传播者。[2]庙堂之上以"礼"治国，宗族之中以"礼"治家，无论是国家法律还是民间规范，对于儒家文化的依凭和运用都是一贯的。

这一点在司法实践中体现得非常明显，那就是"无讼"。从孔子就开始讲"听讼，吾犹人也。必也使无讼乎！"[3]这也奠定了儒家关于诉讼的基本观点和价值取向。儒家认为，进行诉讼是一种追求个人的物质利益的行为，这与儒家提倡的追求道德的自律、个人修养和人格的成长是互相矛盾的。在儒家看来，道德伦理要求人们与周围的人和睦相处。在与他人发生冲突时，正确的态度是自省，而非坚持自身利益，将对方诉至法庭。[4]受儒家"无讼"思想的影响，统治者和家族势力都秉承"以讼为耻"的观念，主张尽量避免用诉讼的手段解决冲突。[5]清代从顺治的《圣谕六条》、康熙的《圣谕十六

---

〔1〕 如《大清通礼》规定了"郊天、参圣、祈年、营造、征战"等活动以及人们祭祀、婚丧、宴饮、庆贺等活动的礼仪规则。

〔2〕 参见田成有：《乡土社会中的民间法》，法律出版社 2005 年版，第 60 页。

〔3〕 《论语·颜渊》。

〔4〕 陈弘毅：《法理学的世界》，中国政法大学出版社 2003 年版，第 182 页。

〔5〕 马小红：《礼与法：法的历史连接》，北京大学出版社 2004 年版，第 229 页。

条》，到雍正的《圣谕广训》，都含有息讼的内容。如康熙的《圣谕十六条》就明确提出"和乡党以息争讼"，雍正在《圣谕广训》中对此进行了进一步阐释：

> 和所以息争讼于未萌也。朕欲咸和万民，用是申告尔等以敦和之道焉。诗曰：民之失德，乾候以愆。……乡党之和，其益大矣。古云：非宅是卜，惟邻是卜，缓急可恃者，莫如乡党。务使一乡之中父老子弟联为一体，安乐忧患，视同一家，农商相资，工贾相让，则民与民和。……由是而箪食豆羹争端不起，鼠牙雀角速讼无因。岂至结怨耗财，废时失业，甚且破产流离，以身殉法而不悟哉？若夫巨室耆年乡党之望，胶庠髦士乡党之英，宜以和辑之风为一方表率，而奸顽好事之徒，或诡计挑唆，或横行吓诈，或貌为洽比以煽诱，或假托公言而把持，有一于此，里闬靡宁，乡论不容。国法具在，尔兵民所当谨凛者也。[1]

君主倡导"无讼"，官员自然力行"息讼"，中国有句古话叫作"饿死不做贼，冤死不告状"，把打官司和偷窃放到一处，认为其是失节的行为。汪祖辉在《学治臆说》中便讲了一条"断案不如息案"，他认为："勤于听断，善也。然有不必过分皂白，可归和睦者，则莫如亲友之调处。盖听断以法，而调

---

[1]《圣谕广训》释"和乡党以息争讼"曰：古者五族为党，五州为乡，睦婣任恤之教由来尚矣。顾乡党中生齿日繁，比闾相接，睚眦小失，狎昵微嫌，一或不诚，凌竞以起，遂至屈辱公庭，委身法吏。负者自觉无颜，胜者人皆侧目。以里巷之近而举动相猜，报复相寻，何以为安生业、长子孙之计哉？圣祖仁皇帝悯人心之好，竞思化理之贵淳，特布训于乡党曰：和所以息争讼于未萌也。朕欲咸和万民，用是申告尔等以敦和之道焉。诗曰：民之失德，乾候以愆。言不和之渐，起于细微也。易讼之象曰：君子以作事谋始，言息讼贵绝其端也。是故人有亲疏，概接之以温厚；事无大小，皆处之以谦冲。毋恃富以侮贫，毋挟贵以凌贱，毋饰智以欺愚，毋倚强以凌弱，谈言可以解纷，施德不必望报。人有不及，当以情恕。非意相干，当以理遣。此既有包容之度，彼必生愧悔之心。一朝能忍，乡里称为善良，小忿不争，闾党推其长厚。乡党之和，其益大矣。古云：非宅是卜，惟邻是卜，缓急可恃者，莫如乡党。务使一乡之中父老子弟联为一体，安乐忧患，视同一家，农商相资，工贾相让，则民与民和。训练相习，汛守相助，则兵与兵和。兵出力以卫民，民务养其力，民出财以赡兵，兵务恤其财，则兵与民交相和。由是而箪食豆羹争端不起，鼠牙雀角速讼无因。岂至结怨耗财废时失业甚且破产流离，以身殉法而不悟哉？若夫巨室耆年乡党之望，胶庠髦士乡党之英，宜以和辑之风为一方表率，而奸顽好事之徒，或诡计挑唆，或横行吓诈，或貌为洽比，以煽诱或假托公言而把持，有一于此里闬靡宁乡论不容，国法具在。尔兵民所当谨凛者也。夫天下者乡党之积也，尔等诚遵圣祖之懿训，尚亲睦之淳风，孝弟因此而益敦，宗族因此而益笃，里仁为美，比户可封，讼息人安，延及世世协和，遍于万邦，太和烝于宇宙，朕与尔兵民永是赖焉。

处以情。法则泾渭不可不分，情则是非不妨稍借。理直者既通亲友之情，义曲者可免公庭之法。"[1]他进而指出"劝忍"就是爱民，凡遇讼事，"可息便息，宁人之道，断不可执持成见，必使终讼，伤闾党之和，以饱差房之欲"。[2]历代州县官无不以劝讼、止讼、息讼为己任，地方官司少成为作为"民之父母"的各级官吏们的重要评价标准，即所谓"刑措不用"，"完赋役、无讼事"为最大的"政绩"[3]。

君主如此，官吏如此，百姓亦如此，诸如宗族、乡约等民间组织亦是如此。比如，宗族构成了传统社会治理的基层单元，其宗族规范往往重视宗族成员的和睦相处，推崇礼教，强调家长、族长的绝对地位。自然，宗族组织也会在其运行过程中提倡"无讼""息讼"，宗族中普遍流行"诉讼入官为耻"的观念，因为有族人去打了官司，自然说明宗族的组织功能是失败的。从历代地方一些家族宗谱中也可以看到类似的规定，如《楚南云阳甯氏家规条例》规定：

> 昔时俗尚敦庞，礼教相先。遇有争者，鸣鼓告族。是是非非，一言立决。故有自幼至老，未尝一步公庭者。今俗不长厚，父兄应宜谙诚。有事则鸣鼓投祠，约宪长委曲解释，不得扶强抑懦。理屈者薄罚示惩，不得藐抗。若不遵约，遽控公庭，约宪长当以曲直禀官，丕振家规。至

---

〔1〕（清）汪辉祖撰：《学治臆说》卷上《断案不如息案》，参阅孙之卓编注：《佐治学治解读》，哈尔滨工业大学出版社2015年版，第110页。

〔2〕（清）汪辉祖撰：《佐治药言·息讼》，参阅孙之卓编注：《佐治学治解读》，哈尔滨工业大学出版社2015年版，第17页。

〔3〕西汉韩廷寿为冯翊太守时，"有昆弟相与讼田自言"，韩廷寿认为这是他"不能宣明教化，至令民有骨肉争讼，既伤风化，重使贤长吏、啬夫、三老、孝弟受其耻"，于是，"入卧传舍，闭阁思过……令丞、啬夫、三老亦皆自系待罪，于是讼者宗族相责让，此两昆弟，深自悔，皆自髡肉袒谢，愿以田相移，终死不敢复争"。自此以后，属下"遍二十四县莫复以辞讼自言者"。（《汉书·韩廷寿传》）明朝松江知府赵豫为了平息百姓的争讼，采取拖延的办法，不及时处理诉讼案件。赵豫"患民俗多讼，讼者至，辄好言谕之曰'明日来'，致有'松江太守明日来'之谚"。（《明史·赵豫传》）清代陆陇其任知县时，在审理兄弟二人争财产的案件时，并不问曲直，而是让兄弟二人互唤"哥哥""弟弟"，结果，"未及五十声，已各泪下沾襟"。陆陇其在判词中写道："夫同声同气，莫如兄弟，而乃竟以身外之财产，伤骨肉之至情……从此旧怨已消，新基共创，勉之勉之。"（《陆稼书判牍·兄弟争产之妙判》）明朝海瑞也对"多讼"深恶痛绝，他曾说："词讼繁多，大抵皆因民俗日薄，人心不古，惟己是利，见利则竟。以行诈得利者为豪雄，而不知欺心之害；以健讼得胜为壮士，而不顾终讼之凶。而又伦理不敦，弟不逊兄，侄不逊叔，小有蒂芥，不相能事，则执为终身之憾，而媒蘖讦告不止，不知讲信修睦，不能推己及人，此讼之所以日繁而莫可止也。"（《海瑞集·兴革条例》）

有灭伦侮法诸大故，自应首惩，不得狗纵。[1]

湖州《王氏谱规》命令"绝讼端"，指出：讼犹兵也，不得已而用之。《易》曰："有孚窒惕，中吉。"晚近刁风日炽，告讦日烦，往往尚气兴词，败检倾家不顾。如有不遵家规主唆好讼者，谱上削名摈斥。[2]宁乡洞西《周氏规训》以无讼为福教人：

人以无讼为福，果情关切肤势处，不得不控；若事属微嫌，亦宜可已则已。况造谎诬告，良心天理何存？借证害人，罔上行私已甚。虽有智谋，欲不使钱而不得。纵占田地，恐难保守以长存。我既阴谋诈骗，人亦伺隙攻仇。好讼之人，其家必破。世事沧海桑田，看透方多福泽。[3]

上湘成氏敬爱堂《族戒》则禁止挑唆词讼：

讼之起也，起于气之不平，而实成于唆讼这辈。何则？今人欲讼，得一人而劝之，讼念必息。惟有唆讼者在侧，曰："尔何过弱，此事不可放过他。"若人之讼念复炽甚，则需其酒食，暗里为之摆谋造计，索其钱财，代为若人作词控上，以致讼无了日。且世风日下，更有一种巧于唆讼者，窥人意见不合，即于其此以言挑之，复于其彼以词激之，致令成讼。他乃于中取利，甚至离人骨肉，败人名节，丧人身家，彼反以为得计。呜呼！唆讼这辈，罪实不容于死。我族敦尚雍睦，必戒咬讼。[4]

邵陵桐江《赵氏规训》亦载：

《语》：人之七情，惟怒难制。制之不早，争斯起焉。近世人情浇薄，

［1］陈建华、王鹤鸣主编，周秋芳、王宏整理：《中国家谱资料选编》第8册《家规族约卷上》，上海古籍出版社2013年版，第123页。
［2］陈建华、王鹤鸣主编，周秋芳、王宏整理：《中国家谱资料选编》第8册《家规族约卷上》，上海古籍出版社2013年版，第128页。
［3］陈建华、王鹤鸣主编，周秋芳、王宏整理：《中国家谱资料选编》第8册《家规族约卷上》，上海古籍出版社2013年版，第132页。
［4］陈建华、王鹤鸣主编，周秋芳、王宏整理：《中国家谱资料选编》第8册《家规族约卷上》，上海古籍出版社2013年版，第137页。

父兄以善讼为能事，子弟以口说为继述。一事取胜，则群相推许，谓人莫我敌。呜呼！居心之奸险，品行之叵测，尚忍言欤。故事稍得已，即俯首让人，亦又何害。否则，睚眦之恨，遂成莫释之警。始而取怨于乡党，继且开罪于家庭，终致起衅于骨肉。圣人系《讼卦》，曰："惕，中吉，终凶。"邵子退步之法，最是安身妙着。降祥〔降〕殃，理自不爽。况乎差役之追呼，棍徒之把持，市井之耻笑，家道之衰微，皆身所自受。总之为一念客气所使。可勿戒哉！〔1〕

所以，当宗族内部成员发生冲突或纠纷时，为了维护宗族的稳定与和谐，采用调解解决成员间的冲突或纠纷就成为宗族首领的重要职责。

四、乡治中的价值共向

我们从社会功能的角度来分析。秦朝的建立全面瓦解了西周春秋时期"授民授疆土"的分封制和贵族"世卿世禄"制，形成了以中央直接控制的"郡县"为单位的地方权力结构，这就使西周春秋的间接地域控制方式转变为君主中央集权的直接管理模式，进而形成了从中央到地方的垂直权力结构。但历史学、人类学及社会学学者对中国乡村社会的研究证明，自秦代以降，正式的国家政权组织仅到达州县一级。从州县衙门到乡村民户之间的社会控制，并不完全依赖于国家机器，地方士绅与乡族组织不仅是乡村礼俗控制的承担者，而且在一定程度上也是法律控制的执行者。国家在很大程度上要依赖他们实现对乡村社会的控制管理，费孝通先生称，传统中国社会中，从县衙门到每家大门之间的这一段距离"是最重要的"，他认为"这是中国传统中央集权的专制体制和地方自治的民主体制打交涉的关键，如果不明白这个关键，中国传统政治是无法理解的"。〔2〕

当然，乡里不设政权组织并不意味着不设任何行政职位。秦汉时期，一县分为若干乡，乡下有里，里下有什伍组织。在乡设有秩、啬夫、三老、乡佐、游徼等乡官。大乡设有秩，小乡设啬夫，是乡的主管，有权掌管一般民事事务和轻微诉讼以及赋税征收等事，"皆主知民善恶，为役先后；知民贫

---

〔1〕 陈建华、王鹤鸣主编，周秋芳、王宏整理：《中国家谱资料选编》第 8 册《家规族约卷上》，上海古籍出版社 2013 年版，第 143 页。

〔2〕 费孝通：《乡土重建》，上海观察社 1948 年版，第 46 页。

富，为赋多少，评其差品"。[1]乡佐是有秩、啬夫的助手，分职承办县廷布置的各项任务。游徼主乡中的治安，直属于县尉。三老非行政职务，掌教化，以礼教劝民于善。里设里正、里典，负责一里事务，掌管一百家。什设什长，掌管十家。伍设伍长，掌管五家。魏晋南北朝基本沿袭秦汉的乡里制度。北魏孝文帝改革，仿《周礼》而行"三长制"，即以百姓五家为邻，设一邻长；五邻为里，设一里长；五里为党，设一党长。《魏书》载："魏初不立三长，故民多荫附。荫附者皆无官役，豪强征敛，倍于公赋。十年，给事中李冲上言：'宜准古，五家立一邻长，五邻立一里长，五里立一党长，长取乡人强谨者。邻长复一夫，里长二，党长三。'"[2]隋代以一百家为里，五百家为乡，设里长、乡正为主管。唐代对城区、郊区和乡村采取不同的编组，在城区，四家为邻，五邻为保，五保为坊；在郊区，四家为邻，五邻为保，五保为村；在乡村，四家为邻，五邻为保，五保为里，五里为乡。邻、保各设长，坊、村、里各设正，乡设耆老主教化及词讼。北宋王安石变法，实行保甲制度，以"十家为一保，选主户有干力者为保长；五十家为一大保，选一人为大保长；十大保为一都保，选为众所服者为都保正，又以一人为副"。[3]辽、金、元在本民族和少数民族地区按民族习惯进行管理，保留部落家族的基层组织形式，在汉族地区实行村舍制度。明代的乡里制度，里甲与保甲并存，"以一百一十户为一里，推丁粮多者十户为长，余百户为十甲，甲凡十人。岁役里长一人，甲首一人，董一里一家之事。先后以丁粮多寡为序，凡十年一周，曰排年"。[4]洪武二十七年（1394年），朱元璋命设里老人，办理一乡之词讼。明中叶，实行保甲制，以十家为牌，设牌长；五至十牌为保，设保长，以维持地方治安。清沿明制，里甲、保甲并存，稍重里甲[5]。可以说历代的乡里组织及职位的设置均具有官方或半官方的色彩，有的甚至达到"百石"，要由郡府任命（如秦、汉的"有秩"）。但我们是否就可以由此说国家把权力直接地伸向乡里社

---

〔1〕（南朝宋）范晔撰，（唐）李贤等注：《后汉书》卷一一八《百官志五》，中华书局1965年版，第3624页。

〔2〕（北齐）魏收撰：《魏书》卷一百一十《食货志》，中华书局1974年版，第2855页。

〔3〕（元）脱脱等撰：《宋史》卷一百九十二《兵志六》，中华书局1977年版，第4767页。

〔4〕（清）张廷玉等撰：《明史》卷七十七《食货志》，中华书局1974年版，第1878页。

〔5〕参见韦庆远、柏桦编著：《中国政治制度史》（第2版），中国人民大学出版社2005年版，第292页。

会了呢？我们考察一下担任这些职务的人所应具备的条件："乡里强谨者""为众所服者""丁粮多者""年高有德者"等。并非巧合的是，无论是里甲制还是保甲制，满足这些条件的人都与民间精英有着相当的一致性与同构性，各种乡官大多由乡间的"有头面者"充任。乡里的主职一般由宗族长担任，负责征收赋役的一般由"丁粮多者"担任，负责治安的一般由"强谨者"担任，负责调解词讼的一般由"年高有德者"担任。他们或以宗族身份服人，或以力服人，或以资财服人，或以德服人，都与他们在乡土社会中的原有角色相关。如明清的里甲长由州县选任，其标准是"乡长取乎年高有德而素行服人者充之，保长取乎年力精健才迥迈众者充之"，甲长应"于十一家之内，择其殷实老成有子弟者充之"。[1]

正如费孝通先生所认为的那样，乡土社会有着自己相对独立的利益和一定意义上的地方自治，国家只能利用家族宗族中的长老或乡绅等"乡村内生权力结构起作用"。"由于地方自治的存在，中央的权力一般并不直接'进入与人民日常生活有关的地方公益之中'，政府自上而下的'单轨'式权力运行过程实际上'只筑到县衙门就停了'。"[2]在专制权力极端强化的社会里，国家竟然"放松"或者"放弃"了对人民民事活动的干预。如果习惯以发达的商品经济社会为背景来观察清代传统社会的这一"现象"，或许会为之困惑，甚至认为封建专制国家的权力没有延伸到州县以下，似乎存在什么"自治的村社"。但是我们对清代的民事诉讼进行深入具体的研究，一定会得出另外的结论："清代国家的专制权力牢牢地控制着每一个穷乡僻壤，百姓无不在民事纠纷中感受到国家权力的存在，国家通过大力推行调处息讼制度把民事关系的调整纳入到自己的权力范围。独特的调处息讼制度把国家权力和社会力量紧密地结合在一起，是在自然经济社会中国家对待民事纠纷的最好办法。"[3]秦王朝采用法家的主张统一中国后，将天下人置于法网之中，以致"奸邪并生，赭衣塞路，囹圄成市"。当统治者陶醉于"皆有法式""专任刑罚"的成果之中时，秦王朝却很快灭亡了[4]。此后的专制王朝逐渐探索出了新的社会

---

〔1〕（清）黄六鸿：《福惠全书》卷二十一《保甲部·选保甲长》，收录于四库未收书辑刊编纂委员会编：《四库未收书辑刊》（第3辑第19册），北京出版社2000年版，第241页。

〔2〕费孝通：《乡土重建》，上海观察社1948年版，第52页。

〔3〕郑秦：《清代司法审判制度研究》，湖南教育出版社1988年版，第205—206页。

〔4〕参见田成有：《乡土社会中的民间法》，法律出版社2005年版，第64页。

治理模式，这就是我们所谓的"以乡治乡"，一直沿用下来，并且运用得日益纯熟。

一方面，国家若需根据人口增长与社会发展需求来加强社会控制与管理，无论增置县级行政单位，还是析分次县级行政区划，都意味着基层衙门与国家官僚队伍的扩大，随之而来的必然是扩大赋税征收以供养庞大的衙门与官僚队伍。但扩大赋税征收，必然影响地方士绅与乡族的利益，尤其在清代实行摊丁入亩的赋税改革以后，地主士绅是国家赋税的主要承担者，加大赋税必然削弱他们的物质基础，并引起其不满。在这样的情况下，清代国家处于一种两难的境地：若大力扩大其基层行政体制，由国家设置官署直接控制乡村社会，势必加重地方士绅与乡族的赋税负担，引起后者的不满，动摇朝廷在乡村社会的基石，从而增加社会控制的难度；若指望和依赖士绅与宗族承担部分社会控制职能，就必须承认其利益，这样国家赋税的增加就必须受到限制，国家的行政管理编制也不可能随人口增长而扩大。清朝统治者显然是选择了后者，地方基层行政管理体制并无扩充，而地方绅权与族权逐渐扩大，士绅与宗族对土地的占有不断增加。由本地士绅和宗族组织或官督绅办的各类非官方机构，在乡村社会控制中发挥着越来越大的作用。另外，因为人民大多不识字而且无组织，县官及其为数不多的助手不能自己接近人民。政府与民众之间有很大的隔阂……士绅对自己的利益最敏感而且有政治头脑。即使县官不想同他们有任何接触，他们也坚持要同县官接触，县官无法摆脱他们。事实上，县官如果完全不同他们合作，他就什么事情也办不成，而且还有丢官的危险。再者，有些机构是法律规定必须由县政府与士绅联合组织的。县官要做些事情，总要有钱，所以他必须和士绅合作[1]。国家对乡村社会的控制依靠单纯行政权是行不通的，有必要充分调动乡村社会中的自治因素并将其纳入封建乡村的权力体系之中。所以说，从功能主义的角度来看，国家法在实现其社会统治与管理功能的过程中必须采取与民间法合作的态度，而民间法在此背景下也获得了生存的空间，在社会功能上他们是互生的。

---

〔1〕 周荣德：《中国社会的阶层与流动：一个社区中士绅身份的研究》，学林出版社2000年版，第75页。

五、乡治中的技术互助

我们从技术分析的角度来考察。从技术分析的角度来讲，国家法与民间法及其各自的运行是两种截然相异的模式。国家法具有普遍性、统一性、强制性和权威性，因为法律的对象永远是普遍性的……法律只考虑臣民的共同体及抽象的行为，而决不考虑个别的人以及个别的行为[1]。国家法有着严格的不容妥协的程序、明确的权利与义务的划分，其解决纠纷的技术模式是固定的、刚性的。民间法却有着地域性、灵活性、自愿性与和蔼性，它以民间规则为考察依据，采取灵活的方式而不拘泥于固定的程序。它不必在意当事人双方的具体权利与义务，也并不一定要把双方矛盾发生发展的事实经过查得一清二楚，在充分尊重当事人自愿的基础上达成和解。抽象地讲，国家法与民间法最大的区别就是国家法是向后看的，在于厘清曾经的权利义务关系，而民间法是向前看的，忽略曾经的权利义务关系，重视形成新的权利义务关系。但在国家法见之于实践的过程中，其固有的特点决定了如果其欲达到理想的社会效果，就需要社会充分地具备理想的条件，显然，这种理想的环境是不存在的。在这种情形之下，国家法遇到现实的困惑是不可避免的。国家法需要向现实作出一定的妥协，才可以使自己在最大程度上发挥作用。

我们仍以《黄岩诉档》中普遍存在的调处息讼为例。尽管《大清律例》明确规定，对于民事案件，州县长官必须"亲加剖断，不得批令乡、地处理完结，如有不经亲审批发结案者，该管上司即行查参，照例议处"[2]，但《黄岩诉档》中大量官府调处和官批民调的现象广泛存在。官府调处是在行政

---

〔1〕 ［法］卢梭著，何兆武译：《社会契约论》，商务印书馆1980年版，第50页。

〔2〕 《大清律例·刑律·诉讼不受理》所附条例规定：民间词讼细事，如田亩之界址沟洫、亲属之远近亲疏，许令乡保查明呈报，该州县官务即亲加剖断，不得批令乡地处理完结。如有不经亲审批发结案者，该管上司即行查参，照例议处。（马建石、杨育棠主编：《大清律例通考校注》，中国政法大学出版社1992年版，第881页。）作者注：这一条例是乾隆三十年二月，河南布政使佛德条奏定例。据《清高宗实录》载，议覆：河南布政使佛德奏称，州县官于民间词讼，近有滥批乡约、地保等处查覆者。恐索诈滋累，请严禁。查定例，州县官遇重大事件，滥批乡约、地保查覆者，降三级调用。惟词讼细事，例准批查，但不据覆核断。即批委乡约、地保处结者。嗣后请照将事务交不应交之人例，罚俸一年。从之。（《清高宗实录》卷之七百二十八，乾隆三十年二月戊子，中华书局1985年影印版，第18册，第23页。）

长官的主持下对民事案件或轻微刑事案件的调解处理，是诉讼内的调解。组织主持调解的主体主要是州县长官和司法机关。由于中国古代行政官员兼理司法的传统，司法机关的调解包含在官府调解形式之内。"在大多数告到衙门来的案件中，县令都会反复敦促原告和被告私了。"〔1〕官批民调即州县长官有时认为事属细微，不必在堂上处理，就批令乡里亲族去调解，或者加派差役协同乡保"秉公处理"，调处后禀县衙销案。作为官府，本来是国家法的忠实执行者和护卫者，而调处是典型的民间力量依据民间法解决纠纷的模式，官府针对特定的情形开辟出特定的空间，借用民间模式来解决本来应通过国家模式解决的问题，这就是技术假借。

在今天，这样的现象仍然广泛地存在（甚至更为明显），比如法院在民事案件的审理程序中设置了"法庭调解"，从根据地时期开始就一直延续下来的半官方的"人民调解制度"，由行政机关（比如司法所）主持的"行政调解"，以及近些年来在西方流行的 ADR 模式，都是国家模式向民间模式寻求的技术假借。强世功在其文章当中论述的一个案件能充分地说明这一问题〔2〕。在该案审理过程中，国家法与社会生活中的事实连接起来，在这一连接的过程中，国家法不再是外在于人的、高高在上的一项制度安排，而是在细微的场景中被人们运用的一种技术。

当然，国家法对民间模式进行的技术假借并不是被动妥协，而是一种主动选择，寻求国家模式与民间模式在技术和策略上的共同之处，进行深刻的加工与改造，使之成为国家模式的一部分。如本来民事案件的调解必须双方完全自愿，司法官只能促成双方当事人的互相谅解与和解，是不能强迫的。但是，现实中州县官调处息讼往往带有一定的强制性。"清代的州县调处尚不是当事人完全自愿的调解，当事人的意志要服从官府的意志。当事人吁请息讼的甘结都申明自己是'依奉结得'，是遵照县官的审判结论才具结的，是遵命息讼。经过审理后，不仅败诉的一方具结保证不再滋事，胜诉的一方也具结，双方都承认官府审理的结果，双方也都表示和解。在这样的情况下的息讼明显带着州县审判的意图。"有时，"州县为了促成和解，还'不准'状

〔1〕 ［美］吉尔伯特·罗兹曼主编，国家社会科学基金"比较现代化"课题组译：《中国的现代化》，江苏人民出版社 1995 年版，第 127 页。

〔2〕 参见强世功编：《调解、法制与现代性：中国调解制度研究》，中国法制出版社 2005 年版，第 429—461 页。

(不受理)，批明不准的原因，掷还兴讼者，……迫使兴讼者考虑官府的意图，与对方和息"。同时，州县的调处还具有一定的"优先性"。"州县自理的案件的审理必定是先着眼于调处，只有实在不能达成'和解'的，才做强制性的审判。"[1]在这样的"调解"过程中，当事人双方的意志对于调解结果的影响微乎其微。所以，官府假借民间模式的技术与策略所进行的纠纷解决，更广意义上是对纠纷当事人进行积极"动员"，使"和解"的结果符合统治阶级在物质和思想上的要求。最终，这种"和解"虽然发生在平等的双方当事人之间，但是在实际结果上仍然与官府所做的司法判决无异。

不难得出这样的结论：国家法在实践过程中，总是不可避免地吸收民间法的技术，通过整合与包装，使之成为推行自己的有效途径。这作为一种策略的成功不得不说在很大程度上得益于民间法的技术优势，结果是国家模式与民间模式在实践中获得了技术分析上的同核性。

六、国家与社会的同核相生

在本文前面的部分，我们不惜以较大的篇幅来论证我国传统社会中国家法与民间法的同核相生问题。前文通过对文化同核、社会功能同核、技术同核的论述探讨了国家法与民间法和谐共生的内在原因，得出以下基本结论：在传统社会里，国家法与民间法之所以能够共生，是因为它们具备共同的内核，反言之，当今社会里国家法与民间法的共存之所以会存在如此多的障碍，根本症结也在于内核的相异，而非相同。

我们首先来考察一下国家法的"内核"。中国近代史上每一次大规模的引进西学都是基于同样的目的，即怀着救世图存之心来面对中国的危亡。结果是无论中国的法制体系还是法学体系，都是建构在西方式法律语境下的。我们的民间规则，其内核传统观念依然存在，同时新的观念也在潜移默化地颠覆着旧的传统。社会秩序的维护主要是依靠社会成员自觉地依照伦理"习惯"行事，这些习惯就表现为各种各样的民间规则。传统法律文化是强调亲情义务与人情义务达到统一的"义务法"，现代法律文化则是倡导自由权利和民主权利的"权利法"。从西方引进的法律观念与各地方固有的民间法律观念无法磨合，

---

〔1〕 郑秦：《清代司法审判制度研究》，湖南教育出版社 1988 年版，第 218—220 页。

从而使"冷冰冰"的移植法律与极富"人情味"的民间法产生了冲突。[1]

民间法是自生自衍的，不能人为改变。要使国家法与民间法达到"同核相生"的境界，国家法必须对自身进行调试，使自身内核与民间法保持一致，因为法治的源泉和基础不仅在于国家，更在于社会，如果没有内生于社会生活的自发秩序作支撑，国家法就有可能缺乏坚实的基础，难以形成合理的、正当的秩序[2]。我们必须承认，正式的法律并不因为其通常被认为是进步的而必然是合理的。反过来，民间法与国家法发生了矛盾与冲突，也不意味着民间法本身就一定是落后的和不合理的。实际上，很多时候，恰恰是民间法的"合理性"使其陷入了"合法性"的危机。[3]立法必须在原有的道德中寻找立足点，必须与道德一致。法律、道德、宗教、哲学都是习俗的产物，它们不能独立存在，而是深深植根于社会发展的过程当中，但又无力改变这个过程。当法律准备从习俗、道德中分离出来的时候，法律也就削弱了它自己的社会基础和权威。[4]

可按照正常的逻辑，这种现象似乎不应该在我们国家出现，这就是我们要探讨的一个悖论。我们的法律制度是通过民主立法的形式制定出来的，而且作为立法参与者的民众，其广泛程度也是空前的（至少在制度层面是如此），我们的法律制度应该充分地反映民众的意志才对。

民主立法要求，立法应当积极主动地回应公众的立法期待，限制和排除立法活动中的恣意因素，广泛吸纳民意、集思广益，以制定具有实质性民意的法律。立法的民众参与机制可以在相当程度上赋予法律地正统性、民意性和权威性，使所立之法易于被公众接受和服从，亦在一定程度上为未来法律的实施清除了某些潜在的阻力。科恩在《论民主》中指出："法律可能是不好的（我还可以反对），但我所参与的确定法律的过程使我有义务承认它们的合法性并服从它们……那种义务来自这一事实：我是构成社会的成员之一，社会的法律就是我的法律，制定法律时我出过力。如果法律是公正的，我可以

---

〔1〕 石伶亚："少数民族习惯法与西部乡村法制建设"，载《吉首大学学报（社会科学版）》2003年第1期。

〔2〕 田成有：《乡土社会中的民间法》，法律出版社2005年版，第4页。

〔3〕 田成有：《乡土社会中的民间法》，法律出版社2005年版，第177页。

〔4〕 参见［英］罗杰·科特威尔著，潘大松等译：《法律社会学导论》，华夏出版社1989年版，第21—23页。

引以为荣；如果法律是不公正的，我有义务继续为其改善而努力。"[1]列宁也曾经说过："我们既是民主政府，就不能漠视下层人民群众的决定，即使我们并不同意。"[2]因此，进一步建立和完善诸如民主的立法规划制度、立法起草制度、立法提案制度、立法听证制度、立法表决制度、立法公开制度、立法旁听制度、公众参与立法制度、立法复议制度、立法否决制度等，对于民主立法而言，至关重要。

自此，我们似乎可以得到某些启示，为了实现国家法与民间法的同源同核，保证国家法的社会基础最为关键，民主立法让我们隐约看到一条实现国家法与民间法同核相生的前纵之路。

---

〔1〕 [美] 科恩著，聂崇信、朱秀贤译：《论民主》，商务印书馆 1988 年版，第 39 页。

〔2〕 《列宁全集》（第 33 卷），人民出版社 1985 年版，第 20 页。

从王阳明乡治实践看基层治理中的国家与社会[*]

中文摘要： 中国传统基层社会治理有其自身相对固定且成熟的模式，这一模式是在王阳明等许多思想家、政治家以及难以数计的地方官在他们关于社会治理的思考和乡治实践中形成的。在国家管理与社会自治之间的长期交互中形成的这种国家公权力通过中间力量对基层社会进行治理的模式，虽然与现代国家社会二元理论存在某种相似性，但从传统中国以乡土社会为基本社会结构的背景来看，"第三领域"主体自身的特殊形成机制及其功能为中国传统乡治刻画了独特面貌。对传统乡治实践这一核心模式进行考察，借以阐明传统基层社会治理机制中国家和社会之间的关系样态，对于当前推进社会治理体系和治理能力现代化具有重要参考价值。

关键词： 王阳明；传统基层社会治理；国家；社会

中国传统基层社会治理体系大约至宋代基本形成，国家公权与民间自治的二元格局成为其基本架构，并以诸如绅士集团、乡官系统、宗族组织、善会行会等民间力量纽结其中。代表国家公权力的政府官员往往通过这些民间精英群体实现对基层社会的有效治理。

一、王阳明及其弟子的基层社会治理实践

明正德十一年（1516 年）九月，王阳明临危受命，先后平定了福建、江西、广东等地为祸数十年的贼患。剿灭"河源贼患"之后，社会初定，他开

＊ 本文曾发表于《政治思想史》2019 年第 2 期。刘学斌副教授对于本文的完善提供了诸多有益的指导，在此致谢。

始对基层社会治理进行思考。经过实际的考察和分析，又借鉴先贤治理社会的成功经验，他决定建立社会自治组织来实现对基层社会的有效治理。为了全面确立保甲和乡约在社会治理中的基础作用，王阳明制定了保甲法，以达到睦邻里、齐姻族、规过失、敦礼让、劝德义、淳风俗的社会之治[1]。王阳明在平定叛乱时偶得南康吕氏家族《吕氏乡约》，大受启示，在此基础上制定《南赣乡约》，在南安、赣州两府辖区内正式推广，同时，还实施《十家牌法》，推行保甲弭盗安民，设立社学推行教化，设立社仓以济灾荒等配套制度。推选民间精英组成乡约社会组织，同时制定规则和组织运行模式，从而发展成乡约、保甲、社学、社仓四者合一的乡治系统。

王阳明认为，正是由于地方官教民无方、治理不力，世家宗族父老子弟不能带头淳化风俗，约束族众，才致流寇四起，贼人畔其乡里，弃其宗族，四出为盗，造成严重的祸患。面对这一局面，为了实现对基层社会的有效治理，王阳明开始推行乡约。《南赣乡约》指出："今特为乡约，以协和尔民，自今凡尔同约之民，皆宜孝尔父母，敬尔兄长，教训尔子孙，和顺尔乡里，死丧相助，患难相恤，善相劝勉，恶相告戒，息讼罢争，讲信修睦，务为良善之民，共成仁厚之俗。"[2]他首先明确了乡约的组织机构，继而宣明了维护社会治安、倡导邻里互助、加强社会监督、实现移风易俗等基本宗旨，达到勤农业、安生理、爱身命、保室家、孝父母、抚子孙的社会治理效果。

王阳明推行的乡治，使当时南赣地区风气焕然一新。受到王阳明的影响，各地地方官和儒士纷纷效仿，在自己的家乡或治辖之内以《南赣乡约》为范本推行乡约。这其中尤以王阳明的弟子门人最为积极，推动也最为有力，一时为盛。章潢是南昌名儒，他指出，乡治应包括四个方面，即乡约、保甲、社学、社仓。"保甲之法，人知足以弭盗也，而不知比闾族党之籍定，则人自不敢以为非。乡约之法，人知其足以息争讼也，而不知孝顺忠敬之教行，则民自相率以为善。由是社仓兴焉，其所以厚民生者为益周。由是社学兴焉，其所以正民德者为有素。"[3]在这四者当中，乡约的作用是使人们率相为善，保甲的作用是使人不敢胡作非为，社学的作用是可以振奋民德，社仓的作用

---

〔1〕（明）王守仁著，吴光等编校：《王阳明全集》，上海古籍出版社1992年版，第568页。

〔2〕（明）王守仁著，吴光等编校：《王阳明全集》，上海古籍出版社1992年版，第600页。

〔3〕（明）章潢：《图书编》卷九十二《保甲乡约社仓社学总序》，收录于中华文化通志编委会编：《中华文化通志》，上海人民出版社2010年版，第316页。

是使人们生有所安。如果能使四者并行，一定能达到乡治的理想。[1]黄佐于嘉靖年间作《泰泉乡礼》，依次为乡礼纲领、乡约、乡校、社仓、乡社、保甲六部分。其中，在乡约中他指出："凡乡之约四，一曰德业相劝，二曰过失相规，三曰礼俗相交，四曰患难相恤。"[2]这些大概是以蓝田《吕氏乡约》为范本的。胡直在隆庆年间曾于川南推行乡约，后来他又在家乡推行《求仁乡约》，都取得了很好的效果。他的同乡胡汝贤自己出资刻印成册，每家一本，大大促进了这一模式的推广和传播。[3]京城府尹刘宗周在崇祯二年（1629年）制定并颁布《保民训要》，主张保甲和乡约合一，于保甲中寓乡约，以保甲之籍、之教、之政、之养、之礼、之备、之禁等部分为总纲。这其中，保甲之政与乡约的关系最为密切，主要包括六条：一是德业相劝，二是过恶相规，三是喜庆相贺，四是忧患相悯，五是火烛相诚，六是盗贼相御。[4]崇祯十六年（1643年），刘宗周在担任都察院御史期间，向朝廷提议推行《乡保事宜》，建议把约礼、约典、约法、约制、约备这些条款总括到一起，更以保甲为辅助，更加偏重乡约[5]。名医唐达在崇祯年间曾于浙江德清倡议创立一个丧葬组织，称为葬亲社，制定了《葬亲社约》，这个组织的管理方法和组织形式都十分精密，当时很多地方都争相效仿。[6]此外，理学家陆世仪所编《治乡三约》也非常有名，其主要强调"按地势分邑为数乡，什伍其民，条分缕析，令皆归于乡约长。凡讼狱、师徒、户口、田数、徭役，一皆缘此而起，颇得治邑贯通之道"。[7]在明代，乡约正是由于这些儒士的大力推崇，才取得了较大的发展，在基层社会治理过程中发挥了越来越大的作用。

王阳明及其弟子的乡治实践以乡约为载体，而乡约自宋代始形成成熟完备体系的乡治形式，其代表就是由当时被称为蓝田"吕氏四贤"的吕大钧兄

---

〔1〕 参见（明）章潢：《图书编》卷九十二《保甲乡约社仓社学总序》，收录于中华文化通志编委会编：《中华文化通志》，上海人民出版社2010年版，第316页。

〔2〕 （明）黄佐：《广东通志》卷四十《礼乐志五·乡礼》，香港大东图书公司1977年版，第601页。

〔3〕 参见（明）胡直：《衡庐精舍藏稿》卷二十六《螺溪外士胡君偕配刘孺人墓志铭》，影印文渊阁钦定四库全书，第1287册，上海古籍出版社1987年版，第573页。

〔4〕 吴光主编：《刘宗周全集》（第6册），浙江古籍出版社2007年版，第826页。

〔5〕 吴光主编：《刘宗周全集》（第4册），浙江古籍出版社2007年版，第371—373页。

〔6〕 参见（清）陈弘谋撰，苏丽娟点校：《五种遗规·训俗遗规》卷三《葬亲社约》，凤凰出版社2016年版，第286—288页。

〔7〕 （清）徐栋辑，张霞云校点：《保甲书》，安徽师范大学出版社2012年版，第91页。

弟制定并推广的《吕氏乡约》。《吕氏乡约》既是一种组织形式，又是一种规范形式，同时还是一种社会治理形式，在当时陕西一带颇有影响。虽然没过多久，北宋就灭亡了，但《吕氏乡约》所奠定的乡约组织架构、乡约规范和运行模式一直被后世乡约沿袭和发扬。

南宋大儒朱熹发现了《吕氏乡约》，使之重新进入人们的视野。朱熹对其极为赞许，撰写了《增损吕氏乡约》，进行了进一步的阐释和修订，用劝导的方式取代了"过失相规"这一条中原来较为严厉的惩罚措施；对乡约和乡仪的相关内容进行了合并，并且新增"读约之礼"于其间。元代时，乡约的发展受到了阻碍，直到明代，乡约才得以复兴和繁盛。乡约的发展受到最高统治者——皇帝的重视，这促使乡约逐渐发展成为一套比较完备的制度体系，成为基层社会治理的重要机制。朱元璋在洪武二十八年（1395 年）左右，命令户部将编民一百户编为一里，并引申为婚姻、疾病、死丧、春秋耕获、患难相恤等事的民间互助，以使淳厚风俗、百姓亲睦。明成祖把朱熹《家礼》及《吕氏乡约》编成通俗读本，颁行天下。许多硕儒名臣，如吕坤、章潢、王阳明、刘宗周、陆世仪等，在这一背景下，都致力于推行乡约，在本乡本土提倡或率行乡约成为许多乡绅的自发意识，这对于乡约规范的制定和乡约组织的推行产生了十分重大的影响。

清初，各地方承袭了明代的乡治传统，继续推行乡约，从数量上看已经远超明代，但清代乡约由礼部主管，主要职能是司教化，目的是宣讲圣谕，这样就把乡约变成了宣讲圣谕的"讲堂"了。乡约本身自治色彩渐失，使得清代乡约在发展上出现了历史转变，实施效果也不是很好。

从乡约历史发展阶段来看，宋代的乡约是自发的，政府没有过多干预；至明代，政府开始支持和倡导；至清代，政府主导推行。从实施效果来看，宋代始行乡约，效果很好；至明代，除了以王阳明和他的弟子们为代表的部分地方官坚持了正确的方向之外，很多乡约已经开始成为官府的影子；至清代，皇帝主导，官府推行，乡约完全职役化了，失去了原本的功能。

二、中国传统基层社会治理的核心模式

从以王阳明为代表的思想家和官员的乡治思想和实践中可以看到国家公权和民间社会作为两个系统是客观存在的。在这两个系统之间有一个交叉领域，就是民间精英集团。

一般而言，用专治二字来概括中国古代的社会治理结构大概会取得共识，但如果不对中央王朝与地方治理做出区别分析，就容易产生误解。对于中央王朝而言，大致用专制来概括是符合实际的，但拓展到广大地方，特别是基层社会，其治理模式就要复杂得多。中央控制地方的关键是控制地方官，中央王朝或者说君主掌控着地方官的一切命运，但中央王朝并不能直接控制基层社会。从另一个角度来说，中央也不需要直接控制基层，其所要求的只是秩序。中国是一个大国，这是一个历史常态。大国不同于小国，长期维系大国的治理经验必然产生其成熟的治理模式。对于大国而言，最首要的价值意义在于秩序。所以在中国的传统中，无论政治法律制度还是文化，向来并不追求逻辑上的缜密，也不在意制度体系上的完美，而往往是事功的，能较好地维持社会稳定秩序的模式就是最好的模式。

在中国历史上，地方政府往往设到县一级，除了极少数时期，广大的基层社会多处在"无为而天下治"的状态之中。然而这并不意味着中央王朝以及它们的地方代表——州县官府——就放弃了对基层社会的控制。相反，国家机器并未将公权力视为唯一的力量，将之推延到社会的末梢，而是通过紧紧地抓住基层社会的"纲领"实现了有效的控制，这一纲领就是乡土社会的权威，其模式就是"以乡治乡"。通过政权的、经济的、组织的、法律的、道德的以及舆论的等各种手段和途径，国家公权力与乡土权威在整个基层社会的各环节、各领域、各层次上的活动中展开博弈，进行作用和反作用，在这一互动中实现对基层社会的有效治理。国家公权力和乡土权威之间并不具备形式上的科层式隶属关系，而是类似于一种互相依凭的关系。从不同的立场看，乡土权威是国家的"代理人"、社会的"经纪人"，而站在客观的立场上，他们似乎又是具有自身利益的"中介人"。国家公权力通过乡土权威实现了对基层社会的有效治理，社会民众通过他们使自己的诉求得以表达，乡土权威自身也正是通过这一中介行为而获得了权力和利益，尤其是在乡土社会中获得的地位和影响力。

为了实现对乡土社会直接和间接的治理这一核心目的，地方官府通过乡土权威把人口与土地的统计数据汇集于朝廷。通过乡土权威，税收源源不断地流向国家的银库。通过乡土权威，国家各类工程兴造和战争所需的夫役、兵丁奔赴全国。通过乡土权威，乡里治安得以维系，偌大国家实现基本稳定。同时，各种社会不稳定因素的信息通过他们传递到地方官府，官府可以以最

快的速度做出反应，对于其中影响严重的犯罪行为便会及时采取直接强制干预的措施。尤其是在社会动荡时期，国家兵力不足，还可以依赖乡土权威，通过他们组织乡勇团练，形成地方武装，协助国家平定动乱，以维持基层安定。同时，乡土权威往往还是基层社会中的精神领袖，国家所倡导的政治主流文化通过他们传递给民众，以宣扬忠孝，达到道德文化上的普遍共识。对于民间些微词讼，当然大部分都是户婚、田土之类的细末之事，鼠牙雀脚一类的至微之争，官府是无暇顾及的，自然都交给乡土权威来化解掉了。

费孝通对种模式有精到的论述：中央的权力一般并不直接进行地方治理，因为存在地方自治，有关民众日常生活的地方公益由地方自治来完成就好了。权力运行过程是政府自上而下的，是单轨式的。在实践中，"衙门只筑到县就停了"。[1]似乎很难想象作为专制权力极端强化的社会，国家对人民民事活动的干预竟然如此"松软"。这种认识或许正是由于人们习惯了以发达的商品经济为社会背景来观察问题造成的。传统社会中的这一"现象"似乎可以说明存在一个"自治的村社"，更有甚者，可能还会认为专制皇权并没有延伸到州县之下。郑秦通过对清代的民事诉讼进行具体、深入的研究，却得出了另外一个结论："百姓无不在民事纠纷中感受到国家权力的存在，国家的专制权力牢牢地控制着每一个穷乡僻壤，独特的调处息讼制度把国家权力和社会力量紧密结合在一起，国家通过大力推行调处息讼制度把民事关系的调整纳入到自己的权力范围，是在自然经济社会中国家对待民事纠纷的最好办法。"[2]在长期实践中逐渐形成的"以乡治乡"模式，可以说是在总结几千年历史经验的基础上，选择的最优基层社会治理模式。

三、"国家—社会"二元理论与"第三领域"

"国家—社会"原是西方政治学研究中的一个研究范式，除了作为一种学理分析的解释范式，同时也是一种制度建构范式，可以支撑实践。这一理论从哲学基础而言来源于黑格尔关于民间社会的本质与运行机理的概括，而从政治学意义而言则来源于洛克的社会契约理论和权力制衡学说。在黑格尔看来，"国家"仅仅是其在描述"绝对精神"的逻辑发展阶段时的一种强调，

---

〔1〕　费孝通：《乡土重建》，上海观察社1948年版，第52页。
〔2〕　参见田成有：《乡土社会中的民间法》，法律出版社2005年版，第64页。

其目的并非对现实社会生活的实体性指认或建构，或者可以说国家是为了描述那个超越了民间社会的逻辑环节。黑格尔发现了民间社会在社会历史发展中的重大现实意义，而民间社会与国家、家庭都是伦理实体在不同层次的表现，伦理实体"在它的分裂或现象中"就表现为民间社会〔1〕，因而伦理实体是国家与民间社会的中介环节。他认为，"国家"是高于民间社会的逻辑环节，所以在他的理论中，"国家—民间社会"框架采用了上下双层式结构，即国家高于民间社会的框架。也恰恰针对这一点，马克思对其进行了批判，并推翻了黑格尔这一以伦理为基础的"国家—民间社会"解释范式。马克思所依据的是社会历史发展的内在社会实践逻辑。

总体而言，洛克、黑格尔、马克思等的理论都是建立在"国家—社会"二元基础之上的，后来二元理论得到发展，产生了许多新的支系理论，其中最具代表性的是美国的丹尼尔·贝尔和德国的哈贝马斯的理论。贝尔从"资本主义后工业社会"视角提出"三元分析框架"，即"政治—社会结构—文化"，从而从马克思的"经济基础—上层建筑"框架中将"文化"因素剥离出来，使之成为一个独立的范畴。〔2〕按照贝尔的观点，"文化"是充满矛盾的"现代主义"的结果，"社会"是由经济与技术所决定的社会结构，而"国家"则是一种政治机制。而且，贝尔并非对各个领域的"文化"都给予平等对待，而是更多地关注了公众领域。同时贝尔认为，在"政治—社会结构—文化"这一理论范式中，三者并不是依照一以贯之的原则构建的统一系统，而是充满矛盾与冲突的。〔3〕哈贝马斯与贝尔不同，他提出了"国家—公共领域—民间社会"的理论范式，"公共领域"这一范畴正是其从原有的"国家—民间社会"范式中析分出来的。值得说明的是，哈贝马斯并没有将"公共领域"作为一个独立于国家与民间社会之外的"领域"〔4〕，"公共领域"也不同于国家和民间社会，它被认为存在实体性质，其概念所对应的是一种拟制的空间，是国家与民间社会之间的一个场域。

---

〔1〕 [德] 黑格尔著，范扬、张企泰译：《法哲学原理》，商务印书馆 1961 年版，第 41 页。

〔2〕 参见 [美] 丹尼尔·贝尔著，赵一凡、蒲隆、任晓晋译：《资本主义文化矛盾》，生活·读书·新知三联书店 1989 年版，第 11 页。

〔3〕 [美] 丹尼尔·贝尔著，赵一凡、蒲隆、任晓晋译：《资本主义文化矛盾》，生活·读书·新知三联书店 1989 年版，第 41 页。

〔4〕 参见 [德] 哈贝马斯著，曹卫东等译：《公共领域的结构转型》，学林出版社 1999 年版，初版序言第 1 页。

随着这一研究范式在学术研究中被使用，黄宗智、滋贺秀三、寺田浩明、那思陆、柯恩、苏力、梁治平等国内外学者也开始通过其研究中国传统基层社会治理问题。如滋贺秀三通过对清代基层司法的考察，将中国传统的基层司法归结为"教谕式"，他认为中国传统的诉讼审判所依据的是情、理和法。[1]黄宗智对滋贺的学说进行了批评："滋贺他们研究法制的方法，主要是德国传统的法理学，要求抓住一个法律传统的，甚至于是整个社会和文化的核心原理。"[2]黄宗智注意到中国传统诉讼审判中表达与实践的背离，他认为，"首先要求区别不同层次的官方表达，其次再注意到官方表达和民间表达的不同"。[3]很明显，黄宗智是受到福柯和布迪厄等学者理论的影响，从表达和实践的背离来理解传统社会中国家法、民间规则和司法实践的关系，试图揭示法律表达与实践的逻辑关系。最为重要的是，黄宗智提出了"第三领域"的理论，指出在国家与社会之间存在一个"第三领域"，这实际上是对传统的"国家—社会"二元理论的批判和发展。

四、民间社会与乡土社会

事实上，在中国传统乡土社会中是否真的存在一个国家与个人之间的中间形态呢？如果真的存在的话，这一中间形态与民间社会又有什么不同？一般认为，中国的农村更多地表现出乡土社会的特征，但从另一个层面来讲，乡土社会也是一个相对独立于国家的社会存在。

费孝通曾将西方社会比喻成"捆柴"，人们只是生活在一个规则的体系之下，一个非静化的运行不息的机制之中，这种机制是在乡土社会中人们千百年来的生存经验中形成的。[4]但对于中国传统乡土社会而言，就如湖面丢了一块石子，波纹一圈圈荡开去，越来越远，越来越薄。由于社会分工极不充分，人们之间没有形成彼此独立的利益格局，自然就容易形成相对封闭的社会结构，而处在这一结构中的人们，彼此之间又有极其错综复杂的关系。所

---

〔1〕 ［日］滋贺秀三著，王亚新译："清代诉讼制度之民事法源的考察"，载王亚新、梁治平编：《明清时期的民事审判与民间契约》，法律出版社 1998 年版，第 85 页。

〔2〕 黄宗智："中国法律制度的经济史、社会史、文化史研究"，载《北大法律评论》编委会编：《北大法律评论》（第 2 卷第 1 辑），法律出版社 1999 年版，第 367 页。

〔3〕 黄宗智："中国法律制度的经济史、社会史、文化史研究"，载《北大法律评论》编委会编：《北大法律评论》（第 2 卷第 1 辑），法律出版社 1999 年版，第 367 页。

〔4〕 费孝通：《乡土中国 生育制度》，北京大学出版社 1998 年版，第 25 页。

以，费孝通通过对传统权威在乡土社会的运作进行分析，揭示了中国社会背后的逻辑。在此，他虽然是对西洋社会与中国传统乡土社会作比较，实际上也是在一定层面上揭示了市民社会与乡土社会的差异。

传统观点认为，乡土社会的典型特征在生产方式上就是小农经济，人们自己以一家一户为单位，生产几乎所有的生活必需品，包括食物、衣服、生产工具和生活用品，而人与人之间的关系（或者说家与家之间的关系）处于老子所讲的"鸡犬之声相闻，民至老死不相往来"的彼此独立、相互隔绝的状态。按照这一特征，每个家庭的自组织使乡土社会更具简单的系统的特点，对于整个乡土社会系统而言，系统整体的特征几乎就可以认定为各部分（家庭）特征之和，也可以说是各部分的"平均值"。但乡土社会实质上并非如此，仅从经济特征的角度入手很难对这一现象进行解释，血缘和地缘的因素必须被考虑。

例如，宗族就是一个以血缘为聚核的子系统，它靠血缘的纽带把家庭这个看起来独立的单位组织了起来，家庭成为宗族这个系统的构成元素，宗族也实现了系统的自组织。在《中国东南的宗族组织》一书中，英国人类学家莫里斯·弗里德曼试图探究中国传统社会的构成法则，他从分析地域化的宗族组织的结构出发，从宗族的视角揭示了在乡村社区中国家与社会的关联模式。他认为，在宗族裂变系统中，结构性裂变单位是"房"，尽管随着时间的推进，代际不断增加，但中心点是永久的，"房"依旧保持结构上的稳定。[1]在这样一个"有国家社会"中，地方宗族通常是解决宗族成员纠纷的最大单位。宗族的约束使违"法"者面临经济和肉体的惩罚，并可能剥夺个人在宗族中的权利和特权，这种约束能够对其在乡土社会中的地位产生严重的影响。其中一些属于精英人物的宗族成员具备了关键的作用，他们有的甚至曾经就是国家权力结构中的一分子，对于国家的态度他们往往是矛盾的，或者说具有两面性：一方面，他们能够协助地方政府实现化解社会冲突、征收赋税、宣扬教化以及许许多多的公共职能，也能够代表民众向地方官府表达诉求，从而使公权力变得稍稍温和，能为自己的家族带来国家体系所赋予的荣耀。另一方面，他们的强大能量也能大大增强社会反对国家体系的力量。弗里德

---

〔1〕 参见［英］莫里斯·弗里德曼著，刘晓春译：《中国东南的宗族组织》，上海人民出版社2000年版，第173—177页。

曼认为，宗族之所以在中国传统社会中具备如此功能，其根本原因在于财产关系，而这一关系是在具有共同的祖先和祖产的基础上建立的。对于这一理论，王铭铭进行了批判，认为弗里德曼的研究不能代表一个范式。普里查德曾指出，平均主义是无国家社会赖以生存的基础，而宗族制的存在理由恰恰就在于它采取的是平均主义的社会组织方式。如果按照弗里德曼的说法，对于中国的宗族的认识就出现了一个悖论，那就是恰恰因为采取了不平均的制度，中国的宗族才得以存在。如果按照平均主义的方式，富人、士绅可以充分发挥其经济、政治优势，穷人则可以充分发挥其武力优势，这似乎是一个绝佳模式，但如此一来，宗族内部的权力就会分化，反而不利于形成有力的结构。反而是将宗族内部权力集中在少数人手中，更有利于把宗族成员团结起来，增强宗族的实力。所以，重视宗族内部精英分子的存在，是实现国家与宗族共生的基本前提。中央集权制虽然是传统中国政治体制的基本特征，但它并未禁锢地方社区的自主性，反而是发扬了它的作用。从这一角度说，这对中央政府反而是有利的，因为地方自治大大减轻了政府特别是中央政府的行政负担，同时基层社会社会实现稳定，并且中央政府可以间接控制这一秩序的生成。这样一来，乡土权威在基层社会的治理中平衡了国家与地方紧张状态，其中介地位日益重要，这必然会造成乡土权威阶层势力的不断强化。[1]弗里德曼一方面强调无政府的裂变社会的理论不能用来解释中国的宗族，另一方面他又把中国宗族作为一个自在的社会现象进行考察，这就为其观点制造了一个困境。

尽管学界对于宗族自组织功能到底源于什么存在诸多争议，但不可否认的是，宗族组织的秩序自治结果，也就是宗族这一系统的信息输出，表明它是一个复杂的系统。再如地缘社会，最典型的就是乡里系统（宋以后又衍生出了乡约系统）。除了宗族系统外，以地缘为聚核而形成的乡里系统也有极强的自组织功能。同时，乡里系统与宗族系统等其他子系统彼此之间并不是截然分开的，其往往是相互交错的，宗族的首领往往也是乡约的首领，乡约规范往往又是宗法族规的延伸。这些子系统的相互耦合，成就了乡土社会这一系统的自耦合，也就是自我维系。由此看来，乡土社会系统是一个极复杂的系统，同时也可以相对地将其视为一个自耦合系统。

---

〔1〕 参见王铭铭：《王铭铭自选集》，广西师范大学出版社 2000 年版，第 79 页。

五、中国传统基层社会治理中的国家与社会

中国传统基层社会治理包含了社会自治功能与国家公权力法治功能两种秩序生成方式，就其社会系统的秩序而言，社会自治功能的发挥深深地嵌入了国家公权力法治的影响。通过对乡约规范的探讨可以清晰地发现一条规律，就是以乡土规则为固有规则类型的乡土系统与以国家规范为固有规则类型的公权系统之间的博弈规律。这一博弈的过程既是一种相互对抗、相互渗透的过程，又是一种相互妥协、相互合作甚至相互倚持的过程。乡土规则作为乡土社会系统的构成元素，其功能的发挥不能不受到外环境的影响，乡土系统与公权系统是合作还是对抗，在很大程度上受到乡土规则与国家法的精神内核是否同质的制约。

中国之乡治，自宋代始逐渐走向成熟，乡土社会逐渐形成了自我谐和机制，也就是其内稳机制被发掘出来，自组织功能发挥越来越强大的效用。由此形成了与国家公权秩序并行的状态，从而使乡土自治与国家公权都必然面临如何面对彼此，以及如何解决与对方的关系的问题。乡土自治对于乡土社会秩序生成的影响是一以贯之的，也是自觉进行的，但对于国家公权系统而言，则是相对被动的，其自治功能的发挥也受到公权系统的影响。从历史发展实践来看，宋迄明清，社会自治与国家法治是同核的。

从文化的角度进行考察可以看出，自汉武帝罢黜百家，独尊儒术，确立儒家正统地位以来，一直到清末，中国传统的主流文化始终无大变，在这一价值体系和文化背景之下，以儒家思想为主导构建起来的国家模式是具有一个统一的道统与政统的，其中最主要的体现就是"宗法制"。君主统治国家、官员管理地方、宗族管理一族一家、个人持志修身，在"宗法制"之下，都离不开儒家文化所确立的最高准则。君主作为天之元子，要上敬皇天，而同时又为天下父，所以还要下爱黎民。各级官员，首先作为君主的臣子，所以要忠于君主，同时又代表君主作为百姓的父母官，所以还要怜恤百姓。族长、家长，其作为"家"这一社会基本单位的代表，受到国家的管理，要忠君爱国、敬侍官长，作为一族一家之主，还要整饬族众。作为个人，要忠君敬上，孝敬长辈，明礼守法，更要遵守儒家全部的道德要求，克己修身。可见通行的价值观所强调的是群体的存续，社会秩序的调节，而不是个人的权利。家庭是一个个缩小的国家，而国家则是放大了的家庭，家庭的管理者要以礼治

家，以德治家，国家的管理者也要以礼治国，以德治国。代表民间力量的"家"和代表国家权力的"国"是同构的，这是由政治和血缘结合起来的模式决定的，当然也可以说，在文化上二者是同核的。

在国家法治与社会自治内核同质的前提下，又存在三种不同的情形：第一种是在社会自生秩序形成初期，此时的自生秩序一般具有纯民间性，完全是乡土社会内生的秩序。此时，公权系统因其无碍于统治的稳定而采取任其自由发展的态度，如此，自生秩序便能按照自觉发展的道路，形成自治的模式。宋代和明初的宗族与乡约都是如此，官府任其发展，其自身通过规范己群而在乡土秩序生成中发挥着重要作用。公权系统对乡土系统输入的是自由，乡土系统对公权体统输出的是自组织，也就是自治。这种情形是社会自生秩序形成和发挥作用的初衷，也是一种正常和正确的发展道路，沿着这样的道路发展下去，才能使社会自生秩序的自组织潜能得到最大程度的发挥。而随着社会自治的发展，随着其在乡土系统的自组织方面发挥越来越大的作用，乡土社会逐渐形成一个相对独立的系统，这是一种很强大的力量。由此出现了第二和第三情形，第二种是国家公权系统使乡土系统成为国家基层社会治理的秩序基础，因而对之采取支持的态度；第三种是公权系统尽力将乡土系统纳入自己的控制范围之内，具体的做法往往是通过皇帝或官员的大力倡导而使社会自治自身国家化。在前一种情形下，公权系统对乡土系统输入的是支持，乡土系统对公权系统输出的是合作，这种情况在历史进程中是常态。后一种情形中，公权系统对乡土系统输入的是倡导甚至主导，此时乡土系统对公权系统输出的是国家化，并由于自身自治性的丧失而使其自组织功能衰落。此时的社会自治虽然在形式上日益恢宏，但从本质上已失去了自我。清代的乡约即是如此，尽管中央王朝对于乡约采取了大力提倡的态度，也采取了积极督促其实施的行动，在各地方以政府推动的形式普遍设立了官办乡约组织，同时以国家法理念为内核制定了统一的乡约规范，数量远较明代为多，乡约实现空前发展，但清代乡约上接礼部，主要职能是宣讲圣谕，教化成为其首要目的，乡约原本的自治色彩逐渐失去。

在国家法治与社会自治异质的情形下，则必然出现国家公权系统对乡土系统和乡土规范的压制甚至取缔，社会自生秩序也就无从公开发展，但往往会异化为秘密组织继续发挥自组织的功能。如元代，无论是宗族还是乡约，它们的发展都受到了国家公权系统的阻碍和压制，并因之逐渐衰落。随着乡土系统自组织功能的衰落，基层社会秩序也会受到根本性的动摇，从而表现出无序的状态，尽管有国家强制力的维系，但秩序的背后是无序的增长。

社会自生秩序作为逐渐累积形成的地方性生活智慧，必将深入现实人心，从而成为人世生活的重要组成部分，也成为人间秩序的重要基础。此乡土规则与乡土秩序的达成，将是以生活方式的渐次积累为核心的诸"事实"的结果，而绝非前提。规则只有被信仰才能成为稳定的秩序，没有信仰，国家法秩序只能是片面化的或者说异化的，仅靠强制力形成的秩序只是单纯的形式合理性而已。所以，如果欲使国家法作为社会秩序的核心，是离不开民众的信仰的，只有在民众信仰的基础下，民众才能自觉接受法律对社会生活的安排与调节，才能自觉地将国家法律融入生活习惯，从而才能真正实现国家秩序。

中国古代基层社会权威体系及其博弈*

中文摘要： 在专制的大背景之下，中国古代基层社会还存在着一种特殊的治理模式，即通过国家公权力与民间权威的博弈来实现社会秩序的维系。总体来讲，中国传统社会中存在两种力量，一种自然是代表国家的官府，另一种即是民间力量，习惯上把他们称为乡土精英。国家力量对基层社会的直接控制在历代以及一代的不同时期，其范围与程度都是不断变化的，但国家公权对民间权威的"借用"是始终存在的。这种间接统治的中介力量就是民间权威，其中主要是士绅和宗族。民间力量在为国家力量所用的同时，也获得权力，在家国同构的大背景下，其所引领和推行的民间规则得到了国家的承认，成为基层社会治理链条中的重要一环。

关键词： 基层社会治理；民间权威；半官方权威；国家公权

中国古代的社会治理模式，大抵会被认为是专制的。这一结论用于中央王朝，大致是符合实际的，但将之应用于广大地方社会，尤其是基层社会治理，则存在一定认识上的误区。由于中国的地域广阔，而信息沟通方式相对落后，中央对地方的控制（除了少数特殊时代）不可能完全渗入到基层社会中去。中央王朝对广大基层社会的控制主要是通过对地方官的完全控制来实现的，地方官的一切命运完全掌握在中央王朝或者说君主的手中，这当然也可以说是专制的一种重要表现形式。但地方官员作为国家权力在地方的代表能否在本辖区内施行有效的专制呢？可以说其有此权力却无此能力，所以其

---

* 本文曾发表于《吉首大学学报（社会科学版）》2013 年第 3 期。

只能借助民间精英的力量，对基层社会进行间接治理，可以称为"以乡治乡"。这种间接统治的中介力量就是民间精英，其中主要是士绅和宗族（在国家力量深入渗透乡土社会的时期还表现为保甲）。这表明，在基层社会治理过程中，社会在一定程度上保持着自治的特征。除了代表国家公权的官方权威之外，还存在着一个复杂的由半官方和纯民间因素交织而成的权威体系，正是这一权威体系在与公权力进行反复博弈的基础上维系着基层社会的秩序与安宁。

一、地方官：国家公权在基层社会中的表达

虽然历朝历代在地方政府设置上存在很大差异，名称也各异，但从整体历史观来看，大致可以用"省府州县"四字加以概括。在地方行政层级中，真正能代表地方法制权威的要首推州县官。作为国家行政设置的最低层级，他们必然是亲民之官，所以，习惯上称他们为"父母官"。州县官执掌本辖区内方方面面的事务，为一州县之长，故又称为"小君"，号为"百里之侯"。《明史》载：

> 州。知州一人，……知州，掌一州之政。……县。知县一人，正七品。……知县，掌一县之政。凡赋役，岁会实征，十年造黄册，以丁产为差。赋有金谷、布帛及诸货物之赋，役有力役、雇役、借债不时之役，皆视天时休咎，地利丰耗，人力贫富，调剂而均节之。岁歉则请于府若省蠲减之。凡养老、祀神、贡士、读法、表善良、恤穷乏、稽保甲、严缉捕、听狱讼，皆躬亲厥职而勤慎焉。若山海泽薮之产，足以资国用者，则按籍而致贡。[1]

可见，州县官在本辖区内，一应事务无不归其管理，诸如发布命令，颁布本州县各种规章制度，选拔与推荐保甲长、里社长、乡约长和胥吏，签发各种文书，监督考核所属各职的工作，指挥和调动本州县所属兵丁衙役，审理本权限范围内的刑名田土案件等，也即所谓"宣扬风化，抚安其民，均赋役，恤穷困，审冤抑，禁盗贼"。一邑之内，凡田土、户口、贡赋、鱼盐、力

---

〔1〕 （清）张廷玉等撰：《明史》卷七十五《职官四》，中华书局 1974 年版，第 1850 页。

役、驿传、巡检、里社、学校、保甲、赈灾等事宜都要州县官处理，再加之公务方面的公式、降罚、升选、举劾、考绩等事宜又须州县官承担，其权限范围不可谓不大。

但是，州县官作为一州县之父母而抚临一方的同时，还是国家所有行政层级中最低的一级地方官，也就是所谓的"芝麻官"，这意味着他们要受到来自于上级和左右的压力，甚至战战兢兢。韩愈说："是故君者，出令者也；臣者，行君之令而致之民者也；民者，出粟米麻丝，作器皿，通货财，以事其上者也。君不出令，则失其所以为君；臣不行君之令而致之民，则失其所以为臣。"〔1〕

显而易见，在中央集权的制度之下，所有的权利义务分配都要按照下级服从上级、地方服从中央的精神来进行。州县官作为国家权力的末端，必须严格遵守中央和上级官吏的领导，不敢违拗，更不敢专权。同时还要受到下级属官和吏役的掣肘甚至要挟，也不能令行畅通。顾炎武在《日知录》中谈道：

> 所谓天子者，执天下之大权者也。其执大权，奈何以天下之权寄之天下之人，而权乃归之天子？自公卿大夫至于百里之宰，一命之官，莫不分天子之权，以各治其事，而天子之权乃益尊。后世有不善治者出焉，尽天下一切之权而收之在上，而万几之广，固非一人之所能操也，而权乃移于法，于是多为之法以禁防之。虽大奸有所不能逾，而贤智之臣亦无能效尺寸于法之外，相与兢兢奉法，以求无过而已。于是天子之权不寄之人臣，而寄之吏胥，是故天下之尤急者，守令亲民之官。而今日之尤无权者莫过于守令，守令无权而民之疾苦不闻于上，安望其致太平而延国命乎！《书》曰："元首丛脞哉，股肱惰哉，万事堕哉。"盖至于守令日轻，而胥吏日重，则天子之权已夺，而国非其国矣，尚何政令之可言耶！〔2〕

---

〔1〕（唐）韩愈撰，马其昶校注，马茂元整理：《韩昌黎文集校注》，上海古籍出版社1986年版，第16页。

〔2〕（明）顾炎武著，黄汝成集释，栾保群、吕宗力点校：《日知录》卷之九《守令》，上海古籍出版社2006年版，第541页。

可见，主百里之邑的州县官，其权力算不得大，以致文人雅士不屑为此官。明人王鏊称："世愈降，官愈繁，政令纷然，守令欲举其职难矣。"[1]但这是不是就意味着州县官注定无所谓呢？其实并非如此。正因为州县官是一方之长，其政令施行不是施于官，而是直接施于民，才更容易起到对现实社会的治理作用。在奉"上"与安"下"，同时交好"左右"的前提之下，州县官还是有空间来施展其权力的。在中央王朝对地方统辖相对宽松的时代，州县官甚至可以通过各种技术性手段，规避国家法律与政令，甚至阳奉阴违，独断专行。

之所以说州县官是地方法制推行和社会治理的关键一环，原因就在于各级政令典章都要通过他们来切实施行，因而他们是地方秩序形成的基础。同时，他们又可以而且必须与民间权威合作，共同实现对地方基层社会的治理，实现官民相得、官民相生。清人徐栋在其所辑《牧令书》的自序中指出，"天下事莫不起于州县，州县理则天下无不理"。瞿同祖在《清代地方政府》中指出，"毫不夸张地说，地方行政全在州县官们手中。没有他们，地方行政就会停滞"。

在地方治理中，国家权威体系还有一部分人不容忽视，许多学者都曾对其进行深入探讨，那就是地方官身边的属官与吏役甚至家人随从。这部分人虽然官居末流，大多数甚至不入流品，在地方社会治理运作过程中却发挥着不可低估的作用。

二、乡官：沟通国家与民间的半官方权威

古代地方行政层级设置虽大抵止于县，但在乡里基层社会都普遍设置了半官方性质的基层组织和职务，这一组织体系在基层的控制与管理方面发挥了重要作用。他们也是连接官府与民众的桥梁，官府通过他们实现管理，民众通过他们表达诉求。基层社会鼠牙雀脚的事物和户婚、田土之类的纠纷一般都由他们主持解决，所以地方法制之维系，这一组织体系的作用是不可忽略的。

中国乡党闾里之制历史久远，从制度到实践都比较成熟。"古者乡党闾里各有董正之官、约束士民之所，凡以教孝、教悌，俾人知睦姻任恤之风，而

---

[1]（明）王鏊：《震泽长语》卷上《官制》，商务印书馆1937年版，第18页。

无嚣凌诟谇之习也。是故，里则有门，每弟子旦出暮入，长老坐而课督之。唐宋以后，虽不如古，而城中约所之设犹是，三代教民遗意也。"[1]秦汉时，一县分为若干乡，乡下有里，里下有什伍组织。在乡设有有秩、啬夫、三老、乡佐、游徼等乡官。大乡设有秩，小乡设啬夫，是乡的主管，有权掌管一般民事事务和轻微诉讼以及赋税征收等事，"皆主知民善恶，为役先后；知民贫富，为赋多少，评其差品"[2]。历代虽有因革，但基本设置不变。至明中叶，实行保甲制，以十家为牌，设牌长；五至十牌为保，设保长，以维持地方治安。清沿明制，里甲、保甲并存，稍重里甲[3]。可以说历代的乡里组织及职位的设置均具有官方或半官方的色彩，有的甚至达到"百石"，要由郡府任命（如秦汉的有秩）。但我们是否就可以由此说国家把权力直接伸向乡里社会了呢？我们考察一下有资格担任这些职务的人所应具备的条件："乡里强谨者""为众所服者""丁粮多者""年高有德者"等。并非巧合的是，无论是里甲制还是保甲制，满足这些条件的人都与民间精英有着相当的一致性与同构性，各种乡官大多由乡间的"有头面者"充任。乡里的主职一般由宗族长担任，负责征收赋役的一般由"丁粮多者"担任，负责治安的一般由"强谨者"担任，负责调节词讼的一般由"年高有德者"担任。如明清的里甲长由州县选任，其标准是"乡长取乎年高有德而素行服人者充之，保长取乎年力精健才遒迈众者充之"，甲长应"于十一家之内，择其殷实老成有子弟者充之"。[4]他们或以宗族身份服人，或以力服人，或以资财服人，或以德服人，都与他们在乡土社会中的原有角色相关。

除了基本的乡官体系之外，还有一套与行政体系并列的系统，那就是老人。从汉代开始，老人体系逐渐完备，国有"国三老"，郡有"郡三老"，县有"县三老"，乡有"乡三老"，负责以礼教劝民于善，三老位尊权大。上至

〔1〕《重修溪亭约所碑记》，明永乐年间，泉州府城建溪亭约所，此碑则镌立于清道光七年，1996 年发现于泉州市区义全街，碑存泉州市闽台关系史博物馆。《重修溪亭约所碑记》，见于陈健鹰："读碑三题"，载《闽台民俗》创刊号，第 65 页。

〔2〕（南朝宋）范晔编撰，（唐）李贤等注：《后汉书》卷一一八《百官志五》，中华书局 1965 年版，第 3624 页。

〔3〕 参见韦庆远、柏桦编著：《中国政治制度史》（第 2 版），中国人民大学出版社 2005 年版，第 292 页。

〔4〕（清）黄六鸿：《福惠全书》卷二十一《保甲部·选保甲长》，收录于四库未收书辑刊编纂委员会编：《四库未收书辑刊》（第 3 辑第 19 册），北京出版社 2000 年版，第 241 页。

皇帝，中到各级地方官，下至黎民百姓，都特别重视和尊敬三老。可以说，三老虽然不是行政职务，但有较高的地位。到明清时期，老人的身份逐渐向公权化转变。明初，明文规定："命有司择民间年高老人，公正可任事者"，或者"选年高有德，众所信服者，使劝民为善"。[1]《教民榜文》也规定："其老人须令本里众人推举平日公直、人所敬服者或三名、五名、十名，报名在官，令其剖决……"明太祖朱元璋对老人也相当礼遇，常常召见这些人，成绩突出者也可得到升擢，有功的老人也常常给予出仕的机会。

皇帝尊崇老人，地方官自然更要给予礼遇。"里老岁时谒县庭，知县必接之以礼貌……其人既尝已为公家所优藉，必自爱而重犯法，此教化之本也。"[2]《惠安政书》载：凡老人里甲，于申明亭议决。坐，先老人，次里长，次甲首，论齿序坐。如里长长于老人，坐于老人之上。[3]虽说"朝廷命官，至县级乃止，县以下无职官建置"，但所谓"建府、置县、划乡、分里"，乡里之制仍是行政系统在基层社会的延伸，里长则是最基层的"行政长官"，而其座位却在里老人之下，只有当其年长于里老人时，才可以坐于其上。

里老人的职责主要是宣扬教化，同时可以调息轻微的民间词讼。《闽书》载："老人之役。凡在坊在乡，每里各推年高有德一人，坐申明亭，为小民平户婚、田土、斗殴、赌盗一切小事，此正役也。"[4]《惠安政书》载："又于里中，选高年有德、众所推服者充耆老，或三人，或五人，或十人，居申明亭，与里甲听一里之讼，不但果决是非，而以劝民为善。"[5]当然，对于里老人也有严格的规范，其剖理民间词讼既要"钦遵圣制"，又须"合依常例"，即既要遵循国家法律，又要考虑民间规则。同时还规定："老人理词讼，不问曾朝觐未曾朝觐，但年五十之上，平日在乡有德行、有见识，众所敬服者，俱令剖决事务，辨别是非。有年虽高大，但见识短浅，不能辨别是非者，亦

〔1〕（清）龙文彬纂：《明会要》卷五十一《民政二·里老》，中华书局1956年版，第952页。

〔2〕（清）刘淇："里甲论"，载（清）贺长龄辑，（清）魏源编：《皇朝经世文编》卷七十四《兵政五·保甲上》，收录于沈云龙主编：《近代中国史料丛刊》（第74辑），文海出版社1973年版，第2638页。

〔3〕（明）叶春及著，泉州历史研究会、惠安县志办公室、惠安县文化馆整理：《惠安政书》卷九《乡约篇》，福建人民出版社1987年版，第329页。

〔4〕（明）何乔远：《闽书》（第1册），福建人民出版社1994年版，第961页。

〔5〕（明）叶春及著，泉州历史研究会、惠安县志办公室、惠安县文化馆整理：《惠安政书》卷九《乡约篇》，福建人民出版社1987年版，第328页。

置老人之列，但不剖决事务。"被罢免或者有过犯罪记录的人不在里老人的人选之列，即"不许罢闲吏卒及有过之人充任。违者，杖六十。当该官吏，笞四十"。由此可见，明朝前期对里老人的选任是比较重视且严格的。可以明显地看出，老人介于民间系统和官府公权系统之间，具有双重身份，当然在基层社会治理中也具有双重功能。

三、民间权威：基层社会的自我表达

在地方社会治理过程中，各种民间权威发挥着重要作用，特别是基层社会的民间精英，他们在维系地方社会秩序方面的作用不可小觑。其中，最典型的代表如士绅、宗族组织与宗族首领、乡约组织、行会组织等，除此之外还有善会、帮会以及其他民间组织。

瞿同祖认为，跻身士绅集团的资格要到政治秩序中去寻求，他指出，士绅身份以官宦身份或仕宦资格的取得为前提或基础。清朝的士绅阶层，如正式流行的法定概念所揭示的那样，是由两个群体组成的：官员，包括现职、退休、罢黜官员，其中包括捐买官衔和官阶的；有功名（或学衔）者，包括文武进士、文武举人、贡生、监生、文武生员。[1] 这就决定了士绅是与地方政府共同管理当地事务的地方精英。与地方政府所具有的正式权力相比，他们具有非正式的权力。两个集团相互依存，又各自以不同的方式行使着自己的权力。两种形式的权力相互作用，形成了二者既协调合作又相互矛盾的关系格局。[2] 所以，许多做过州县官的人都深有体会，并将这一体会写入官箴，为初为州县守令者指点津要。

士绅在地方基层社会治理中的地位之重要，足可以与代表国家权威的州县官相提并论。士绅（往往同时也是宗族领袖）就是民间的权威代表，州县官就是国家的权威代表，二者只有充分合作才能取得双赢的效果。所以瞿同祖说，中国士绅的一个重要特点是：他们是唯一能合法地代表当地社群与官吏共商地方事务，参与政治过程的集团。这一特权从未扩展到其他任何社群和组织。[3] 这是从州县官的视角来看的，如果从普通百姓的视角来看，则士

---

[1] 瞿同祖著，范忠信、晏锋译，何鹏校：《清代地方政府》，法律出版社 2003 年版，第 288—289 页。

[2] 瞿同祖著，范忠信、晏锋译，何鹏校：《清代地方政府》，法律出版社 2003 年版，第 282 页。

[3] 瞿同祖著，范忠信、晏锋译，何鹏校：《清代地方政府》，法律出版社 2003 年版，第 283 页。

绅之所以为士绅，是由士绅所处的社会地位与所扮演的社会角色决定的。科举制度和等级身份制度所赋予的功名、顶戴等名器是士绅群体社会地位和身份的标志，而身居乡里，既要为百姓的道德楷模、行为表率，又要利用自己的特权地位维护地方利益，这才是百姓对士绅这一角色的要求和期望。[1]费孝通认为，士绅是封建解体，大一统的专制皇权确立之后，中国传统社会所特具的一种人物。事实上，士绅是中国传统社会自科举制以来产生的一个独特的社会阶层，具体而言，是具有秀才以上功名或一定职衔，介于官僚与平民之间，不同于官、又区别于民的官僚统治阶级内部的一个在野的特权阶层，是名副其实的地方权威，并构成了官僚统治的社会基础。有的人是取得功名但没有入仕的，有的人是做了官回家养老的，他们具有人们所公认的政治、经济和社会特权以及各种权力，并有着特殊的生活方式，同时承担了若干社会职责。他们视自己家乡的福利增进和利益保护为己任[2]。在政府官员面前，他们代表了本地的利益。他们承担了诸如公益活动、排解纠纷、兴修公共工程事务，有时还有组织团练和征税等诸多事务。他们在文化上的领袖作用包括弘扬儒学社会所有的价值观念以及这些观念的物质表现。士绅在民间模式中的权威和声望来自于他们作为主持人的身份，士绅成员经常趋于掌握地方组织的机要地位。他们掌握一些专业性的伦理观念和规范，以宣扬秩序的重要，每个人都必须按照自己在社会结构中所处的地位行事。作为基层社会的传统权威，士绅在不同程度上参与了所有的地方社会治理模式。

中国传统社会历来重视家族的观念，孙中山曾谈道："中国人最崇拜的是家族主义和宗族主义，所以中国只有家族主义和宗教主义，没有国族主义，外国旁观的人说中国人是一盘散沙，这个原因是在什么地方呢？就是因为一般人民只有家族主义和宗族主义，没有国族主义。中国人对于家族和宗族的团结力非常强大，往往因为保护宗族起见，宁肯牺牲身家性命。……所以中国人的团结力，只能及于宗族而止，还没有扩张到国族。"[3]传统家族制是按家长制原则组织起来的。族长被视为宗子，为一族之尊，合族之长，位尊望崇，掌握很大的权力，他是"族权"的体现。一族之内又按昭穆亲疏分成若

---

〔1〕 参见林济：《长江中游宗族社会及其变迁》，中国社会科学出版社 1999 年版，第 88 页。

〔2〕 参见于建嵘："清末乡村皇权、族权和绅权的联结"，载《探索与争鸣》2003 年第 3 期。

〔3〕 孙文：《孙中山选集》，人民出版社 1981 年版，第 617 页。

干支，支下又有房，房有房长。大的宗族还有"族正""宗直""户头"一类的执事人员，佐助族长，处理各种事务。族长的产生多按照辈分、年龄、德行、威望、官爵来推举。如四川云阳涂氏之族长"由全族择廉能公正、人望素孚者，公举充任"。[1]一般农村，大多数为聚族而居，其族长不特具全村之行政权，凡涉及民间诉讼案件及族中私事，亦有处决之权。族长权力的凭借是"礼"与"法"。从"礼"来说，根据宗法和纲常名教的一套礼制，族长处于"尊尊"的地位，"名分属尊，行者宜恭顺退让，不可渎犯"。另外，族长又可执行"家法"，有如官吏之执行"王法"。"家之有长，犹国之有官。敢有詈骂尊长，越礼犯分者，通族权其轻重，公同处置"。为"子姓视效所关，宗族家务所系"，对不守家法、违背教训者，随其轻重处罚。在家族范围内，宗族规范的推行者当然属于族权。

同时，宗族制也是在家制的基础上建立起来的，而家制是靠传统的礼来维系的，所谓"笃宗族以昭雍睦"。《礼记》曰："人道，亲亲也。亲亲，故尊祖；尊祖，故敬宗；敬宗，故收族；收族，故宗庙严；宗庙严，故重社稷；重社稷，故爱百姓。"[2]从表现形式上看，宗族不仅是一个血缘集团，更是一个组织化甚至政治化了的社会组织。涣散的血缘关系被宗族组织强化，并加以伦理化，成为维护尊卑长幼秩序的血缘伦理制度，以实现农业宗法社会晚期社会经济与专制王权对宗族组织的功能要求。[3]所以宋以后的宗族内核已经远不限于"亲缘"，而是被扩展到社会整合组织的层面。第一，宗族首先强调宗族的内部秩序整合，敦亲睦族是其首要之务；第二，宗族强调经济上的整合，族众之间患难相恤、有无相济也是宗族的重要宗旨；第三，解决族内纠纷，调息族人矛盾，这是宗族的一种重要职能；第四，教化族内子弟，宗族通过私塾、义学等方式对族内子弟进行"修身，齐家，治国，平天下"的传统教育，以期其子弟能光耀门楣，使宗族兴旺；第五，协助地方官府向族众征收赋税，有时地方官府还委托家族来管理社仓等；第六，捍卫乡里，保乡护土，宗族组织是维护地方社会治安的重要力量，许多宗族都有自己的治安组织，尤其是社会不安定时期，宗族起到了维护地方社会秩序的作用；

---

〔1〕 涂凤书纂修：《云阳涂氏族谱》，1930 年活字本。

〔2〕 《礼记·大传》。

〔3〕 林济：《长江中游宗族社会及其变迁》，中国社会科学出版社 1999 年版，第 7 页。

第七，宗族是地方公共福利事业的积极推行者，宗族成员通过集资或捐献兴修地方公共设施，设立慈善组织，为地方公共福利事业做出了贡献。第一项到第四项都是宗族内部职能，第四项到第七项是其社会职能。无论是宗族内部职能还是社会职能，都为地方社会治理奠定了基础，为社会秩序整合发挥着重要作用。

宗族领袖也就是族长，或者称为宗长、宗族长，他们是一宗族之首领，通常由家族内辈分最高、年龄最大且有权势的人担任。朱熹在《家礼》中恢复了传统宗法主张后，把贵族之礼引为庶民之礼，宗子的族长地位在家族中得到普遍确立。《侯官云程林氏家乘》载："治家当仿古立宗法，如始祖之嫡子则承始祖之祀，从此直下，嫡子世为大宗，合族宗之。是继始祖之嫡，谓百世不迁之宗也，此谓大宗。始祖之庶子则不得以称始祖，必待其卒而其嫡子继之，则自别为称；而亲兄弟宗之，是谓继称之小宗……大宗所以统其宗族，合族有大事，必各禀小宗而后行，又诸小宗必总统于大宗之子，如此则宗族之内，人情相禀，人伦不乱，治家之要法也，子孙其遵而行之。"[1]族长总管全族事务，是族人共同行为规范、宗规族约的主持人和监督人。具体而言，宗族内部的管理和各项事务的主持一般都由族长担纲。具体而言，则有以下职权：第一，主持祭祀祖先。族长组织、主持祭祀祖先，在祭祖过程中，族人有违规违仪之处，族长有责罚之权。第二，训诫族人。族长对族众有训导之权，通过定期宣讲各种圣谕、规训、家规、家训等材料，达到整饬族人的目的。第三，调解族内纠纷。许多族众之间的纠纷矛盾都首先由族长主持调解，许多案件即使起诉到官府，州县官也会批回族长处处理。第四，管理宗族公产，诸如义田等。族长主持各房共议以决定公产的重要事项。第五，主持修订族谱，制定家规。

除了士绅与宗族两个民间权威体系之外，乡约也是民间权威的一种重要表现形式。乡约的发展经历了一个从民办到官办的过程，相应地，其组织领袖也经历了一个从民间权威到职役化的发展过程。乡约组织最早设立于宋代，即"吕氏乡约"，此时的乡约完全是一个单纯的民间组织，其设立的基础是宗族组织。在宗族组织的基础上，其原有的权威与规范逐渐超越了血缘的范围，而扩展到本宗族所在的基层社会，所以说乡约组织最早是宗族组织的延伸。

---

〔1〕 林懋勋等纂修：《侯官云程林氏家乘》卷十一《家范》，1938 年铅印暨石印本。

杨开道在《中国乡约制度》中给予了乡约较高的评价，他认为："中国士人阶级的实际工作，不是在政治舞台上运用学理，便是在学术机关内传授学理；不是直接去制裁民众，便是间接去教化民众。士人阶级从不投身到民众里面，做民众的领袖，谋民众的幸福；民众没有士人阶级的引导，也无法自己组织，自己工作。所以，中国几千年的政治，都是人民被治，士人治人；士人阶级总是同政府打成一片，而没有同人民打成一片的。乡约制度的起源实在是一个破天荒的举动，人民居然能得士人阶级的指导，士人阶级居然能弃政治舞台的生活。"[1]可见，乡约组织最早在宋代萌芽时，其性质是纯民间的组织，是一种民间的自我规范与自我整合，而从历史发展观念来看，这无疑是一种进步之举。宋代乡约在推行过程中虽起到了教化乡里的作用，但在地域、数量、规模上均没有形成后世的规模。明初，朱元璋制定"洪武六谕"，成为地方乡治的最高原则，明成祖对乡约也很重视，但他并不鼓励发展纯民间性质的乡约，而仅重视其规范作用。在这一背景下，许多名臣硕儒，如方孝孺、王阳明、吕坤、章潢、刘宗周、陆世仪等，都致力于推行乡约，乡约也逐渐从民间组织向官办乡约转化。

伴随着乡约活动的广泛推行，诸如宗约、士约、会约、乡兵约等依一定的身份和目的而结成的民众自治组织相继出现并不断发展，表现了乡约逐渐从综合性组织转向专门性组织。明中后期的乡约组织已经具有了诸如稽查奸宄、催征赋税、管理社仓等基层综合管理职能，从而加快了乡约的职役化过程。

清初，朝廷就着手恢复乡约教化，乡约逐渐成为完全受官府控制的组织，同时，朝廷又推行保甲制度，乡约与保甲并行，进一步加强了其维护国家统治，维持地方秩序的职能，而其本来的教化职能逐渐不再被重视。汤成烈在《风俗篇一》中指出："乡约之设，止于催科，教化既衰。"[2]《清实录》载："顺治三年丙戌六月癸巳。都察院左佥都御史李日芃奏言：耆民一项，不过宣谕王化，无地方之责，非州县乡约者比……"[3]可见，乡约发展到清代，已经脱离了诸如耆老这样的民间权威类型，而逐渐成为一个半官方的权威形式，

---

〔1〕 杨开道：《中国乡约制度》，山东省乡村服务人员训练处 1937 年印本，第 35 页。

〔2〕 （清）汤成烈："风俗篇一"，载（清）盛康辑：《清经世文续编》卷七十四《礼政十四·正俗》，收录于沈云龙主编：《近代中国史料丛刊》（第 85 辑），文海出版社 1973 年版，第 1355 页。

〔3〕《清世祖实录》卷二十六，顺治三年六月癸巳条，中华书局 1985 年影印版，第 3 册，第 224 页。

完全失去了其本来基层社会治理民间权威的意义。

此外，行会组织、慈善组织、帮会组织等形式都在民间权威体系中扮演着不可或缺的角色。

四、合作与对抗：民间权威与国家公权的博弈

秦王朝用法家而一天下，置天下人于法网，陶醉于"皆有法式"，以致"奸邪并生，赭衣塞路，囹圄成市"。当然，不能把秦二世而亡的后果完全归罪于"专任刑罚"，但秦朝以严刑峻法兴，复以严刑峻法亡，的确成为继之的汉王朝所时刻谨记的教训。此后，历代专制王朝在基层社会治理问题上逐渐摸索出了一条新的道路，这就是所谓的"以乡治乡"——总结了几千年不同的历史经验而选择的治理基层社会的最佳途径。

所以，古代所谓的地方社会治理权威也并不仅仅指那些地方官，而是包括一个由官方、半官方和民间权威组成的权威体系。费孝通在论述乡土中国的权力结构时提出三个概念，即"横暴权力""同意权力""教化权力"。"横暴权力"指利用暴力进行自上而下的不民主的、威吓性统治的力量；"同意权力"指在社会中经由默认、契约、退让而形成的力量，"教化权力"指通过文化的传承和传统的限制所造成的力量和社会支配。费孝通进一步指出，中国传统的农业经济不足以提供横暴型的政治所需要的大量资源，因此，帝王通常采用"无为而治"来平定天下，让乡土社会用自己社区的契约与教化进行社会平衡，从而产生了农村长老统治的局面。[1]总而言之，权威从类型上可以归结为官方权威和民间权威，当然，如果具体分析还可以发现，官方权威与民间权威之间的界限有时并不分明，或可以再加上一个半官方或准官方权威。官方权威具有官方性，其存在的场域也最为普遍，但这类权威发挥作用的基础是权力，对权力的"服从"所指的是一种心理认知，而不是简单的国家暴力的威慑，所以这一要求"信服"的心理认知便使其可以有效发挥作用的场域产生了差别。也就是说，并不是在任何场域，国家权威都会得到人们"信服"的心理认知，按照"权威接受理论"，这一类型的权威能够存在并发挥作用的场域差异应该是很明显的，那就是哪些人群更相信公权力，哪些人群中就会有官方权威充分发挥作用的空间，哪些人群对权力持怀疑态度，或

---

〔1〕 参见费孝通：《乡土中国》，生活·读书·新知三联书店1985年版，第60—70页。

者干脆就持抵触情绪，在这些人群中官方权威发挥作用的空间就会受限。

一般而言，中国自古以来，除了极个别时期，国家权力只设置到县一级，这是官方权威发挥作用的下限，而广大基层社会则交由其他权威去经营。民间权威类似于韦伯所说的传统型权威，主要表现为以血缘关系为基础的权威、以地缘关系为基础的权威和以宗教信仰为基础的权威等。其中，以血缘关系为基础的权威，如宗族长、宗亲会首等。当然，血缘关系群体有时并不一定表现为正式组织形态，但作为群体它是客观存在的，大部分个体都无法脱离这一群体的影响。即使简单如一个家庭也是如此，家长总是对孩子们之间的纠纷有下达命令或发表意见的权威。以地缘关系为基础的权威，如传统的同乡会首等。地缘关系群体是因地理关系把人们联系在一起的群体，是对血缘关系群体的一种超越，大部分个体也必属于这类群体中的一员。还有一类就是以宗教信仰为基础的权威。宗教群体是民间基于宗教信仰的联合体，是由对于某一宗教或某一类似于宗教事物的信仰而组成的社会组织。当然，对于宗教，在此作宽泛的理解。这一类型的权威普遍是依某种传统的规则而产生的，是基于一种对历史的尊重和认可而存在的。这些权威所面对的人群具有较为明确的限定，尤其是基于血缘关系和基于地缘关系而存在的权威，在基层社会表现得更为突出。除此之外，还有一类民间权威，类似于韦伯所讲的魅力型权威，这类权威最典型的就是产生于江湖社会中的"头面"。江湖社会多指民间自发生成的半秘密谋生社团，多有非法性或与官府对抗性。江湖社会里有各种帮派、山头、堂口等，有严格的入会盟誓和成员尊卑等级体系，其中的"头面"往往因其个人的非凡能力或"义气"而服众，他们有自己的不同于普通社会中的纠纷解决方式，比如决斗、赌博等。这类群体在传统社会中很多见，只是多被视为反面的群体形象。当然，也有各类正面形象，如德高望重的长者往往会成为基层社会事务的主持者，他们依其超乎寻常的品行与公正无私而获得权威。这类权威往往是依靠某一"个人"的超凡魅力或品行而树立权威，得到其所在群体的信服。

再有一类权威是介乎国家权威与民间权威之间的一种半官半民的存在形式，这类权威的存在与秦汉以来的基层社会治理理念密切相关。秦朝的建立全面瓦解了西周春秋时期的领土分封制和贵族世卿世禄制，形成了以中央直接控制的郡县为单位的地方权力结构，这就使西周春秋的间接地域控制方式转变为君主中央集权的直接管理模式，进而形成了从中央到地方的垂直权力结构。但对中国基层社会的研究证明，自秦代以降，除了少数特殊时期之外，正式的国家政权组织仅到达州县一级。从州县衙门到基层民户之间的社会控制，并不完全依赖于国家机器，地方士绅与乡族组织不仅是乡村礼俗控制的承担者，而且在一定程度上也是法律控制的执行者。国家在很大程度上要依赖他们实现对基层社会的控制管理。费孝通称，传统中国社会中，从县衙门到每家大门之间的这一段距离"是最重要的"，他认为"这是中国传统中央集权的专制体制和地方自治的民主体制打交涉的关键，如果不明白这个关键，中国传统政治是无法理解的"。[1]

当然，乡里不设政权组织，并不意味着不设任何行政职位。这些职务在不同朝代、不同时期的性质有所变化，有时"官"的色彩强一些，有时"民"的色彩强一些，这取决于时局和国家的基层社会治理政策。但从大历史观来看，这部分权威基本上是沟通"官"与"民"的中介和桥梁，官府通过他们实现对基层社会的控制，民间通过他们与官府进行博弈，表达和实践自己的利益。

《诗经·小雅·北山》云："普天之下，莫非王土；率土之滨，莫非王臣。"这表明国家取得了对社会的无所不在的统治权。在中国古代国家与社会关系上，国家于社会之中产生之日起便反过来侵吞了社会，以皇权为核心的中央集权的政治系统与一盘散沙的弱小社会并存，表现出强国家、弱社会的基本特征。[2]但是，国家对社会特别是基层社会的实际控制在深度、广度和力度上受到各种条件的限制，由于小农经济是社会的基本经济形态，它分散于地域辽阔的乡里村落，以家庭为单位，自给自足，较为独立和封闭，国家自上而下的权力从未深度介入到民户的日常生活之中。之所以这样讲，是因为在基层社会中，形成了一个特殊的权力结构，这一权力结构由国家权威与民间权威共同构成。国家与社会的关系在村庄权力结构中得到了具体的体现，基层社会权威网络涵盖了各主要权力主体，以及他们之间模式化的互动关系。基层社会正是被网罗在这样一个多核心的权威网络结构之中，这个多核心的权威网络或弱或强地把民众全部纳入到整个体系中，而民间精英往往就是这

〔1〕 费孝通：《乡土重建》，上海观察社 1948 年版，第 46 页。
〔2〕 李略："市民社会和社团主义——国家与社会关系分析模式"，载《中国社会科学季刊》1999 年春季卷。

个结构的核心，主导整个结构的运作。

　　一方面，国家若需根据人口增长与社会发展需求来加强社会控制与管理，无论增置县级行政单位，还是析分次县级行政区划，都意味着基层衙门与国家官僚队伍的扩张，随之而来的必然是扩大赋税征收以供养庞大的衙门与官僚队伍。但扩大赋税征收，必然影响地方士绅与乡族的利益，尤其在清代实行摊丁入亩的赋税改革以后，地方士绅是国家赋税的主要承担者，加大赋税必然削弱他们的物质基础，并引起其不满。在这样的情况下，清代国家处于一种两难的境地：若扩大其基层行政体制，由国家设置官署直接控制乡村社会，势必加重地方士绅与乡族的赋税负担，引起后者的不满，削弱朝廷在乡村社会的基础，从而增加社会控制的难度；若指望和依赖士绅与宗族承担部分社会控制职能，就必须承认其利益，这样国家赋税的增加就必须受到限制，国家的行政管理编制也不可能随人口增长而扩大。清朝统治者显然是选择了后者，清代地方基层行政管理体制并无扩充，而地方绅权与族权逐渐扩大，士绅与宗族对土地的占有不断增加。由本地士绅和宗族组织或官督绅办的各类非官方机构，在乡村社会控制中发挥了越来越大的作用。另一方面，因为人民大多不识字而且无组织，县官及其为数不多的助手不能自己接近人民。政府与民众之间有很大的隔阂……士绅对自己的利益最敏感而且有政治头脑。即使县官不想同他们有任何接触，他们也坚持要同县官接触，县官无法摆脱他们。事实上，县官如果完全不同他们合作，就什么事情也办不成，而且还有丢官的危险。再者，有些机构是法律规定必须由政府与士绅联合组织的。如果县官要做些事情，他总要有钱，所以他必须和士绅合作[1]。国家对乡村社会的控制依靠单纯行政权是行不通的，有必要充分调动乡村社会中的自治因素并将其纳入封建乡村的权力体系之中。所以说，从功能主义的角度来看，国家公权在实现其社会统治与管理功能的过程中必须采取与民间权威合作的态度，而民间权威在此背景下也获得了生存的空间，这无疑是一种博弈，互动中有对抗，更多的是合作。

　　〔1〕　周荣德：《中国社会的阶层与流动：一个社区中士绅身份的研究》，学林出版社 2000 年版，第 75 页。

《折狱卮言》与裁判官内心独立

——兼论中西裁判官内心独立的取向差别*

中文摘要：清人陈士矿作《折狱卮言》一书，其中多谈到裁判官在审理案件过程中应该做到内心独立。这一观念主张裁判官应独立于自己的爱憎、好恶、喜怒哀乐、旨趣等各种可能影响案件公正审理的心理因素，达到"中"的境界。这一思想源自儒家"尚中""中庸"的思想，应和了今天司法独立原则当中的一个重要部分，即法官的内心独立。但与此同时，中国传统法文化当中的内心独立观念又与当前中国法学语境中所言说的内心独立是有差别的，因为当前的司法独立理论是来源于西方的，将中国传统法文化与西方法学语境当中的内心独立思想进行比较，有助于我们今天的司法独立的理论研究与实践。

关键词：《折狱卮言》；内心独立；内心自由；司法独立

　　近来，多关注明清时期有关诉讼问题的史料，偶然见到清人陈士矿所著《折狱卮言》。此书涉及清代诉讼文化中的诸多问题，对裁判官的内心独立思想的论述尤为深刻。《折狱卮言》一书少为学界所提及，其影响亦远不及《折狱龟鉴》《棠荫比事》之属，其篇幅短小，概三千余言，对折狱之事并无技术上的指导，亦缺乏深入的专论，而多是抽象地阐释折狱之事，故不为学者所重。全书收在《四库全书存目丛书》"子部"内，甚至被称"摭取《四书》诸经慎刑之语，兼及《汉昭》一二条，征引疏略，无所发明，曹溶载之《学

---

　　* 本文曾发表于《北方法学》2008 年第 2 期。

海类编》，姑盈卷帙而已，非以言著书者"。[1]《清史稿》将其收在《艺文志》内，仅存其目而已。确切地讲，《折狱卮言》不是一部律学著作，也不是断案手册，而是一篇有关法哲学的文章。尽管史家对该书多有贬薄之言，但该书提出了关于裁判官在诉讼过程中内心独立的思想实属难得，确有重要的价值，值得探究。基于此，故不畏庸陋，姑妄谈之。

清蒋衡作《润州太守陈公士矿墓志铭》[2]载："陈士矿，字山贡，号宿峰，别号屺庭，顺治十四年十月生，康熙五十七年十月卒，年六十二岁。原籍海阳，后迁居浙江嘉兴。曾守东莱郡，后守润州郡，善决狱，作《江南治水记》《折狱卮言》。"可见陈士矿一生大部分时间都是在地方官任上，审案断狱当然也是他的主要工作之一，《折狱卮言》应该是他长期从事州县审判事务的经验之谈，故蒋衡称他"善决狱"。

一、《折狱卮言》文本解读

自古至今，百姓所关注的官员无非两种形象，一种是贪赃枉法、徇私舞弊的恶官，一种是除暴安良、爱民如子的清官，前者为人所唾骂，后者则为人所尊崇。但陈氏认为这两种官员均不适合做裁判官，作为一个合格的裁判者，一概首先抛开爱憎与好恶，做到"胸中太虚"，才能秉公而断，不偏不倚。《折狱卮言》载："折狱之时，不敢存丝毫之意，凡爱憎固无所私，即嫉恶亦所不用，胸中太虚，如泽之遇风而作止。"[3]亦即，裁判官对案件进行裁断，首先要避开自己的情绪因素的影响，即使是对恶的憎恶也应该去掉，做到心如止水，内心独立。陈氏一语，道破裁判官内心独立的实质，与之相反的是，古代许多为人们所传颂的清官往往都是疾恶如仇的，许多关于断案折狱的论述也无不彰显这一宗旨，如宋代的《名公书判清明集》就明显地体现出在这一观念上的倾向性，王德毅先生对此书评价说，"编纂本书的目的在于惩恶扬善，有强烈的教化意味"，体现了礼遇士人、严惩吏人、敦崇人伦、尊重人命的主题。可见，大部分被认为清明的裁判官在内心深处即有这样的观念：穷苦百姓都是善良的、弱势的，应该体恤和关照的；而官吏富绅则是欺

---

[1]《四库全书存目丛书·子部·法学类》收《折狱卮言》，篇后评注。

[2]（清）蒋衡：《润州太守陈公士矿墓志铭》，收录于（清）钱仪吉：《碑传集》卷九十八《康熙朝守令下之中》，中华书局1993年版，第2758页。

[3]（清）陈士矿：《折狱卮言》，中华书局1985年版，第1页。

压百姓、无恶不作的，是强势的，应该惩治的。这种观念就会使裁判官在断案时为自己的主观意向、个人爱憎所左右。非但如此，大部分为人们所称道的清官往往都坚持认为富人总是欺压百姓，穷人总是受人欺凌，于是断案时便偏向"小民"，而惩治"官绅"，结果造成不少冤案。南宋大儒朱熹任福建崇安县知县时，受理了一件小民告一大姓夺自己祖先墓地的案子。[1]朱熹便产生了这种先入为主的观念，主观臆断，支持小民，严惩大户，结果造成冤案，后朱熹发现自己判错了，一生都悔之无及。此案虽载于小说，不足为史，然亦足以论事。现代社会也不乏此事。正如陈氏所言："听讼者，中怀愤嫉，律应缓者而常速之。"[2]可知，世上最可怕的事，莫过于戴上自己行为的枷锁，以为这种枷锁是挥之不去的。裁判官内心的自我独立对于断案来讲是极其重要的。

司法独立，是现代法治国家普遍认同的一项宪法原则，它一般包含两方面的内容：一为组织上的独立，即法院整体的独立；二为裁判官的独立，即法官个人的独立。前者是后者的前提，没有法院整体的独立，就无所谓法官个人的独立，但仅有组织上的独立而无法官个人的独立，则不能谓之为司法独立，所以，司法独立的实质是具有司法独立人格的法官的独立。法官独立又包括两方面的内容：一是法官独立于自己身外的干扰；二是法官独立于自己内在的干扰，包括自己的喜怒哀乐、旨趣、好恶与欲望等，它是不为任何外部威胁与痛苦所屈的内心独立与自由，是一种充实宁静的自足境界。关于前者，已有很多学者进行了研究，但后者即使偶有人提及，也很少有人进行深入论述。远在清代前期的一位封建官吏，却能详细阐述"裁判官内心独立"

---

〔1〕 该案载于《二刻拍案惊奇》，大意为：南宋朱熹，任福建崇安县知县时，受理一小民告大姓夺自己祖先墓地案。堂审时，双方各执一词，朱熹为寻找证据，亲自带人实地察看，但见那地山明水秀，凤舞龙飞，心想：必是小民先世葬着，大姓看得好，起心要他的了。大姓指着一坟说："这是小人家新造的坟，泥土工程，都是新的，如何说是他家的旧坟？"小民说："上面的新坟是他家的，但底下的老坟是我家的。"朱熹叫人挖开一看，果然有块刻着"某氏之墓"的青石板，旁边刻着的细行，多是小民家祖先名字。朱熹自认为眼见为实，便将坟地断给了小民，大姓不服上诉，朱熹认为他刁悍抗拒，着地方勒令大姓迁出坟墓，并将他问了个强占田地之罪。事后当地公议朱熹断案不公，朱熹认为这是大姓势力大，便弃官不做，隐居武夷山中。后有事经过此地，细听百姓私议，才知是小民当初为了诈取墓地，事前偷偷将刻好的石板埋在大姓的墓底下，欺骗了县官。朱熹悔之无及，但此时已无权纠正自己的过错，便对天祝道："此地若发，是有地理；此地不发，是有天理。"当晚大雨倾盆，雷电交加，将坟地炸成一潭。此虽为小说之语，也不妨引为一例。

〔2〕 （清）陈士矿：《折狱卮言》，中华书局1985年版，第1页。

的思想，实属可贵。虽然其含义并非现代意义上的司法公正，但仍然离不开"哀矜折狱""维良折狱"的范式，在法理上是彼此相通的。

陈氏在《折狱卮言》中谈裁判官内心独立时详细分析了《易经》中的"讼"卦，借此从哲学层面说明内心独立的合理性和必要性。他说：

> 甚矣，折狱之难也。余尝读易，至讼卦之象辞而重有感焉，夫既曰有孚，何以复言窒，正以见听讼之际，少有一毫矜能炫才、深文好查之臆见萌于中。对簿之人脱或词不达意，辄于有司之喜怒，而刀笔舞文之辈遂得窥伺而迎合之。于以颠倒是非，株累而蔓延者，何可胜道。故虽有孚而仍窒也。[1]

在他看来，法官一旦失去了内心的自我独立，自己的喜怒、爱欲不仅会影响断案的公正，还会给身边的刀笔之吏创造徇私枉法的机会，由有司的"无意"变为徇私者的"故意"，欲使案件得到公正判决是何等之难。他又谈道：

> 卦象皆实，而中独虚，卦义：泽中之水，有风则动，无风即止，非如长江大河，风静而流不息。故折狱之时，不该存丝毫之意，凡爱憎固无所私，及嫉恶亦所不用。[2]

陈氏由《易经》而言"讼"，对内心独立的探讨是很深刻的。他将裁判官的内心比作湖水，有风吹过时，湖面就会波动，无风吹过时，湖面就会平静。它不像江河之水，即使无风时，也会波翻浪涌。湖水与江河之水的这一不同之处也正是裁判官与普通人应有的内心差别。陈士矿自己就是地方官，裁判官当然也是他的主要角色，正如他所言：

> 顾余自为郎而守东莱，守巴蜀，再守京江，历中外几三十年，凡遇听断，惴惴以听讼，不由人不能片言折狱为惧。……自期而既得其情，哀矜勿喜之古训，谨志之。[3]

---

[1] （清）陈士矿：《折狱卮言》，中华书局 1985 年版，引言第 1 页。
[2] （清）陈士矿：《折狱卮言》，中华书局 1985 年版，第 1 页。
[3] （清）陈士矿：《折狱卮言》，中华书局 1985 年版，引言第 1 页。

可见陈氏之论述并非徒自空言，而是在长期的断案经历中总结的经验之谈。

《折狱卮言》中主张裁判官在折狱过程中应坚持"尚中思想"，这即是儒家"中庸"思想在审理案件中的体现，也是司法公正的哲学基础。《折狱卮言》载：

> "轻重诸罚有权，所谓权者，进退推移以求其轻重之宜也。"
>
> "非佞折狱，唯良折狱，罔非在中。"
>
> "审轻重而取中也，又必恻怛谨畏以求其情，明白开启，刑法之书，于众占度，庶无过差。"

很明显，陈氏在断狱中是主张"尚中"原则的，陈氏的这一主张亦绝非其突发奇想或者独创，而是有着其社科的历史渊源的。早在西周时期，即流行"尚中"的道德理念，这在《尚书》《易经》及出土文物中均有明证，这一观念在断狱中则体现为"中刑"思想。"中刑"即要求司法公正、量刑适中及罪刑相适应。"中刑"最早见于周共王时期《牧簋》铭文中。《牧簋》铭文是周共王任命一个名叫牧的贵族担任官职的一篇命辞，在这篇命辞中，周共王反复告诫牧在司法审判中一定要做到"不中不井（刑）"〔1〕。无论是"不中不井（刑）"，还是"不井（刑）不中"，其意无外乎谓司法不公正就不要施以刑罚。可见，周人是把"中刑"作为重要的司法原则来推崇的。"尚中"本是周人重要的道德观念，这在《尚书》及《易经》中均有颇多反映。例如：

> 咸庶中正。〔2〕
>
> 丕惟曰尔克永观省，作稽中德。〔3〕
>
> 尚于中行。〔4〕

---

〔1〕 王若曰："牧！昔先王既令女（汝）乍（作）嗣（司）士，今余唯或（又）寝改令女（汝）辟百寮，有叵吏包，迺（乃）多（乱），不用先王乍（作）井（刑），以多虐庶民，……不井（刑）不中……乃田（贯）政吏（事），母（毋）敢不尹兀（其）不中不井（刑）。"

〔2〕 《尚书·吕刑》。

〔3〕 《尚书·酒诰》。

〔4〕 《易经·泰·九二》。

中行独复。[1]

有孚中行。[2]

中行无咎。[3]

从金文资料看，周人"尚中"的道德理念落实到立法与司法领域中，便形成了"中刑"的立法与司法原则，它内含司法公正、量刑适中及罪刑相适应的法文化意蕴。"中刑"的立法与司法原则在典籍中也可得到印证。例如，《易经》中的"讼"卦卦辞云："讼，有孚、窒、惕，中吉。"此所谓"中吉"就是说司法官要居中执法、量刑适中，这样才能使断案吉祥。在《尚书》中，"中刑"又被称为"中罚"，如《立政》篇云："兹式有慎，以列用中罚。"这句话把"慎"与"中罚"结合起来，揭示了"中罚"原则所体现的谨慎精神。陈氏在《折狱卮言》中引用《吕刑》"哀敬折狱，明启刑书胥占，咸庶中正"一语，是要求司法官根据刑书所载的条文谨慎地定罪量刑，使刑罚公正适中，显然也是对西周"中刑"思想的继承。《礼记》载："喜怒哀乐之未发谓之中，发而皆中节谓之和，中也者，天下之大本也；和也者，天下之达道也。""中行"即中德、中道，周人把"中"作为基本的道德原则，推崇中德，这对后世儒家影响很大。孔子甚至把中德视为最高的道德，他说："中庸之为德也，其至矣乎！民鲜久矣。"[4]孔子理解的中庸之道即无过无不及之道。后来，相传子思作《中庸》，对中庸之道又进行了系统详细的论证。在儒家看来，"中庸"是一种最高的道德，所谓"执其两端，用其中于民"，这句话正充分说明了陈氏所言的"尚中"思想。陈氏在《折狱卮言》中引《尚书》中的文字，"书云：唯明克允所谓明，且允者必善辨天下之疑狱，疑狱之属凡二，一曰情事之疑，一曰法律之疑……"可见，裁判官欲求公正，只能尊重事实与法律，而抛却此外的心理干扰，达到"心如止水"之境，才能做到"中允"。

二、内心独立的理论渊源及在我国的传入与发展

然而，在本文的前一部分使用内心独立这一词语是否严谨是值得考察的。

---

[1] 《易经·复·六四》。

[2] 《易经·益·六三》。

[3] 《易经·夬·九五》。

[4] 《论语·雍也》。

内心独立实为一西方法学语境中的词语，是一个近代以来的"舶来品"，所以针对中国古代官员或者学者使用这一词语是不严肃的，在下文的论述中我们会谈到陈氏所讲的内心独立与西方法学语境中的内心独立有何不同。

西方法学语境下的内心独立源于西方的自由心证制度。17世纪以后，欧洲大陆的资产阶级革命和启蒙运动从政治和文化的层面上推动了司法制度的改革。崇尚自由权利和个人认识能力的人道主义者和理性主义者对封建时代以刑讯逼供为特征的纠问式诉讼制度发起了猛烈的攻击。在此背景之下，法定证据制度被废除，取而代之的是自由心证制度。

最早提出在立法上建立自由心证制度的是法国资产阶级代表杜波尔。1791年12月26日，杜波尔向宪法会议提出了一项改革草案，提议建立自由心证制度。法国宪法会议通过杜波尔的法案，宣布法官必须以自己的自由心证作为裁判的唯一根据。1808年《重罪审理法典》对自由心证制度作了首次经典的表述，现行《法国刑事诉讼法典》第353条基本上沿袭了这一规定：

> 重罪法庭退席之前，庭长宣读以下训词，这一训词以粗体大字贴于评议室最明显的位置：法律不过问法官形成自我确信的理由，法律也不为法官规定某种规则并让他们必须依赖这种规则去认定某项证据是否完备、是否充分。法律只要求法官平心静气、集中精神、自行思考、自行决定、本着诚实、本着良心、依其理智，寻找针对被告人及其辩护理由所提出之证据产生的印象。法律只向法官提出一个概括了法官全部责任范围的问题：你已有内心确信之决定吗？[1]

继法国之后，大陆法系国家纷纷效仿，确立了自由心证原则。1887年的《德国刑事诉讼法》第260条规定："法院应根据从全部法庭审理中所得出的自由心证来确定调查证据的结果。"1892年沙皇俄国的《刑事诉讼条例》第119条规定："治安法官应根据建立在综合考虑法庭审判时所揭露的情况基础上的内心确信，来裁判受审有无罪过的问题。"日本在明治初年曾采用"断定有罪应根据口供定案"的法定证据制度，明治九年（1876年）以后也建立起自由心证制度。现行《日本刑事诉讼法》第318条规定，证据的证明力由审

---

〔1〕 卞建林、刘玫：《外国刑事诉讼法》，人民法院出版社2002年版，第150页。

判官自由判断。

所谓自由心证，在国外通常被称为自由心证主义，而在我国又被称为自由心证原则，大抵是指法官在诉讼中根据案情、经验、逻辑以及自己的理性良知来自由判断证据和认定事实的原则。也就是说，证据的价值或证明力不再由法律事先作出具体明确的规定，法官和陪审员在审判中可以运用自己具有的"人类普遍认知能力"来自由判断具体案件中各种证据的证明力。自由心证原则要求，对于证据的取舍及其证明力，由法官针对具体案情根据自己的良心、理性、经验法则以及逻辑规则自由判断，由此形成内心确信，并据此认定案件事实。自由心证包括两个原则，即自由判断原则和内心确信原则。自由判断原则要求证据的证明力由法官自由判断，法律不作预先规定。然而，自由心证原则的"自由"并非容许法官恣意判断，而是指法律不设定具体的规则来指示法官根据证据认定事实时不得不做出某种判断。内心确信原则，或称心证原则，即法官在内心"真诚地确信"，形成心证，由此判定事实。所谓心证，是法官通过证据审查所形成的确定信念。当然，心证原则是禁止法官根据似是而非的、尚有疑虑的主观感受判定事实的。[1]自由心证原则或者自由心证主义，作为一种法学原理、法律制度乃至法学用语，实际上是在大陆法系的学术圈内诞生并使用的，英美法系的学术圈内似乎并不使用这一术语。[2]但作为一种沿袭已久的司法传统，由事实裁判者对证据进行自由评价并根据所形成的心证作出裁判是陪审团裁判制度的典型特征。

可以说自由心证或者内心确信是西方法学中司法独立理论的重要组成部分，因此司法独立作为统一的理论系统就当然得成为审判人员形成自由心证的根本前提。只有审判人员既独立于非审判人员，又独立于其他审判人员，自由的意志方能产生自由的心证，以排除来自外部的非法干预，确保法官能够自由地形成心证。

自由心证或者说内心自由理论与司法独立理论一并传入中国始于19世纪70年代前后。鸦片战争后，国门洞开，西学东渐，一些开明学者逐渐认识到，西方强盛的原因不仅在于船坚炮利，还在于其政治制度。19世纪末，近代思

〔1〕 徐静村主编：《刑事诉讼法学》（修订本），法律出版社1999年版，第160页。
〔2〕 王亚新："刑事诉讼中发现案件真相与抑制主观随意性的问题——关于自由心证原则历史和现状的比较法研究"，载《比较法研究》1993年第2期。

想文化的启蒙者康有为、梁启超等也主张学习西方，谋求实行司法独立。康有为提出在君主立宪的前提下实行三权分立，要求"以国会立法，以法官司法，以政府行政，而人主总之，立定宪法，同受治焉"[1]，"夫国之政体，犹人之身体也，议政者譬若心思，行政者譬若手足，司法者譬若耳目，各守其官，而后体立事成"[2]，并认为如果中国也"行三权鼎立之制"，即"定立宪为国体，预定国会之期，明诏布告天下"，"则中国之治强，可计日待之"[3]。

清末，司法独立观念在中国得到了进一步的传播，从仅仅介绍西方三权分立思想到以该思想为指导，能较为明确分析立法、行政、司法三者之间的关系，并认识到司法独立的价值和意义。在变法修律过程中，仿照西方三权分立中司法独立原则与审判独立的有关规定，于 1906 年进行了官制改革，决定实行司法与行政分立，推行司法独立。出洋考察宪政五大臣在拟定的新官制中写道："首分权以定限，立法、行政、司法三者，除立法当属议院，今日尚难实行，拟暂设资政院以为预备外；行政之事，则专属之内阁各部大臣；司法之权，则属之法部，以大理院任审判，而法部监督之，故与政府相对峙，而不为所节。"[4]清政府由沈家本主持修律，编制了《法院编制法》及《各级审判厅试办章程》等司法组织法规，这是中国法制对司法独立的首次规定。清政府还遵循司法独立原则并以此为标准构建新的司法体制。

1912 年，中华民国南京临时政府成立，颁布《中华民国临时约法》，明确倡导司法独立，确定了三权分立的国家权力构成原则。立法、行政、司法三机构各有所司，独立行使各项权力。同时，三机构行使职权，又在一定程度上相互制约。为了保证司法独立，明文规定"法官审判，不受上级官厅干涉"，又规定"法院之编制，及法官之资格，以法律定之"，"法官在任中，不得减俸或转职，非以法律受刑罚宣告，或免职之处分，不得解职。惩戒条

---

[1] 康有为：《请定立宪开国会折》，收录于赖骏楠编著：《宪制道路与中国命运：中国近代宪法文献选编 1840—1949》（上卷），中央编译出版 2017 年版，第 101 页。

[2] 康有为：《请讲明国是正定方针折》，收录于汤志编：《康有为政论集》（上册），中华书局 1981 年版，第 262—263 页。

[3] 康有为：《请定立宪开国会折》，收录于赖骏楠：《宪制道路与中国命运：中国近代宪法文献选编 1840—1949》（上卷），中央编译出版 2017 年版，第 102 页。

[4] （清）载泽：《奏请宣布立法密折》，收录于中国史学会主编：《辛亥革命》（第 4 册），上海人民出版社 1957 年版，第 29 页。

规，以法律定之"[1]。1912 年至 1927 年的北洋政府时期，多数时间仿效欧美政治制度，标榜三权分立，法院自成体系，推行司法独立。根据 1914 年袁世凯公布的《中华民国约法》，立法权由立法院行使，司法权由法院行使，法院依法律独立审判民事诉讼、刑事诉讼。1923 年《中华民国宪法》确立司法独立原则，规定"法官独立审判，无论何人不得干涉之"[2]。《暂时法院编制法》规定，审判机构与检察机构各自独立行使职权，互不干涉。"检察厅对于审判衙门应独立行使其职务"，"检察官不问情形如何，不得干涉推事之审判或掌理审判事务"[3]。南京国民政府时期，借鉴西方三权分立原则，以孙中山提出的"权能分治""五权宪法"为理论基础进行法制建设，使立法、行政、司法相分离，同时增设考试、监察两院。1947 年《中华民国宪法》规定，法官须超出党派之外，依据法律独立审判，不受干涉。

1949 年以后，"司法独立"原则作为典型的资产阶级"旧法思想""旧法观念"而遭到批判。1951 年，中央人民政府委员会通过的《中华人民共和国人民法院暂行组织条例》所确立的司法体制，是一种司法从属于行政的体制，它规定下级人民法院的审判工作受上级人民法院的领导和监督；各级人民法院是同级人民政府的组成部分，受同级人民政府的领导和监督。新中国从法律上对司法独立原则的确认，始于 1954 年《宪法》，第 78 条规定"人民法院独立审判，只服从法律"，第 79 条规定"最高人民法院监督地方各级人民法院和专门人民法院的审判工作，上级人民法院监督下级人民法院的审判工作"，这是我国司法独立原则确立的开始。1982 年《宪法》第 126 条规定："人民法院依照法律规定独立行使审判权，不受行政机关、社会团体和个人的干涉。"2018 年 3 月 11 日第十三届全国人民代表大会第一次会议通过《中华人民共和国宪法修正案》后，宪法延续了这一规定，将之调整为第 131 条。

三、中西语境中内心独立的取向差异

中国当代法学，从近现代意义上的法学发展脉络来看，实在是西方法学

---

〔1〕《中华民国临时约法》，收录于赖骏楠：《宪制道路与中国命运：中国近代宪法文献选编 1840—1949》（上卷），中央编译出版社 2017 年版，第 355 页。

〔2〕 朱勇主编：《中国法制史》，法律出版社 1999 年版，第 521 页。

〔3〕 朱勇主编：《中国法制史》，法律出版社 1999 年版，第 549 页。

理论框架下的法学。所以无论是当前学界所研究的司法独立、内心独立，还是司法改革过程中所言说的司法独立、法官独立、内心独立，都是在西方法学理论语境下进行的。这就与本文介绍的以《折狱卮言》一书为代表的中国传统法律文化中的内心独立观念有着本质的差别。

西方法学语境中所言说的法官内心独立观念是在分权制衡学说的背景下提出的。启蒙运动时期，孟德斯鸠在总结和发展古希腊、古罗马分权思想的基础上，借鉴英国的实践经验，提出了完整的分权理论，即三权分立学说。这为司法独立思想提供了坚实的理论基础，并为以后资产阶级政权的建立勾勒出了基本框架。如今，综观资本主义主要国家，无不体现出分权学说对其的巨大影响。也正是因此，资本主义国家的司法独立思想在很大程度上都表现出了其同质性的一面，那就是赋予法官根据自己的知识和良知自由判断案件的是非并做出自己认为公正的判决的权利。

当前学界把审判机关的独立与审判人员的独立称为裁判官的"外部独立"，这自然是内心自由形成所必需的，而自由心证理论本身所要求的内核却是内心独立，可以把它理解为内心的自由，所以西方法学理论语境中的内心独立本质上指的是法官的内心自由。自由是西方思想启蒙以来学者关注最多的法律价值之一，然而无论是洛克、卢梭、孟德斯鸠还是近代学者，都曾论述过，自由并不是绝对的。卢梭说人生而自由，却无往不在枷锁之中。自由并不等于随心所欲，事实是每个人都不是自由的，无论是作为生物个体还是社会个体，人一生下来就是不自由的，无论他的身体还是他的心灵。一方面，人要受到客观条件的制约，他们会毫不自由地面对环境污染、衣食住行等生态条件，面对家庭背景、文化教育等社会条件。在其成长过程中，他们可以努力改善自己的生存条件，却不能超越其现实条件去随心所欲地发展个性，其行为必然要落入一定的约束之中，不能随心所欲。从这一方面来讲，人类自由是对自然规律、社会规律的认识、把握和利用。另一方面，人还要受到社会和主观因素的影响，如道德、法律，其他社会规范、社会舆论、内心的感受等社会或精神因素的制约。诚然，这种约束不一定都是正确的或者说合理的，也不一定都能达到理想结果，但无论其正误，个人自由都必然要受制于它们，"自由意志"总是要被社会与主观因素制约。

通常，学界在谈及法官的内心自由时往往容易产生误解，认为其是一种法官的自由权力，对程序公正造成了威胁。这正是由于在不同的学术语境之

下，对内心自由理念内在制约的忽略。也即，法官在按照内心自由进行是非评判过程中，必须受到普遍的社会意识和认识尺度的制约。从表面上看，法官似乎在完全按照自己的内心意志行事，是一种纯主观的行为，而实质上，其内心意志存在相当的客观性，其心证必须是在客观基础之上形成的，必须合乎普遍的思维逻辑。所以，可以认为，内心自由是一种相对自由，只有在法官的内心之中存在合乎规律的认知，其裁判才是绝对自由的。此即自由心证的绝妙之处。它通过这一机制克服了法官享有过度的自由裁量权的弊端，从而并未对程序公正造成任何威胁，反而成为程序公正的终极理想。

内心独立观念的确立，最终目的是公正。司法是维护个人权利的最后一道保障，它不仅关系到法律赋予公民的权利能否实现，还关乎人们的理念能否实现。司法的过程也是一种追求理性的过程，它追求的理性就是公正。虽然永恒的公正是不存在的，但是具体的公正标准的实现，只有通过一个大家公认的机关给予定位，才能为大家所接受，而这个机关就是司法机关。司法机关只有独立才可能使这项职权得以实现，其中法官独立是最为核心的，因为法官的独立性是其公正性的必要条件，离开了独立，公正就失去了保障。西方正义女神的双眼是用布蒙着的，正是象征着内心的公正不能为外界因素所干扰。关于这一点，无论是中国传统法文化还是西方法文化，都是共同的。中国传统法文化中往往将法比喻成水，认为水是最"平直"的。《说文解字》载："'灋'，刑也，平之如水，从水。"[1]西方则往往以天平来象征公正，如上述正义女神的形象就是一手执天平，一手执剑。这两种比喻也恰恰体现了中西法文化关于公正的取向差别：水和天平，前者注重的是事物本身内在的实体和谐公平，而后者则更看重为人设定的程序和制度。这恰恰是中国传统法文化中内心独立与西方法文化中内心独立的价值取向之不同。

西方法文化语境中所讲的内心独立是有前提的，即法官的内心深处必须已经形成了对法律的信仰。而且在西方，法官的独立性是为法律所明确规定的，从而成为一项基本的司法原则，是"程序的基础"。在整个审判过程中，法官保持独立和中立都是最基本的要求，法官遵守了这些要求，才使其所进行的审判符合公正的标准，该法官在该案中才是真正合格的法官。如果没有保持独立和中立，则不论裁判结果如何，该审判都是不公正的、不合法的，

---

〔1〕（汉）许慎：《说文解字》，中华书局1963年版，第202页下。

也不能够在当事人心中建立任何信任感。[1]所以在西方国家，想获得法官资格，是非常不容易的。在社会制度的安排中，法官承担着行使国家审判权的职责，作为一种法律职业，他并不代表个人，只能以最强有力的、不留情面的社会理智的面目一如既往地、警惕地站在行政机关和国民之间，裁决他们的行为在法律上的适当性。对于法官来说，其审判权来源于公众的授权，因而不应受任何个人或机构的直接活动的影响，他应超脱于各种关系而只具有审判功能，除了国家的法律，"不再有其他的法，也不需要其他的法，他的意志无非是关于法的科学的真理，他的行为无非是宣判。因此，他既没有权利也没有权力去实施强制，比任何自然的个人可能拥有的权利和权力要少得多"。[2]法官根据其内心确信所形成的认知也必须是在法律的基础之上的，因为作为一种自由裁量权，如果失去了法律的限制，它必将成为一种特权。"公正只有通过良好的法律才能实现"，正如法国思想家温斯坦莱所言："管理良好的国家的法律应该以正义的理智为基础，如果这一正义被否定，人民中间就没有法律可言，只有专横的权力了。"[3]

中国传统法文化中所言说的内心独立却并非如此，这一观念的提出不是源于对法律的尊持，而是源于裁判官的"青天"观念。中国古代的法律是一个充满等级色彩和公然承认特权的规则体系，权利和义务的差别是其最大的特点。比如历代法典都对特权阶级违法的处罚进行了特别的规定，西周便有"刑不上大夫"的规定，被奉为中国封建法典集大成者的《唐律》也规定，贵族、官员及其亲属犯罪，在法律上享有八议、上请、减、赎、官当、免官[4]等特权。由于身份和官品、爵位等级不同，所享受特权的范围也不一样，反映了封建法律所具有的公开不平等的特点。非但立法如此，司法也存在明显差别，最主要的体现就是讲人情。人情、关系和面子是衍生自传统中国文化的一套社会机制，这套机制蕴涵在中国的语言系统之中，经由社会化的历程代

---

〔1〕 参见张文显主编：《法理学》，法律出版社1997年版，第129页。

〔2〕 ［德］斐迪南·滕尼斯著，林荣远译：《共同体与社会》，商务印书馆1999年版，第318—319页。

〔3〕 ［英］温斯坦莱著，任国栋译：《温斯坦莱文选》，商务印书馆1982年版，第84页。

〔4〕 议、请，即明文规定贵族犯罪，必须要上奏朝廷，由皇帝酌情裁决；减，即一定级别的官吏及其亲属犯流罪以下减一等处罚；赎，即一定级别的官吏及其亲属犯流罪以下者可纳资顶罪；官当，即一定级别的官吏可以用官品抵罪；免，即一般的罪行可以得到合法的减刑，甚至赦免。

代相传。在传统中国社会里，维系社会架构的主要经济活动是农业生产，家庭是最基本的社会单位，个人和他的家庭定居在一定的土地之上，在这样的社会背景下，受儒家伦理之影响，发展出了一套以"情"为中心的行为规范。法官当然也置身于这样的"情理场"中，这种在"法律层面"和"社会层面"之间隐含的对立和冲突，使得法律在更大程度上被束之高阁，正式的法律规则在人情的"蚁穴工程"中变得千疮百孔，而那些很少形诸文字的非正式"人情规则"总是"深入人心"，大行其道。在这样一个不可预知的关系之中，平常百姓或者说小民必然处在一种劣势的地位，他们不能主宰自己的命运，更不能诉诸法律来获得保护，而只能乞求手执尚方宝剑的"青天"。于是他们设计了自己心中"青天"的形象，那就是在每一矛盾关系当中，裁判官首先要认为弱者是正确的、无辜的、需要帮助的、应该替他主持公道的。所以当对簿公堂的双方在经济地位、身份等方面存在差别的时候，裁判官偏向弱势一方才被世人认为符合"青天"的要求。在"青天"的观念中，凡民和官的对抗，官都是错的，凡富与贫的对抗，富都是错的。中国古代的士人偏偏又笃好声名，都想做流芳千古的"青天"，包拯、海瑞都是如此。在这样的观念中生活的所有人，包括裁判官和普通民众，无一例外地处于它的风气之下，并在有意无意当中受到它的诱导、制约和支配。但是在各种"公案"被广为传颂的背后，又有多少错案淹没于"青天"的声名之下？也正是为了避免这一缺陷，陈氏才提出内心独立的观念。裁判官要独立于"喜、怒、哀、惧、爱、恶、欲"等情绪之外，做到对别人的喜、怒、哀、乐无动于衷，才能心无旁骛，也就是内心自由。

那么，中国传统法文化中所讲的裁判官内心独立是不是彻底和绝对的呢？如果不是的话，那这种约束又是什么呢？当然存在约束，这种约束就是道德。如果说西方法文化中所讲的内心独立是建立在对法律信仰的基础之上的话，那么中国传统法文化中所讲的内心独立就是建立在对道德尊崇的基础之上的。所以我们针对上述分析与比较给出一个简短的结论：无论是中国传统法文化还是西方法文化，内心独立的提出都是为了实现公正。但二者之间的差别就在于西方法文化语境中的内心独立是法律取向的，而中国传统法文化语境下所讲的内心独立是道德取向的，这也恰恰体现了中国传统法文化与西方法文化的核心差异。

正如前文所言，当前中国，无论是学术界对司法独立的研究，还是国家司法改革中对司法独立的实践，都或多或少地受到西方理论影响。但在这一过程中所遇到的阻碍与困惑使我们不得不反思中国社会现实与西方社会的差异，反思法制与法学中国化过程中的问题。陈氏在《折狱卮言》中主张的裁判官内心独立思想不但在古代司法过程中有重要意义，也为我们今天的法律研究与实践提供了一种思路。

清代州县官司法对民间信仰的主导、借用与转化

——对《鹿洲公案》中假神断狱现象的功能性解读 *

中文摘要：通过"聆听"神明的意旨来决定或者影响人的选择，是早在初民社会时就已经出现的一种社会现象。这种社会现象由最初的偶然事件逐渐发展成为一种习惯，甚至成为一种制度。将这种方式引入到诉讼案件的审理过程中，就出现了神明裁判，历史上的很多国家和民族还形成了神明裁判制度，作为一种法定程序成为审理案件特别是疑难案件的重要方法。在清代基层司法实践中，受到儒家道统思想的影响，司法官根据国家祀典对不同神祇的规定以及社会教化的需要，分别采用主导、借用与转化的方式来运用神明裁判这一断案形式，已达到国家"神道设教"的初衷。

关键词：神明裁判；民间信仰；主导；借用；转化

一、《鹿洲公案》与假神断狱

神明裁判这种审断案件的模式在漫长的社会发展进程中不断发生分化，一方面，它为现实社会中的权威所利用，成为其维护权力或者解决问题的工具，从而实现了从神到人权威角色的悄然转换；另一方面，它逐渐泛化为人们乃至一个社会的心理，成为一种模糊的信仰，使人们在遇到纠纷或不平的时候相信冥冥之中自有一种主宰来维持公道。在历史上，这两点往往同时被案件审理的权威综合运用，成就了一个个"青天"的断案传奇，为世人所津

---

* 本文曾发表于《宗教学研究》2020 年第 4 期。

津乐道而不断传唱。清代经世名吏蓝鼎元在潮阳、普宁二县为官时就曾留下了不少这样的名案，其所著《鹿洲公案》中就记载了几则具有代表性的假神断狱的案例。

《鹿洲公案》是古代公案的代表作。与其他许多公案小说多为文学加工的虚构故事不同，《鹿洲公案》是蓝鼎元在狱中记录的他在任潮阳、普宁两县县令时的办案经历，实际上是一部审案实录，当时书商为了销售才把内容编成公案小说的形式。正因为它的纪实性，《四库全书》编纂者才把它收入"史部传记类"。所以说，《鹿洲公案》中所载二十余案，基本反映了清初中期南方海疆社会的司法现实。本文选择其中三则案例来分析当时地方官对于假借神鬼断案的态度和方式。

案例一：《幽魂对质》。江罗两姓与杨姓族人为争水源发生械斗，致死人命。蓝鼎元庭审未果，便假借城隍神审明了案件。[1]

案例二：《三山王多口》。原告贪图钱财，匿女再嫁，反诬其婿害命。蓝鼎元通过多方访查和案件推理，利用当地对三山国王的信仰，假借三山国王之口，查明了真相。[2]

案例三：《邪教惑民》。潮俗好鬼神，从世家贵族到平民百姓，烧香

---

[1] 居数日，凄风惨淡。漏下人寂，余呼两造齐集，谓之曰："杀人偿命，古今不易。汝等清夜自思，设汝被人杀死，而人不偿汝命，汝为冤魂，能甘心乎？汝等所希冀徼幸，不肯招承者，以无人指质耳，我已牒城隍尊神，约于令夜二更，提出杨仙友鬼魂，与汝质对。汝等虽有百喙，亦难以掩饰矣。"命隶役分摄诸人，随诣城隍庙。鸣钟鼓，焚香再拜，起坐堂皇。先呼杨仙友鬼魂上堂听审，凭空略问数语，谓阶下诸人曰："杨仙友在此，欲与汝等对质。汝等举头观之，此以手捧心、血染红衣者是已。"众人或昂首而观，或以目窃睨，惟罗明珠、江子千、江立清三人低首不视，若弗闻也。余即呼罗明珠至，正言曰："仙友在此，欲汝还其一命，汝尚何推诿哉？"明珠骇颤，良久不能答。余曰："汝平日利口狡赖，今仙友冤魂在兹，汝则不敢置喙，其为汝杀死无疑。"（清）蓝鼎元：《蓝公案》，远方出版社 2007 年，第 31 页。

[2] 余终疑陈阿功，所卖较成机局。而阿功刁悍，阿居幼小，皆难于刑讯。思南人畏鬼，当以言试之。召两造谓曰："汝两家俱无确证，难定是非。既道经庙前，则三山国王必知。汝等且退，待我牒王问虚实，明日再审。"越次日，直呼陈阿功上堂，拍案骂曰："汝大非人类，匿女改嫁，且听信讼师，欲以先发制人，汝谓人可欺乎？人可欺天不可欺，举头三尺有神明，三山国王告我矣，汝尚能强辩乎？汝改嫁何人？在于何处？得价几两？我俱知之。汝不赎还，今夹汝。"阿功俱不能答，伏地叩头求宽。余曰："赎还，宽汝。"阿功曰："是也。为穷饿所驱，嫁在惠来县李姓者，聘金三两。愿鬻牛以赎之。"即将陈阿功痛杖三十，枷于市，命之曰："赎还，释汝，不赎不还，枷死乃已。"于是阿功使其妻王氏，往惠来求赎。李姓勒令倍偿财礼。（清）蓝鼎元：《蓝公案》，远方出版社 2007 年，第 133 页。

拜佛，不绝于途。有妙贵仙姑、笔峰相公假托神佛，宣扬后天教，书符画咒，骗人敛财。蓝鼎元设法揭露了这一诬世惑民的罪行。[1]

综观上述三案，皆涉及神明，但蓝鼎元对于三案中神明的态度却不同。第一则《幽魂对质》中，神明为城隍，蓝鼎元的态度是"鸣钟鼓，焚香再拜，起坐堂皇"，也即按照祭祀的礼仪，鸣钟击鼓，焚香告拜，整个过程举止规范，严肃认真。第二则《三山王多口》中，神明为三山国王，蓝鼎元的态度是"思南人畏鬼，当以言试之"，"人可欺天不可欺，举头三尺有神明，三山国王告我矣，汝尚能强辩乎?"首先给三山国王的定位是"思中之鬼，言下之神"，没有了对待城隍的恭敬诚谨，一句"三山国王告我矣"便完成其神明的使命。第三则《邪教惑民》中的妙贵仙姑、笔峰相公宣扬后天教，周围几个县的百姓"笃信其术，举国若狂"，影响不可谓不大，但蓝鼎元的态度是"造其居，排其闼，擒妙贵仙姑，穷究党羽"，"满杖大枷""裂肤碎首"。三则案例中，蓝鼎元对待不同神明的态度差别巨大，与清代国家祀典及蓝鼎元道学家身份密切相关。

二、对祀典神祇的塑造与主导

第一则案例中，江罗两家与杨家为争夺水源而发生了械斗，出了人命案。类似因为水源等生存要素而发生大规模械斗的情形在当时当地非常普遍，可以说是一个具有普遍性的社会问题。家族之间，尤其是客家人与土著民之间，经常因为争夺水源、田地等发生大规模的械斗，有时候参加人数上千。像这样的械斗案件，由于参加人数众多，又涉及整个宗族，有时官府也很难处理。当时办这种案子，一般有两种方案，一种称为"红血"，一种称为"白血"。

----

[1]　余乃亲造其居，排其闼，擒妙贵仙姑，穷究党羽。则卧层之中重重间隔，小巷密室，屈曲玲珑，白昼持火炬以入，人对面相撞遇，侧身一转，则不知其所之，但藏奸之薮也。余不敢惮烦，直穷底里。于仙姑卧榻之上，暗阁幽密之中，擒获姚阿三、杨光勤、彭士章等十余人。复于仙公卧房楼上搜出娥女娘娘木印、妖经、闷香、发髻、衣饰等物，尚不知其何为者。余追捕仙公益力。势豪知不可解，因出胡阿秋赴讯。夹鞠之下，神奇百出。其实无他技能，惟恃闷香、衣饰，迷人耳目而已。……余体恤民情，为息事宁人之计，凡所供之姓名，一尽烧灭免究。将林妙贵、胡阿秋满杖大枷，出之大门之外，听万民嚼齿唾骂，裂肤碎首，并归仙籍。……籍其屋于官，毁奸窦，更门墙，为棉阳书院，崇祀濂、洛、关、闽五先生，洗秽浊而清明。（清）蓝鼎元：《蓝公案》，远方出版社2007年版，第25页。

如果官府把所有凶犯统统抓起来，依法从重惩处，就是"杀人偿命、伤人抵罪"，叫作"红血"；官府令被捕获的凶犯罚以重金，补偿对方死伤者，如有在逃的凶犯，责令本族代出"花红"，补偿死伤者，叫作"白血"。如果都按照"红血"来办，往往会造成一方民生凋敝、农事俱废，所以，地方官更热衷于以"白血"的方式处理此类案件。地方官往往通过罚金的方式了结此类案件的另一重要原因是械斗现场混乱，参与人数众多，真相难以查清楚。

面对江罗两家与杨家的械斗案，蓝鼎元没有选择息事宁人，而是坚持查明真相。在通过正常办案途径陷入困境时，蓝鼎元选择了假神断狱。通过城隍的"帮助"，被害人的鬼魂现身公堂，蓝鼎元利用推理的方式，借助鬼魂之口，终于查明了真相，找到了杀人元凶。

蓝鼎元假借神明，拘来冤魂对质，首问城隍。其实，明清时期地方官借助城隍审断案件的事例比比皆是，这一现象在很大程度上缘于城隍的特殊身份。《说文解字》载："城，以盛民也。"又载："隍，城池也，有水曰池，无水曰隍。"[1]隍最早指的就是田间沟洫，城隍也就是护城河。城隍最早被赋予神性，源于自然崇拜，并无人格化的神祇。关于城隍祭祀的记载，史有"尧祭八蜡"之说。《礼记》载："天子大蜡八。伊耆氏始为蜡。蜡也者，索也；岁十二月，合聚万物而索飨之也。""大蜡八"为天子岁终之祭，所祭者八位神灵，其中第七为"坊与水庸"。孔颖达解释说："坊者，所以蓄水，亦以障水，庸者，所以受水，亦以泄水，谓祭此坊与水庸之神。"[2]清人孙承泽于其《春明梦余录》中对这一问题进行了考证，认为："《记》曰：天子大蜡八，伊耆氏始为蜡。注曰：伊耆氏，尧也。盖蜡祭八神，水庸居七。水则隍也，庸则城也，此正城隍之祭之始。"[3]赵翼《陔余丛考》亦载："王敬哉《冬夜笺记》谓：城隍之名，见于《易》，所谓'城复于隍'也。又引《礼记》天子大蜡八，水庸居其七，水则隍也，庸则城也，以为祭城隍之始。固已，然未竟名之为城隍也。"[4]可见，作为一种自然神崇拜，城隍信仰现象很早就出现了。

---

〔1〕（汉）许慎：《说文解字》，中华书局1963年版，第288页、第306页。
〔2〕（汉）郑玄注，（唐）孔颖达疏：《礼记正义》，北京大学出版社1999年版，第802页。
〔3〕（清）孙承泽：《春明梦余录》，北京古籍出版社1992年版，第17页。
〔4〕（清）赵翼著，栾保群、吕宗力校点：《陔余丛考》，河北人民出版社1990年版，第635页。

据赵翼考证，"城隍之祀盖始于六朝也，至唐则渐遍"。[1]《太平广记》记载，唐开元间，"吴俗畏鬼，每州县必有城隍神"。[2]唐时许多著名文人，如张九龄、李白、韩愈、杜牧等，都撰写过"祭城隍文"或兴修城隍祠庙的"碑记"，可知唐代城隍信仰已经较为普遍，但多处于民间私祀或地方官灵活掌握的层面，并未正式列入国家祀典。李白在其为鄂州刺史韦公所作《德政碑》中赞颂了韦公遇"大水灭郭，洪霖注川"之水患，"抗辞正色"而言于城隍："若一日雨不歇，吾当伐乔木，焚清祠。"俨然一副声色俱厉、威胁命令的口气。当中使奉命祭祀城隍时，韦公又盱衡而称曰："今主上明圣，怀于百灵，此淫昏也鬼，不载祀典，若烦国礼，是荒巫风。"李白称"其秉心达识，皆此类也"。[3]可见当时城隍信仰多集于民间，士大夫多是"存而小之"，更未入国家祀典之内。

虽然唐代城隍之祀未入祀典，但韩愈对待城隍的态度成为影响蓝鼎元的一个直接渊源。公元819年，韩愈因进谏反对迎佛骨触怒了皇帝，被贬到潮州作刺史。他在潮州为官只有八个月，却能努力改善民生、驱赶鳄鱼、兴修水利、兴办教育，做出了很大的功绩。韩愈也因为在潮州为民造福而被潮州人世世代代纪念，被称赞"功不在禹下"。所以，韩愈历来被潮人奉为"为官楷模"，蓝鼎元在潮为官，自然也会以韩愈为榜样。再者，韩愈是道学家的一面旗帜，而蓝鼎元则是清初道南理学的重要代表人物，可谓一脉相承。韩愈曾作《潮州祭城隍神文》，对城隍神礼遇有加，蓝鼎元对韩愈自然心从口追。

从先秦至唐，城隍崇拜经历了一个从自然神崇拜到人格神崇拜的转化过程，其神格与职能也随之从保佑风调雨顺、丰收岁稔的简单功能逐步扩展为保境安民、祛病除灾、降妖伏魔、神断冤狱等包罗万象的综合功能。

至宋代，城隍祭祀进入国家祀典，《宋史》载："自开宝、皇佑以来，凡天下名在地志，功及生民，宫观陵庙，名山大川，能兴云雨者，并加崇饰，增入祀典，州县城隍，祷祈感应，封赐之多，不能尽录。"[4]城隍祭祀等级逐步提

---

〔1〕（清）赵翼著，栾保群、吕宗力校点：《陔余丛考》，河北人民出版社1990年版，第792页。

〔2〕（宋）李昉编撰，墨香斋译：《太平广记》卷第三百三《神十三·宣州司户》，中国纺织出版社2015年版，第267页。

〔3〕（清）王琦注：《李太白全集》卷二十九《天长使鄂州刺史韦公德政碑并序》，中华书局1977年版，第1362页。

〔4〕（元）脱脱等撰：《宋史》卷一百五《礼志八》，中华书局1977年版，第2561页。

升，时人赵与时称"其祀几遍天下，朝家或赐庙额，或颁封爵"。[1]宋代或已有官员莅任三日例谒城隍的规定。明叶盛《水东日记》在"城隍神"条中记载："范文甫尝问于程伊川，到官三日例谒庙。伊川曰：'正如社稷先圣，又如古贤哲谒之。'又问城隍如何，曰：'城隍不与土地之神，社稷而已。'"[2]《二程遗书》中也有此记载。程颐时之大儒，道学纲领，以城隍比之社稷，亦可见当时城隍的"神级"之重。陆游甚至认为城隍祭祀之重更在社稷之上，他指出："唐以来，郡县皆祭城隍，今世尤谨。守令谒见，仪在他神祠上。社稷虽尊，犹以令贰从事。至祈禳报赛，独城隍神而已。"[3]元时，城隍神由于受到皇帝的封赐而更为官民所重。至元四年（1267年），元世祖始城大都，立宗庙社稷，至元七年，刘秉忠等向元世祖建言，"大都城既成，宜有明神主之，请立城隍神庙"，得到了皇帝的批准，并封城隍神为"佑圣王"。自此以后，"自内廷至于百官庶人，水旱疾疫之祷，莫不宗礼之"。天历二年（1329年），元文宗加封大都城隍神为"护国保宁王"，夫人为"护国保宁王妃"。[4]在中央王朝的倡导之下，各级地方纷纷建立城隍祠庙，以至于"自天子都邑，下逮郡县，至于山夷海峤、荒墟左里之内，无不有祠"。[5]

迨至明清，城隍被塑造成与现实世界府州县地方官相对应的神统世界的各级主官，成为政治统治的重要内容。《明会典》载："普天之下，后土之上，无不有人，无不有鬼神。人鬼之道，幽明虽殊，其理则一。故天下之广，兆民之众，必立君以主之。君总其大，又设官分职于府州县以各长之。各府州县，又于每一百户内设一里长以纲领之。上下之职，纲纪不紊，此治人之法如此。天子祭天地神祇及天下山川，王国各府州县祭境内山川及祀典神祇。庶民祭其祖先及里社土穀之神。上下之礼，各有等第，此事神之道如此。"[6]

〔1〕（宋）赵与时：《宾退录》，收录于《宋元笔记小说大观》（第4册），上海古籍出版社1983年版，4222页。

〔2〕（明）叶盛撰，魏中平校点：《水东日记》卷三十《城隍神》，中华书局1980年版，第296页。

〔3〕（宋）陆游：《宁德县重修城隍庙记》，收录于《全宋文》（第223册），上海辞书出版社2006年版，第82页。

〔4〕（元）虞集：《大都路城隍庙碑》，收录于《全元文》（第27册），凤凰出版社2004年版，第207页。

〔5〕（元）余阙：《安庆城隍显忠灵佑王碑》，收录于《全元文》（第49册），凤凰出版社2004年版，第170页。

〔6〕（明）申时行等：《（万历）明会典》卷九十四，上海商务印书馆1936年版，第15页。

地方官对于百姓而言是现实世界的管理者，城隍既是冥界幽司之官，又是现实世界人民精神的管理者，通过树立城隍的权威，从而实现对社会的深度控制，甚至实现对地方官的制衡，逐渐成为统治者控驭州县的手段。

清代的城隍祭祀大体延续了明代的体制，虽然城隍没有像明代那样得到皇帝的特殊关注，而且在清代祀典中，大祀十三，中祀十二，群祀五十三，城隍只是位列"群祀"，法定地位不算高，但对于地方官而言，城隍是非常重要的神祇之一，大概除了先师孔圣，就要数城隍了，这一点在清人大量的官箴中反映得很多。地方官从走马上任开始，就要与城隍"共宰一邑"，关系重大，敬神活动的仪式感也非常强。此外，城隍信仰也逐渐呈现出社会化的倾向，成为一个全社会的精神现象。同时，随着城隍信仰社会覆盖面的扩大，城隍的职能也日益丰富，从护城保民逐步升级为祛灾除患、祈晴求雨、督官摄民、执掌仕禄、审理冤狱等无所不能的全能神。通过历代的塑造，城隍实际已经成为官方量身定制的代言人，借助城隍实现社会治理特别是基层社会治理逐渐成为王朝特别是地方官的基本"套路"。

在这样的历史背景和政治背景之下，蓝鼎元借助城隍的影响力，成功审断疑案，自是情理之中。蓝鼎元作为清初道南理学的重要代表人物，自然对正统神明礼敬有加，才会"鸣钟鼓，焚香再拜，起坐堂皇"，他这样做一是因为祀典所载、《仪注》明文，二是因为他必须通过这种方式来加强城隍在民众心中的至高权威，从而更好地发挥城隍的政治控制与社会治理功能。郑板桥曾经把这一关节委婉地表达了出来，他在知潍县事任内曾修葺过潍县的城隍庙，撰过一篇《城隍庙碑记》，在其中他说道："四海之大，九州之众，莫不以人祀之；而又予之以祸福之权，授之以死生之柄；而又两廊森肃，陪以十殿之王；而又有刀花、剑树、铜蛇、铁狗、黑风、蒸镉以惧之。而人亦衰衰然从而惧之矣。非唯人惧之，吾亦惧之。每至殿庭之后，寝宫之前，其窗阴阴，其风吸吸，吾亦毛发竖栗，状如有鬼者，乃知古帝王神道设教不虚也。"[1]对于第二则案例中的私祀之神，蓝鼎元就没有那么客气了。

三、对民间私祀的宽容与借用

第二则案例中，原告陈阿功贪图钱财，匿女再嫁，反诬其婿害命。蓝鼎

---

[1] 王咏诗：《郑板桥年谱》，文化艺术出版社 2014 年版，第 133 页。

元多方查访，细密推理，得出真相。在没有证据支持的情况下，再次借助神明之力，使真相大白，为非者认罪。同样是假神断狱，与"夜审冤魂城隍庙"相较，两案审理具体情形又多有不同。从案件审理地点来看，案例一是带领三班衙役和当事人一并赶往城隍庙，而案例二的审理则是在县衙完成的；从时间来看，案例一是在夜半时分，案例二则是"越次日"；从程序来看，案例一中，蓝鼎元先是行文城隍，约请拘来冤魂对质，又带领众人亲谒城隍庙，"焚香再拜"，场面庄严肃穆，而案例二中，蓝鼎元只是对两造说"待我牒王问虚实"而已，甚至没有任何仪式化的表达。从两则案例假神过程的比较来看，蓝鼎元对待城隍与三山国王的态度存在较大的差异：对待城隍礼敬有加，仪式感强烈，其中缘由前文已经述及，而对三山国王之所以表现出如此差异，则与三山国王的"身份"存在直接关系。

所谓三山国王，宋元以前不见史传，宋元以降，所见文字亦多为口耳传说，所以说三山国王信仰的起源，缺乏足够的信史可考。最早对三山国王进行详细梳理的文献是元人刘希孟所作《潮州路明贶三山国王庙记》（以下简称《庙记》）。至顺三年（1332年），潮州路总管王元恭请翰林国史编修刘希孟撰《庙记》，对三山国王的发展源流第一次进行了详尽梳理，后世学者对于三山国王的起源与发展的认知基础主要是这篇文献。当时或有信史为依凭，但是可以从《庙记》的语言中明显感受到民间传说与文学修饰的元素。

《庙记》中所记韩昌黎"命属官以少牢致祭"，即为韩愈治潮时对域中界石神的一次致祭。韩愈《潮州祭神文五首》中有一篇祭文所指的正是这件事：

> 维年月日，潮州刺史韩愈，谨遣耆寿成，以清酌少牢之奠，告于界石神之灵曰：惟封部之内，山川之神，克麻于人。官则置立室宇，备具服器，奠飨以时。淫雨既霁，蚕谷以成。织妇耕男，忻忻衍衍。是神之麻庇于人也，敢不明受其赐！谨选良月吉日，斋洁以祀，神其鉴之。尚飨。[1]

后人多依《庙记》所言，认为这就是韩愈致祭三山神的明证，鲜有质疑者。虽然《永乐大典》中对于此处的题注有"或言即三山国王"[2]的猜测，

---

〔1〕（唐）韩愈撰，马其昶校注，马茂元整理：《韩昌黎文集校注》，上海古籍出版社1986年版，第320页。

〔2〕（明）解缙等编：《永乐大典》（第6函第59册），中华书局1960年版，第2页。

但依祭文文意，界石神似为山神或社神，是不是确定无疑地指向三山国王信仰，是值得进一步考证的。考察唐代史料，三山神信仰并无官方祀典之载，也没有官方致祭的记录。假设真如《庙记》所载，三山神"肇迹于隋，显灵于唐"，三山神信仰早在隋唐时期即已出现，应该也只是民间私祀而已。

再据《庙记》所载，三山神曾助宋太祖使錡兵败北，一平南海，又助太宗征太原，故宋代加封三山神为国王，"诏封明山为清化盛德报国王，巾山为助政明肃宁国王，独山为惠威弘应丰国王。赐庙额曰明贶，敕本部增广庙宇，岁时合祭"。迨至仁宗明道中，复加封"广灵"二字。若依据《庙记》所载，宋代对于三山神的尊崇应该是空前提升，国家祀典与其他文献中应该多有记载，但从现存文献来看，并未见到佐证，颇为蹊跷。唯《宋会要辑稿》中有一条文献记载："三神山神祠，在潮州，徽宗宣和七年八月，赐庙额明贶。"然《宋会要辑稿》为清人所作，当时是否有官方文献作为依据，抑或是同样受到了刘希孟《庙记》的影响，也未可知。

《庙记》《宋会要辑稿》言之凿凿，宋代赐封之载应有其事，但似乎并未像后人所描述的那样影响巨大。在宋代开发南方沿海的进程中，最常用的做法之一就是赐封当地百姓尤其是土著百姓信奉的各路神明，借助民众的信仰实现民众的归化，被赐封的神明就成为官方控制力的一种精神象征。如对于福建湄洲林默娘的加封，也就是妈祖，宋以来官方先后加封36次，最早一次在宋宣和五年（1123年），宋徽宗赐"顺济庙额"。所以对三山神"赐庙额明贶"也应该是类似情形，大抵为皇帝偶有所感而即兴颁赐，加之北宋旋即灭亡，此事便荒于无闻，并未正式将三山神纳入国家祀典。故从法律意义上而言，三山神仍为民间私祀。明清两代，三山神依然没有得到官方的正式认可，只是刘希孟《庙记》和关于三山神的诸多传说在《潮州府志》《揭阳县志》等各类地方志中被反复传抄，内容大同小异。正如清人张心泰所言："他若广州祀金花夫人，潮祀三山国王，皆不经之祀。"[1]

刘希孟《庙记》所勾勒出的关于三山神"肇迹于隋，显灵于唐，受封于宋"的故事，旨在树立三山神的官方正统性，最终目的还是通过神明来教化世人。官府与士大夫之所以搜罗比附，费尽笔墨来塑造一位正统的神作为传输主流思想的媒介，其中一个重要的原因就是潮人"信鬼而好祠"。所以，历

---

〔1〕（清）张心泰：《粤游小志》卷九，光绪十七年《小方壶斋舆地丛钞》版，第九帙，第304页。

代治潮，官府与士大夫对于民众的信仰一直坚持利用与整治交织的原则。对于有助于传输正统思想和社会治理的神祇均大加推崇，而对于破坏社会风气乃至秘密宗教则予以严厉打击。《韩昌黎文集》中便有韩愈治潮时所作《潮州祭神文五首》。韩愈自治潮以后，在潮州逐步成为代表正统文化的士大夫的典型象征，以至于文公影响所及，山河易名，江为韩江、山为韩山。潮人崇敬韩愈，也如同敬神一般。苏轼在《潮州韩文公庙碑》中写道："始潮人未知学，公命进士赵德为之师，自是潮之士，皆笃于文行，延及齐民，至于今，号称易治。信乎孔子之言：'君子学道则爱人，小人学道则易使也。'"一句"小人学道则易使也"便把其中道理说得再明白不过。苏轼也指出："潮人之事公也，饮食必祭，水旱疾疫，凡有求必祷焉。"[1]所以韩愈并没有一味地向民众推销道学，而是因俗而化之，其中就包括借助于潮人笃信鬼神的特点而对各神祇的功能进行了有效转化，使之服务于宣扬正统、规范社会的需要。这一观念和做法行之有效，潮俗大化，甚至被称为"海滨邹鲁"，以至于潮人把韩愈也塑造成了一位神来崇敬。

与此同时，官方与士大夫对于淫祠淫祀则进行了严厉打击。明清两代都曾轰轰烈烈地推行禁毁淫祠行动，诸多学者信心满满地用这一论据来反推三山神的国家正统性，即由于三山神崇拜没有受到毁淫祠行动的冲击，就推论出官方必然承认三山神具有合法的地位。但这一结论实际上忽略了祀典神祇与淫祠之间存在的一个宽阔的模糊地带，或者说缓冲地带，这就是民间私祀。

《明史》载："洪武元年，命中书省下郡县，访求应祀神祇。名山大川、圣帝明王、忠臣烈士，凡有功于国家及惠爱在民者，著于祀典，令有司岁时致祭。二年，又诏：天下神祇，常有功德于民，事迹昭著者，虽不致祭，禁人毁撤祠宇。三年，定诸神封号，凡后世溢美之称皆革去。天下神祠不应祀典者，即淫祠也，有司毋得致祭。"[2]这实际指向了三个层面。洪武元年（1368年）之命，旨在匡正祀典，依照"有功于国家及惠爱在民"的原则，当清减的前代祀典之神则清减之，当增入祀典的神祇则增入之，凡入祀典之神，则具有了法定的神格，各相应岁时致祭。洪武三年（1370年）之命，则

---

〔1〕（宋）苏轼：《潮州韩文公庙碑》，收录于（唐）韩愈撰，马其昶校注，马茂元整理：《韩昌黎文集校注》，上海古籍出版社2014年版，第845页。

〔2〕（清）张廷玉等撰：《明史》卷五十《礼四》，中华书局1974年版，第1306页。

旨在明确不应祀典之谓淫祠，凡淫祠，则禁之。洪武三年六月甲子，朱元璋下令禁淫祠，制曰："朕思天地造化，能生万物而不言，故命人君代理之。前代不察乎此，听民人祀天地，祈祷无所不至，普天之下，民庶繁多，一日之间祈天者不知其几，渎礼僭分莫大于斯。古者天子祭天地，诸侯祭山川，大夫士庶各有所宜祭，礼部其定议颁降，违者罪之。"〔1〕官方对于祀典与淫祠的态度非常明确，关键是洪武二年（1369 年）之命，"天下神祇，常有功德于民，事迹昭著者，虽不致祭，禁人毁撤祠宇"，这就为祀典与淫祠之间留出了一个缓冲地带。

明清两代，特别是明弘治到清初期，禁毁淫祠行动轰轰烈烈，高潮迭起。自从洪武三年发布《禁淫祠制》后，各地官员禁毁淫祠行动逐渐增多，至明代中期，复兴正统、积极用世的思潮在士大夫中间的呼声益高。遍观《明史》，禁毁淫祠之事颇多，地方官禁毁淫祠的行动不胜枚举。但禁毁淫祠主要是为了实现正统儒学"以文德治天下，以教化兴太平"的目标，所以对于淫祠的认定主要以是否有助于宣扬教化、导民向正为标准，禁毁对象集中在巫师邪术、神鬼惑民之类，而对于虽未入祀典但实有功于国治民风的祠宇并未一律按照淫祠来对待，也即朱元璋所谓"虽不致祭，禁人毁撤祠宇"之类。清代大致也秉持了这一原则，将此类神祇置于放任发展的政策之下。乾隆元年（1736 年）五月十七日上谕："闻吴下风俗，笃信师巫，病不求医，惟勤祷赛。中产以下，每致破家。病者未必获痊，生者已致坐困。愚民习而不悔，尤属可悯。地方官亦当曲加训诲，告以淫祀无福，严禁师巫，勿令蛊惑，亦保民之一端也。凡此皆不用严峻迫切，立法繁苛，反致扰民。惟诚心训谕，渐以岁月，自应迁善而不自知。"〔2〕可见明清时期，对于无害国计民生的民间私祀是抱以宽容态度的，这也是三山国王庙宇在明清声势浩大的禁毁淫祠运动中得以保存无虞的关键所在。

官府与士大夫对于民间私祀给予了足够的宽容态度，必然也会通过民众对此类神祇的信仰来宣扬忠敬思想，使民迁善去恶。蓝鼎元作为地方官和士大夫的代表，自然身体力行，在地方社会治理过程中，对于民间私祀功能予以适当"假借"自是应有之义。蓝鼎元在案件审理过程中，"思南人畏鬼，当

〔1〕《明太祖实录》卷五十三，洪武三年六月甲子，上海书店出版社 1984 年版，第 1037 页。
〔2〕《清高宗实录》卷十九，乾隆元年五月庚戌，中华书局 1985 年影印版，第 9 册，第 470 页。

以言试之",体现出了对待三山国王与城隍截然不同的态度：对于国家祀典的城隍，是亲谒城隍、焚香再拜、祷词庄敬，十分虔敬与礼遇，而对于民间私祀三山神则仅是"待我牒王问虚实""三山国王告我矣"等口头文章。但是，对于当事人乃至所有人而言，蓝鼎元的一次"假借"造就了一次三山国王的"显灵"，民众对于三山国王的信仰愈加深切，同时还使民众确信现实中的官是可以和他们所信仰的神互相沟通的，从而使现实的官以及他所代表的公权力也有了神性，获得了权威。在这一过程中，神祇成为国家力量通往民众心灵的桥梁，国家所倡导的正统观念、忠孝文化、社会秩序等也一并通过这座桥梁进入民众的心中。

四、对淫祠淫祀的禁毁与转化

第三则案例中，对于不法之徒妄称妙贵仙姑、笔峰相公，假托神佛，宣扬后天教，书符画咒、骗人敛财的行为，蓝鼎元给予了无情的打击。这既是历代官方对待巫鬼淫祀的一贯态度，也是士大夫所秉持的基本理念。上古民神杂糅，天下多乱，故圣人割断人神。自"绝地天通"后，国家祀典掌于秩宗，厘然不紊。"春秋以降，阴阳家言，风靡一世。其别有五：曰天道、曰鬼神、曰灾祥、曰卜筮、曰梦。而鬼神之说尤盛。以故淫祀渐兴，如钟巫、冈山、炀宫、实沈、台骀、次睢之社等，不可枚举；裨灶、梓慎之流，大扬其波。虽有孔子、子产之力持正论，不足以辟之也。"[1]虽圣人之不能辟之，可见淫祀之泛滥，可见民众对于巫鬼笃信之深。历朝禁淫祀之制、历代禁淫祀之事不绝于史。

自"绝地天通"，民不可滥祀，即有禁淫祀之制，《礼记》所载甚明。先秦有西门豹制邺除巫，可知自古禁淫祀、正风俗为治理基层社会之要案。《汉书》载："天子祭天下名山大川，怀柔百神，咸秩无文。五岳视三公，四渎视诸侯。而诸侯祭其疆内名山大川，大夫祭门、户、井、灶、中雷五祀。士庶人祖考而已。各有典礼，而淫祀有禁。"[2]汉平帝元始元年，"置羲和官，秩二千石；外史、闾师，秩六百石"，其职责就是"班教化，禁淫

---

〔1〕 张亮采：《中国风俗史》，中国书籍出版社 2015 年版，第 52 页。

〔2〕 （东汉）班固撰：《汉书》卷二十五《郊祀志第五》，中华书局 1962 年版，第 1189 页。

祀，放郑声"。[1]汉禁淫祀有制有官，同时，地方官员亦将禁淫祀作为治政要务，如东汉第五伦任会稽太守时便严禁淫祠。[2]三国曹魏时，因汉时城阳国人以刘章有功于汉，为之立祠。青州诸郡，转相放效，济南尤盛。至魏武帝为济南相，皆毁绝之。及秉大政，普加除翦，世之淫祀遂绝。至文帝时，更是颁布《禁淫祀诏》。[3]晋武帝泰始元年（265 年）也曾发布诏书禁淫祀，[4]至泰始二年（266 年）正月，有司奏："春分祠厉殃及禳祠。"诏曰："不在祀典，除之。"南朝宋永初二年（421 年），诏曰："淫祠惑民费财，前典所绝，可并下所除诸房庙。其先贤及以勋德立祠者，不在此例。"[5]自是"普禁淫祀。由是蒋子文祠以下，普皆毁绝"。[6]北齐时亦有苏琼"禁断淫祠"之载。[7]至隋唐时，类似后世蓝鼎元所面临的问题即已非常突出，如狄仁杰任江南巡抚使时，禁毁淫祠"千七百房"，韦正贯任岭南节度使时便有撤淫祠事[8]，唐穆宗时，浙西观察使李德裕奏去管内淫祠一千余所[9]。五代

---

〔1〕（东汉）班固撰：《汉书》卷十二《平帝纪》，中华书局 1962 年版，第 351 页。

〔2〕《后汉书》载："会稽俗多淫祀，好卜筮。民常以牛祭神，百姓财产以之困匮，其自食牛肉而不以荐祠者，发病且死先为牛鸣，前后郡将莫敢禁。伦到官，移书属县，晓告百姓。其巫祝有依托鬼神诈怖愚民，皆案论之。有妄屠牛者，吏辄行罚。民初颇恐惧，或祝诅妄言，伦案之愈急，后遂断绝，百姓以安。"（南朝宋）范晔撰：《后汉书》卷四十一《第五伦传》，中华书局 1964 年版，第 1395 页。

〔3〕《三国志》载："先王制礼，所以昭孝事祖，大则郊社，其次宗庙，三辰五行，名山大川，非此族也，不在祀典。叔世衰乱，崇信巫史，至乃宫殿之内，户牖之间，无不沃酹，甚矣其惑也。自今，其敢设非祀之祭，巫祝之言，皆以执左道论，着于令典。"（晋）陈寿撰：《三国志·魏书》卷二《文帝纪》，中华书局 1959 年版，第 84 页。

〔4〕《宋书》载："昔圣帝明王，修五岳、四渎，名山川泽，各有定制。所以报阴阳之功，而当幽明之道故也。然以道莅天下者，其鬼不神，其神不伤人也。故视史荐而无愧词，是以其人敬慎幽冥，而淫祀不作。末代信道不笃，僭礼渎神，纵欲祈请，曾不敬而远之，徒偷以求幸，妖妄相扇，舍正为邪，故魏朝疾之。其按旧礼，具为之制，使功着于人者，必有其报，而妖淫之鬼，不乱其间也。"（元）脱脱等撰：《宋书》卷十七《礼四》，中华书局 1974 年版，第 487 页。

〔5〕（元）脱脱等撰：《宋书》卷三《武帝纪》，中华书局 1974 年版，第 57 页。

〔6〕（元）脱脱等撰：《宋书》卷十七《礼四》，中华书局 1974 年版，第 488 页。

〔7〕（唐）李百药撰：《北齐书》卷四十六《苏琼传》，中华书局 1972 年版，第 643 页。

〔8〕《新唐书》载："南方风俗右鬼，正贯毁淫祠，教民毋妄祈。会海水溢，人争咎撤祠事，以为神不厌，正贯登城沃酒以誓曰：'不当神意，长人任其咎，无逮下民。'俄而水去，民乃信之。"（北宋）欧阳修修撰：《新唐书》卷一百五十八《韦正贯传》，中华书局 1986 年版，第 4937 页。

〔9〕《旧唐书》载："江、岭之间信巫祝，惑鬼怪，有父母兄弟厉疾者，举室弃之而去。德裕欲变其风，择乡人之有识者，谕之以言，绳之以法，数年之间，弊风顿革。属郡祠庙，按方志前代名臣贤后则祠之，四郡之内，除淫祠一千一十所。"（后晋）刘昫等编：《旧唐书》卷一百七十四《李德裕传》，中华书局 1975 年版，第 4511 页。

后梁龙德间，颜衎任临济令时，"临济多淫祠，有针姑庙者，里人奉之尤笃。衎至，即焚其庙"。[1]随着宋代理学大兴，毁淫祠更成为士大夫和地方官的基本原则，以宋仁宗朝为例，仁宗即位后，即委夏竦主政寿、安、洪三州，"洪俗尚鬼，多巫觋惑民，竦索部中得千余家，敕还农业，毁其淫祠以闻"。仁宗对他禁毁淫祠的行动大加赞许，并"诏江、浙以南悉禁绝之"。[2]吴中复任峨眉县，"边夷民事淫祠太盛，中复悉废之"。[3]陈希亮知鄠县，"毁淫祠数百区，勒巫为农者七十余家"。[4]曹颖叔任夔州路转运判官，对于当地淫祠淫祀"悉禁绝之"[5]。英宗时，对于淫祠淫祀的惩处更为严厉，"治平三年夏四月丙午，诏有司察所部左道、淫祀及贼杀善良不奉令者，罪毋赦"。[6]徽宗时，曾在京师发起禁供淫祠的严打行动，"毁京师淫祠一千三十八区"。[7]南宋伊始，高宗便下令禁毁全国各路淫祠。[8]朱熹弟子廖德明作为理学代表，曾将淫祠神像当众沉于大江。[9]元人入主中原，接受汉儒道学观念，严禁淫祠。文宗时，"太常博士王瓒言：'各处请加封神庙，滥及淫祠。按礼经，以劳定国，以死勤事，能御大灾，能捍大患，则祀之。其非祀典之神，今后不许加封'。制可"。[10]韩镛任饶州路总管，对于当地淫祠，"撤其祠宇，沉土偶人于江。凡境内淫祠有不合祀典者，皆毁之。人初大骇，已而皆叹服"。[11]

〔1〕（元）脱脱等撰：《宋史》卷二百七十《颜衎传》，中华书局1977年版，第9253页。

〔2〕（元）脱脱等撰：《宋史》卷二百八十三《夏竦传》，中华书局1977年版，第9571页。

〔3〕（元）脱脱等撰：《宋史》卷三百二十二《吴中复传》，中华书局1977年版，第10441页。

〔4〕《宋史》载：（陈希亮）再迁殿中丞，徙知鄠县。巫觋岁敛民财祭鬼，谓之春斋，否则有火灾；民讹言有绯衣三老人行火。希亮禁之，民不敢犯，火亦不作。毁淫祠数百区，勒巫为农者七十余家。（元）脱脱等撰：《宋史》卷二百九十八《陈希亮传》，中华书局1977年版，第9917页。

〔5〕《宋史》载：（曹颖叔）徙夔州路转运判官。夔、峡尚淫祠，人有疾，不事医而专事神，颖叔悉禁绝之，乃教以医药。（元）脱脱等撰：《宋史》卷三百四《曹颖叔传》，中华书局1977年版，第10070页。

〔6〕（元）脱脱等撰：《宋史》卷十三《英宗纪》，中华书局1977年版，第258页。

〔7〕（元）脱脱等撰：《宋史》卷二十《徽宗纪》，中华书局1977年版，第385页。

〔8〕《宋史》载："绍兴十六年二月。壬寅，毁诸路淫祠。"（元）脱脱等撰：《宋史》卷三十《高宗纪》，中华书局1977年版，第564页。

〔9〕《宋史》载："廖德明字子晦，南剑人。少学释氏，及得龟山杨时书，读之大悟，遂受业朱熹。登干道中进士第。知莆田县。民有奉淫祠者，罪之，沉像于江。"（元）脱脱等撰：《宋史》卷四百三十七《廖德明传》，中华书局1977年版，第12971页。

〔10〕（明）宋濂等撰：《元史》卷三十六《文宗五》，中华书局1976年版，第804页。

〔11〕《元史》载："帝乃特署镛姓名，授饶州路总管。饶之为俗尚鬼，有觉山庙者，自昔为妖以祸福人，为盗贼者事之尤至，将为盗，必卜之。镛至，即撤其祠宇，沉土偶人于江。凡境内淫祠有不

宋元之前禁淫祠淫祀的正统理念与行动为后世官方和士林对待淫祀的基本态度奠定了成熟的基础和原则，也为明清时期在实践中将禁毁淫祠推向高潮做了充分的准备。

前文曾述及，朱元璋于洪武三年发布《禁淫祠制》，中书省立即上奏："凡民庶祭先祖，岁除祀灶，乡村春秋祈土谷之神。凡有灾患，祷于祖先，若乡属邑属郡属之祭，则里社郡县自举之。其僧道建斋设醮，不许章奏上表、投拜青词，亦不许塑画天神地祇及白莲社、明尊教、白云宗。巫觋扶鸾祷圣、书符咒水诸术，并加禁止，庶几左道不兴，民无惑志。"朱元璋"诏从之"。[1]然而，将所有淫祀禁绝，会造成"鬼之无所归附者"，于是，礼部官员便建言筑厉坛，祭无祀鬼神。曰："天下之淫祀，一切屏除。使鬼之无所归附者不失祭享，则灾厉不兴，是亦除民害之一也。"上然之。乃命京都筑坛于玄武湖中，天下府州县则皆设坛于城北，其各里内又立祭坛。岁以三月清明、七月望及十月朔日，长吏率僚佐候晡时致祭。[2]或许有了厉坛这个"大口袋"，地方官员们就不用担心那些"不在祀典之神，不得血食之鬼"没有合适的去处，可以放心大胆地捣毁淫祠淫祀了。

此外，朱元璋条定《大明律》，对于祭祀淫祠淫祀者严加治罪。其中，"致祭祀典神祇"条规定：

> 不当奉祀之神而致祭者杖八十。

"亵渎神明"条规定：

> 凡私家告天拜斗，焚烧夜香，燃点天灯七灯，亵渎神明者，杖八十。妇女有犯，罪坐家长。若僧道修斋设醮，而拜奏青词表文及祈禳火灾者，同罪，还俗。若有官及军民之家纵令妻女于寺观神庙烧香者，笞四十，罪坐夫男，无夫男者，罪坐本妇。其寺观神庙住持及守门之人不为禁止者，与同罪。

（接上页）合祀典者，皆毁之。人初大骇，已而皆叹服。"（明）宋濂等撰：《元史》卷一百八十五《韩镛传》，中华书局 1976 年版，第 4256 页。

　〔1〕《明太祖实录》卷五十三，洪武三年六月甲子，上海书店出版社 1984 年版，第 1037 页。

　〔2〕《明太祖实录》卷五十九，洪武三年十二月戊辰，上海书店出版社 1984 年版，第 1155 页。

"禁止师巫邪术"条规定：

> 凡师巫假降邪神，书符咒水，扶鸾祷圣，自号端公、太保、师婆，及妄称弥勒佛、白莲社、明尊教、白云宗等会，一应左道乱正之术，或隐藏图像，烧香集众，夜聚晓散，佯修善事，扇惑人民，为首者，绞；为从者，各杖一百，流三千里。若军民装扮神像，鸣锣击鼓，迎神赛会者，杖一百，罪坐为首之人。里长知而不首者，各笞四十。[1]

有了正统观念的倡导和法典明令，各级官员禁毁淫祠的行动不断被推向高潮。洪武年间，王琎任宁波知府，大毁境内淫祠，甚至连"三皇祠"都毁了，很多人提出质疑，他回答说："不当祠而祠曰淫，不得祠而祠曰渎，惟天子得祭三皇，于士庶人无预，毁之何疑。"[2]理学家曹正夫力倡地方官员禁淫祀，"毁淫祠百余"。[3]成化年间，张昺任铅山知县，"尽毁诸淫祠"，将装神弄鬼的巫师活活鞭打而死。[4]丁积任新会知县，"俗信巫鬼，为痛毁淫祠"。[5]嘉靖时，吴履任南康丞，百姓祷拜蛇神，吴履"缚巫责之，沉神像于江，淫祠遂绝"。[6]至清代，基本沿袭了明代的制度和做法。

康熙二十五年（1686年），礼部尚书汤斌请禁毁天下淫祠，皇帝"敕直隶各省，严禁淫祠滥祀"。[7]雍正二年（1724年），皇帝晓谕江浙督抚，"今愚民昧于此理，往往信淫祀而不信神明。傲慢亵渎，致干天谴"，各地要"一

---

〔1〕 怀效锋点校：《大明律》卷第十一《礼律一·祭祀》，法律出版社1999年版，第87—89页。

〔2〕 （清）张廷玉等撰：《明史》卷一百四十三《王琎传》，中华书局1974年版，第4061页。

〔3〕 《明史》载："端（即正夫）初读谢应芳辨惑编，笃好之，一切浮屠、巫觋、风水、时日之说屏不用。上书邑宰，毁淫祠百余，为设里社、里谷坛，使民祈报。"（清）张廷玉等撰：《明史》卷二百八十二《儒林一·曹端传》，中华书局1974年版，第7238页。

〔4〕 《明史》载："有巫能隐形，淫人妇女。昺执巫痛杖之，无所苦。已，并巫失去。昺驰缚以归，印巫背鞭之，立死。乃尽毁诸淫祠。"（清）张廷玉等撰：《明史》卷一百六十一《张昺传》，中华书局1974年版，第4392页。

〔5〕 （清）张廷玉等撰：《明史》卷二百八十一《循吏·丁积》，中华书局1974年版，第7210页。

〔6〕 《明史》载："邑有淫祠，每祀辄有蛇出户，民指为神。履缚巫责之，沉神像于江，淫祠遂绝。为丞六年，百姓爱之。"（清）张廷玉等撰：《明史》卷二百八十一《循吏·吴履》，中华书局1974年版，第7188页。

〔7〕 《清圣祖实录》卷一百二十六，康熙二十五年闰四月丁亥，中华书局1985年影印版，第5册，第342页。

体知悉"。[1]《大清律例》中"致祭祀典神祇""历代帝王陵寝""亵渎神明""禁止师巫邪术"等相关律条与《大明律》内容大致相同。从清前期皇帝的上谕和典章政令来看，除了出于树立国家正统思想的考虑，明末以来诸多秘密宗教的流行也是官方禁毁淫祠淫祀的重要原因。以道光六年（1826 年）本《大清律例》"禁止师巫邪术"条为例，律文虽与《大明律》大致相同，但于律文后增加了多条条例。如：

条例四：各省遇有兴立邪教哄诱愚民事件，该州县立赴搜讯，据实通禀，听院、司按核情罪轻重，分别办理。倘有讳匿辄自完结，别经发觉，除有化大为小，曲法轻纵别情，严参惩治外，即罪止枷责，案无出入，亦为照讳窃例，从重加等议处。

条例五：各处官吏、军民、僧道人等，妄称谙晓扶鸾祷圣、书符咒水，或烧香集徒，夜聚晓散，并捏造经咒邪术，传徒敛钱，一切左道异端，煽惑人民，为从者改发回城，给大小伯克及力能管束之回子为奴。……

条例八：凡传习白阳、白莲、八卦等邪教，习念荒诞不经咒语，拜师传徒惑众者，为首拟绞立决，为从年未逾六十及虽逾六十而有传徒情事，俱改发回城给大小伯克及力能管束之回子为奴。……至红阳教及各项教会名目，并无传习咒语，但供有飘高老祖及拜师授徒者，发往乌鲁木齐，分别旗民，当差为奴。……

条例九：各项邪教案内，应行发遣回城人犯，有情节较重者，发往配所，永远枷号。[2]

可以看出，历代官方政令都是严禁淫祠，儒家正统思想同样是禁淫祀。蓝鼎元一方面作为代表官府的地方官，另一方面作为儒家正统道学的代表人物，对于禁毁淫祠自然是责无旁贷。其所任之潮汕地区，自古民多信巫鬼，蓝鼎元就曾指出："（潮邑）鬼怪盛而淫邪兴，庙祀多，而迎神赛会一年且居其半，梨园婆娑，无日无之，放灯结彩，火树银花，举国喧阗，昼夜无间拥

[1]《清世宗实录》卷之二十三，雍正二年八月甲申，中华书局 1985 年影印版，第 7 册，第 366—367 页。
[2] 张荣铮等点校：《大清律例》，天津古籍出版社 1993 年版，第 281—283 页。

木偶以邀于道，饰装人物、肖古图画，穷工极巧即以夸于中原可也。"[1]正因为邑多信不典之神，所以地方官禁毁淫祠淫祀的责任更加艰巨，也更加意义重大，历来潮地官员多有禁毁淫的行动。

潮邑所在的广东，史上禁毁淫祠最为著名的人物是明正德年间任广东提学副使的魏校。魏校初任广东，考察了当地"淫祠所在布列，扇惑民俗，耗蠹民财，莫斯为盛"[2]的情形后，指出："禁止师巫邪术，国有明条。今有等愚民自称师长火居道士及师公、师婆、圣子之类，大开坛场，假画地狱，私造科书，伪传佛曲，摇惑四民，交通妇女，或焚香而施茶，或降神而跳鬼。修斋则动费银钱，设醮必喧腾闾巷。暗损民财，明违国法。甚至妖言怪术，蛊毒采生，兴鬼道以乱皇风，夺民心以妨正教。弊固成于旧习，法实在所难容。"[3]他决定捣毁所有淫祠，建立社学，重兴教化。

> 各处废额寺观及淫祠，有田非出僧道自创置也，皆由愚民舍施，遂使无父无君之人不耕而食，坐而延祸于无穷。本道已行各处，凡神祠、佛宇不载于祀典者，尽数拆除，因以改建社学。[4]
>
> 凡神祠佛宇不载于祀典，不关风教及原无敕额者，尽数拆除。择其宽广者，改建东、西、南、北、中、东南、西南社学七区，复旧武社学一区。仍量留数处，以备兴废举坠。其余地基堪以变卖，木植可以改造者，收贮价银工料，在官以充修理之费。斯实崇正黜邪，举一而两便者也。[5]

魏校在广东捣毁淫祠无数，兴建社学数百所，其做法为当时颇为通行的禁毁淫祠的模式，为后世地方官确立了行为样本。弘治年间，林俊在云南

〔1〕（清）蓝鼎元撰：《潮州风俗考》，收录于郑焕隆选编校注：《蓝鼎元论潮文集》，海天出版社1993年版，第85—86页。

〔2〕（明）魏校撰：《庄渠遗书》卷九《公移·岭南学政·谕民文》，文渊阁四库全书本，第1267册，第861页。

〔3〕（明）魏校撰：《庄渠遗书》卷九《公移·岭南学政·谕民文》，文渊阁四库全书本，第1267册，第861页。

〔4〕（明）魏校撰：《庄渠遗书》卷九《公移·岭南学政·谕民文》，文渊阁四库全书本，第1267册，第861页。

〔5〕（明）魏校撰：《庄渠遗书》卷九《公移·岭南学政·谕民文》，文渊阁四库全书本，第1267册，第850—851页。

"毁淫祠三百六十区，皆撤其材修学宫"。[1]正德时，吴廷举任顺德知县，"毁淫祠二百五十所，撤其材作堤，葺学宫、书院"。[2]欧阳铎任延平知府，"毁淫祠数十百所，以其材葺学宫"。[3]嘉靖时，黄直任漳州推官，"以漳俗尚鬼，尽废境内淫祠，易其材以葺桥梁公廨"。[4]

蓝鼎元正是在上述政治背景和文化背景之下，按照通行做法，处理了巫教惑民的案件。蓝鼎元看到："潮俗尚鬼，好言神言佛。士大夫以大颠为祖师，而世家闺阁结群入庙，烧香拜佛，不绝于途。于是邪诞妖妄之说竟起，而所谓后天教者行焉。"如果不及时采取行动，恐致恶俗难改，于是他"亲造其居，排其闼，擒妙贵仙姑，穷究党羽"，"将林妙贵、胡阿秋满杖大枷，出之大门之外，听万民嚼齿唾骂，裂肤碎首，并归仙籍。其纵妻淫孽之詹与恭，及同恶姚阿三等十余徒，分别枷杖创惩"。不但将主犯施以"满杖大枷"的重刑，为了扩大社会影响，还将之示众，任由民众殴打而死。同时，按照"除淫祠以兴学校"的惯例，又"籍其屋为官，毁奸窦，更门墙，为棉阳书院，崇祀濂、洛、关、闽五先生，洗秽浊而清明"。蓝鼎元还于朔望、暇日，经常与潮邑人士讲学论道，终使潮邑"正学盛，异端息，人心风俗，蒸然一变"。

五、倡导、借用与转化：对待神祇的三种态度

从上述繁复的讨论来看，蓝鼎元对于此三则案例的处理绝非出于偶然，而是在传统国家治道与儒家正统观念之下的必然结论。对于不同神祇的态度取决于神祇的身份和等级，在政治层面和儒家道统层面固然有着完美的理论体系来解释它的合理性，但其背后深层的功能主义倾向同样值得探求。中国古代的社会治理模式，号称专制，实际这是个大而化之的认识，这一结论用于中央王朝，大致是符合实际的，但将之应用于广大地方社会，尤其是基层社会的社会治理，则存在一定认识上的误区。由于中国地域广阔，而信息沟通方式相对落后，中央对地方的控制（除了少数特殊时代）不可能完全渗入

〔1〕《明史》载："林俊，弘治元年用荐擢云南副使。鹤庆玄化寺称有活佛，岁时集士女万人，争以金涂其面。俊命焚之，得金悉以偿民逋。又毁淫祠三百六十区，皆撤其材修学宫。"（清）张廷玉等撰：《明史》卷一百九十四《林俊传》，中华书局1974年版，第5137页。

〔2〕（清）张廷玉等撰：《明史》卷二百一《吴廷举传》，中华书局1974年版，第5309页。

〔3〕（清）张廷玉等撰：《明史》卷二百三《欧阳铎传》，中华书局1974年版，第5363页。

〔4〕（清）张廷玉等撰：《明史》卷二百七《黄直传》，中华书局1974年版，第5472页。

到基层社会中去。中央王朝对广大基层社会的控制主要是通过对地方官的完全控制来实现的，地方官的命运完全掌握在中央王朝或者说君主的手中，这当然也可以说是专制的一种重要表现形式。虽然历代在地方政府设置上存在很大差异，名称也各异，但从整体历史观来看，在地方行政层级中，真正的治民之官是州县官。国家行政设置的最低层级决定了他们必然是亲民之官，所以，习惯上称他们为"父母官"。州县官执掌本辖区内方方面面的事务，为一州县之长，故又称为"小君"，号为"百里之侯"。虽然州县官是国家所有行政层级中最低的一级地方官，但州县官是作为一州县之父母而抚临一方的最高长官，之所以说州县官是推行国家观念和社会治理的关键一环，原因就在于国家各级政令典章都要通过他们得以切实施行，所以说他们是地方秩序形成的基础。

地方官员作为国家权力在地方的代表能否在本辖区内施行有效的专制呢？可以说其有此权力却无此能力，所以他们又可以而且必须与其他的中间力量合作，共同实现对地方基层社会的治理，这种中间力量可以是乡约、士绅和宗族（在国家力量深入渗透乡土社会的时期还表现为保甲）等民间精英，也可以是神祇。借助民间精英的力量对基层社会进行间接治理，可以称为"以乡治乡"。借助神祇来推行国家正统观念和塑造社会秩序，可以称为"以神治民"。欲达到"以神治民"的效果，第一步就是要选择合格的"代表神"，赋予其法定"神格"，称为国家"法定神"，通过确定"神籍"而使不同的神享有不同的"神级"。选择"代表神"并确定"神级"的标准是什么呢？从根本上讲，即是有助于向民众灌输国家正统观念，有助于使民知畏而不犯上作乱，最终目的是通过神祇实现社会的有序统治与治理。

《左传》云，"国之大事，在祀与戎"[1]，意味着对于鬼神的祭祀除了精神因素之外，更是一种制度的表达，成为国家政治行为的重要部分。人敬事鬼神的制度化始于圣王成为天人之际上下传达的中介，民众从此不能再直接与天沟通，只需听从圣王这一天帝的人间代表，即敬天顺命。这一人类观念史上的大事件被称为"绝地天通"。《尚书》云："乃命羲和，钦若昊天，历象日月星辰，敬授民时。"《孔传》注曰："帝命羲、和，世掌天、地、四时之官，使人、神不扰，各得其序，是谓'绝地天通'。"一方面，正如史家所

---

[1] 《左传·成公十三年》。

谓"天地相分,人神不扰",使人神杂糅的状况发生改变。原本任何人都可以接近鬼神,随意祭祀鬼神,所有活动都决于鬼神,浑浑噩噩,失去了人的主体意识,而"绝地天通"终止了这一乱象,使"神归神,人归人","鬼神异业"。另一方面,圣王垄断了"通于鬼神"的权力,普通民众不得随意祭祀鬼神,天命神授的观念逐步形成,为圣王向君主的转变提供了合法性的理论注脚。《国语·楚语下》记载了楚昭王与大夫观射父的一段问答,对"绝地天通"这一事件以及鬼神祭祀的制度化进行了系统的分析。楚昭王向观射父询问《周书》所谓"重、黎寔使天地不通'者"的本意,观射父首先杜撰了一个原初的"人神不杂"的清明世界,即人与神的交通有特定的渠道,不同渠道分别选置各官[1],使"各司其序,不相乱也。民是以能有忠信,神是以能有明德,民神异业,敬而不渎。故神降之嘉生,民以物享,祸灾不至,求用不匮"。然而这样的一个原初的世界只能如"大同世界"一样,是对上古之世一个美好的理想罢了。但这其中蕴含了先贤对人的自我意识的觉醒,使人对自己的认知逐步从自然界中独立出来。在对上古之世进行了一番假设之后,观射父又叙述了两次人神复相乱杂的衰世:一个是少皞之世,"九黎乱德,民神杂糅,不可方物。夫人作享,家为巫史,无有要质。民匮于祀,而不知其福。烝享无度,民神同位。民渎齐盟,无有严威。神狎民则,不蠲其为。嘉生不降,无物以享。祸灾荐臻,莫尽其气"。一个是尧舜之初,"三苗复九黎之德"。第一次,颛顼"命南正重司天以属神,命火正黎司地以属民,使复旧常,无相侵渎,是谓绝地天通"。第二次,"尧复育重、黎之后,不忘旧者,使复典之,以至于夏、商"。制度在反复确立与破坏中逐步完善,大抵最终在西周时基本定型。从对超自然力的畏惧与崇拜到以礼法的形式表现的制度,鬼神的社会规范功能进行了转化。国家政治化的鬼神祭祀逐步建立起完整的理论体系和制度体系,鬼神祭祀行为逐步受到制度规制,国家祀典形成。

祀典的确立,使人神相分,神灵有了法定的身份,祀者也以身份的差别

---

[1]《国语·楚语下》载:"民之精爽不携贰者,而又能齐肃衷正,其智能上下比义,其圣能光远宣朗,其明能光照之,其聪能听彻之,如是则明神降之,在男曰觋,在女曰巫。是使制神之处位次主,而为之牲器时服,而后使先圣之后之有光烈;而能知山川之号、高祖之主、宗庙之事、昭穆之世、齐敬之勤、礼节之宜、威仪之则、容貌之崇、忠信之质、禋絜之服,而敬恭明神者,以为之祝。使名姓之后,能知四时之生、牺牲之物、玉帛之类、采服之仪、彝器之量、次主之度、屏摄之位、坛场之所、上下之神、氏姓之出;而心率旧典者,为之宗。于是乎有天地神民类物之官,是谓五官,各司其序,不相乱也。"

而受到不同的限制。按照祀典规定，神灵大致可分为三类：祀典之神、私祀之神以及淫祀。祀典之神也即拥有法定身份的神明。《礼记·祭法》指出："夫圣王之制祭祀也，法施于民则祀之，以死勤事则祀之，以劳定国则祀之，能御大菑则祀之，能捍大患则祀之……此皆有功烈于民者也。及夫日月星辰，民所瞻仰也。山林川谷丘陵，民所取财用也。非此族也，不在祀典。"这成为选择"代表神"的具体标准，历代沿袭。如是皆为祀典之神，祀典所禁者，为淫祀。《礼记·曲礼下》指出："非其所祭而祭之，名曰淫祀。淫祀无福。"清人孙希旦注曰："非所祭而祭之，谓非所当祭之鬼而祭之也；淫，过也，或其神不在祀典，如宋襄公祭次睢之社，或越分而祭，如鲁季氏之旅泰山，皆淫祀也。淫祀本以求福，不知淫昏之鬼不能福人，而非礼之祭，明神不歆也。"[1]淫祀，大抵三种情况：一是所祀鬼神本身就没有合法的身份，诸如各类邪教、精灵鬼怪之类。所以说神灵本身亦关正邪，无功德于百姓之神即为淫祀。如本文所探讨的妙贵仙姑，即为淫祀。二是鬼神本身有合法身份，但对祀者有身份限制，诸如天子祭天地，祭四方，祭山川，祭五祀；诸侯方祀，祭所辖内之山川，祭五祀；大夫祭五祀；士祭其先。如果超越了身份限制而祭祀，非但不合法，而且"无福""神不飨"。三是祭祀不以时。按照规定，祭祀活动都有固定的四时节令，比如二月祭社、八月奉灶、五腊日祀祖先，祭祀不合时宜者也属淫祀。

除了祀典之神和淫祀之外，中间还存在一个较为模糊的缓冲地带，这就是民间私祀。民间私祀与祀典之祀的差别在于是不是具有制度保障，而与淫祀的不同在于其具有一定的积极社会作用，得到士大夫和官府的默许。民间私祀的存在与传统社会基层社会场域的相对独立存在直接关系。在国家公权力倡导和维系的国家祀典之外，基层社会场域中民间信仰普遍存在，其虽不在祀典，但民间私祀由于在一定程度上与国家正统思想存在一致性而成为公权力社会规范力量的重要补充。私祀之神有时会被列入祀典，有时则会被打成淫祀。

蓝鼎元所处的清代中前期，祀典体系基本承袭了明代以来所形成的模式。明初，即依照传统礼制确立了国家祀典体系，洪武元年（1368 年）十月，命中书省下郡县访求应祀神祇、名山大川、圣帝明王、忠臣烈士，凡有功于国

---

〔1〕（清）孙希旦：《礼记集解》卷六《曲礼下第二之二》，中华书局 1989 年版，第 153 页。

家及惠爱在民者，具实以闻，著于祀典，令有司岁时致祭。[1]洪武三年（1370 年），天下局势初定，朱元璋着手对宋以来日益庞杂的祀典体系进行大幅改革，禁除一切淫祀。六月，朱元璋下诏：

> 定岳镇海渎城隍诸神号……今宜依古定制：凡岳镇海渎，并去其前代所封名号，止以山水本名称其神。郡县城隍神号，一体改正。历代忠臣烈士，亦依当时初封以为实号，后世溢美之称皆宜革去……天下神祠无功于民不应祀典者，即淫祠也，有司无得致祭。于戏！明则有礼乐，幽则有鬼神，其礼既同，其分当正。故兹诏示，咸使闻知。[2]

同月，宣布禁淫祠，制曰：

> 朕思天地造化，能生万物而不言，故命人君代理之。前代不察乎此，听民人祀天地祈祷，无所不至。普天之下，民庶繁多，一日之间祈天者不知其几。渎礼僭分，莫大于斯。古者天子祭天地，诸侯祭山川，大夫士庶各有所宜祭。具民间合祭之神，礼部其定议颁降，违者罪之。[3]

于是中书省臣等奏：

> 凡民庶祭先祖，岁除祀灶，乡村春秋祈土榖之神。凡有灾患，祷于祖先。若乡属、邑属、郡属之祭，则里社郡县自举之。其僧道建斋设醮，不许章奏上表，投拜青词，亦不许塑画天神地祇及白莲社、明尊教、白云宗。巫觋、扶鸾祷圣、书符咒水诸术并加禁止。庶几左道不兴，民无惑志。诏从之。[4]

清初承明制，基本继承了明代所形成的祀典，并严禁淫祀。如康熙二十五年（1686 年），礼部尚书汤斌请严禁天下淫祠滥祀，朝廷下令直隶各省严

---

〔1〕《明太祖实录》卷三十五，洪武元年十月丙子，上海书店出版社 1984 年版，第 632 页。
〔2〕《明太祖实录》卷五十三，洪武三年六月癸亥，上海书店出版社 1984 年版，第 1033—1034 页。
〔3〕《明太祖实录》卷五十三，洪武三年六月甲子，上海书店出版社 1984 年版，第 1037 页。
〔4〕《明太祖实录》卷五十三，洪武三年六月甲子，上海书店出版社 1984 年版，第 1037 页。

禁之。[1]对于民间私祀，清中前期却采取了相对宽松的政策，甚至把许多私祀之神纳入祀典，赋予其法定身份。

可以从前文的讨论得出一个结论，即国家公权与神祇的关系或者说对待神祇的态度有三种基本情形。除了少数官方通过敕封等方式主动塑造出来的神祇之外，大部分的神祇最初都来自民间的自发信仰，此时的神祇信仰一般具有纯民间性，完全是基层社会内生的信奉。此时，公权系统因其无碍于统治的稳定而采取任其自由发展的态度，如此，民间神祇信仰便能按照自觉发展的道路，形成自发的模式。如我们前面谈到民间私祀都是如此，官府任其发展，其自身通过规范信众而在基层社会秩序生成中发挥着重要作用。公权系统对信仰系统输入的是自由，信仰系统对公权系统输出的是自组织，也就是自足。三山国王信仰就是这种情形。随着民间信仰的发展，信众规模越来越大，权威集团就会形成，公权系统越来越认识到其中的力量与危险。随着民间信仰的发展，其在基层社会的自组织方面发挥着越来越大的作用，这使基层社会逐渐成为一个相对独立的系统，这是一种很强大的力量。国家公权系统一方面利用这种力量，使之成为国家基层社会治理的秩序基础，因而对之采取支持的态度；另一方面又害怕民间信仰社会系统的力量过大而与自己分庭抗礼，并且这种情形在历史上也出现过，所以公权系统又会尽力将其纳入自己的控制之内，而具体的做法往往是通过皇帝的赐封或官员的大力倡导，使民间信仰国家化，最终以制度的形式纳入国家祀典，成为"国家神"。在这种情况下，公权系统对基层社会系统输入的是倡导甚至主导，此时信仰社会系统对公权系统输出的是国家化。城隍信仰即是这种情形。以上两种情形是在民间神祇信仰与国家观念同质的情形下出现的，那么在二者异质的情形下，则必然出现国家公权系统对民间信仰社会系统的压制甚至取缔，民间神祇的信仰活动无法公开发展，但往往会异化为秘密信仰或秘密组织的形式继续存在，成为淫祠淫祀甚至如白莲教等秘密宗教组织。在这种情形下，随着信仰系统自组织能力的衰落，组织形式也会受到根本性的动摇，从而表现出无序的状态，尽管有国家强制力的暴力维系，但秩序的背后是无序的增长。

---

〔1〕《清圣祖实录》卷一百二十六，康熙二十五年闰四月丁亥，中华书局1985年影印版，第5册，第342页。

上述三种情形在蓝鼎元所治的三则案例中充分地体现出来。根据诸神祇身份的不同，分别赋予其不同的社会功能，从而形成了不同的态度与行为模式。对于祀典之神，多为尊崇与宣教；对于民间私祀之神，多为选择与借用；对于淫祠滥祀，则多清理与转化。

我国古代乡土权威的基层社会治理功能*

中文摘要： 一直以来，学界对于中国古代乡村社会治理的一致观点是自治，这一点是客观事实，但公权力同时也在通过其代表对基层社会进行间接统治。公权力的代表就是各式各样的乡土权威，他们以不同角色和不同的模式发挥着对基层社会进行治理的功能。本文通过对乡官和老人这两类我国古代最典型的乡土权威进行考察，对乡土权威在基层社会治理过程中的功能进行分析，揭示公权力与民间权威是如何相互结合与博弈，从而实现公权力对乡村的有效统治和民间权威对乡村的有限自治的。

关键词： 乡土权威；基层社会治理；乡官；老人

一、权威与权威类型

社会的整合、冲突的化解从野蛮方式向文明方式演进，作为权力资源持有者的超然于群体之上的个体出现，是人类在社会治理方面理性的体现，他们就是社会中的权威。在大多数的社会治理模式中，都有权威的存在，以最典型的冲突解决为例，权威与冲突本身应该没有利害关系，其能中立无偏私地聆听冲突双方的陈述，进行是非的评判，最终提出结论性的解决方案。如果双方同意，这一解决方案就成为化解冲突的凭证。那些被选择成为冲突解决权威的人往往正是某一群体当中的资源享有者，这些权威凭借各自不同的

---

* 本文曾发表于《天府新论》2012 年第 6 期。

"资本"而被众人钦服，这些"资本"或者表现为强力，或者表现为人格魅力，或者表现为宗教代表，或者表现为道德楷模，或者表现为组织的领袖，等等。

权威，其英文为 authority，原意指"创造者"，即那些能够发明创造出新鲜事物，并以此为人们所信任的人，后逐渐用于政治领域，用以指代那些在政治生活中靠人们公认的威望和影响而形成支配力量的人物，它通常以政治权力为后盾，依据正义或人格的感召力，产生具有高度稳定性、可靠性的政治影响力和支配与服从的权力关系。我国古代文献中也有权威一词，但主要是指权力或威势，如《吕氏春秋·审分》载，"万邪并起，权威分移"；《北史·周纪上论》载，"昔者水运将终，群凶放命，或权威震主，或衅逆滔天"。我们所要谈的权威则较政治权威更加广泛，是就社会权威而言的，包括"合法"的政治权威，也包括民间权威。在此意义上，权威往往是权力"有效"的一种表现方式，它有一些基本的特征，如通常依附于一定的社会组织或权力结构中的某些角色，往往是领导者，这使得权威具有了标志性；以一定程度的社会认同为基础，这是权威获得遵从和承认的必要条件；表现为品德、素质、能力优异的领导者和其领导行为所产生的社会凝聚力，这种力量使他们能够获得人们的理解和支持，形成人格的感召力；权威一般以符合道德的合法方式引起人们的自愿服从，更注意满足人们的心理需要和情感平衡。

在群体中产生并存在权威是一种普遍现象。马克思说："凡是有许多个人进行协作的劳动，过程的联系和统一都必然要表现在一个指挥的意志上，表现在各种与局部劳动无关而与工场全部活动有关的职能上，就像一个乐队要有一个指挥一样。"[1]这里的"指挥的意志"即指权威，这同时也说明权威都是有群体定义的，即权威只能在一定群体范围内被承认，在不同的群体当中，人们对于权威作用的需求不同，权威的类型也就不同，权威产生的方式也不同。

根据韦伯的分类，权威（韦伯同时也将之称为"统治"）被分为三种类型，即合理型权威、传统型权威和魅力型权威。合理型权威（legal authority），也可以称作合法型权威（这里所称的合法性或合理性是狭义的，与韦伯所讲的广义的合法性或合理性、正当性不同），这在现代表现为科层式权威（bu-

---

[1] 《马克思恩格斯全集》（第 25 卷），人民出版社 1972 年版，第 431 页。

reaucracy authority）。这种权威是建立在相信规章制度和行为规则的合法性基础之上的〔1〕。合理型权威以规则为统治的出发点和最终的归宿，只有根据法定规则所发布的命令才具有权威，人们普遍遵守规则、信守规则，规则代表了一种大家都遵守的普遍秩序。传统型权威（traditional authority）建立在一般地相信历来适用的传统的神圣性和由传统授命实施权威的统治者的合法性（这里韦伯是在广义上使用合法性一词，可理解为正当性）之上〔2〕。代表这一权威的个体是按照传统遗留下来的规则确定的，对他们统治的服从是基于传统赋予他们的固有的尊严〔3〕。传统型权威是一种最古老的权威形式，来自于习俗、惯例、经验、祖训等。魅力型权威（charisma authority），也被音译为"克理斯玛"型权威，也有称之为神异型权威或自然权威的。这一权威类型建立在非凡地献身于一个人以及由他所默示和创立的制度的神圣性，或者英雄气概，或者楷模样板之上〔4〕，也即来自于对领袖个人魅力的崇拜。所谓魅力，即一个领袖人物的超越凡俗的品质，它可以是不同凡响的气质、人品、性格、学识、智慧和能力，也可以是凡人不能理解的神授魔力，所以，这种权威又可称为超人权威或神授权威。具有魅力权威的领袖人物，必须拥有某种超人类，甚至超自然的，也是其他人无法企及的力量或素质〔5〕。一般是利用创造对众人的福利以获得声望，从而产生一定的支配力和尊严。这一权威的本质是"敬仰"。由于此种权威不经法律界定和干预，韦伯又称其为自然权威。

二、乡土权威及其类型

按照韦伯对权威的分类，我们首先对乡土社会中在社会整合方面发挥作用的所有权威进行考察，当然，我们要考虑到"没有任何一种权威是纯粹的一种类型"这一前提，所以分类都是相对的，在没有办法界定清楚的时候，就把它单独列为一类，即混合型权威。首先，我们来看第一类，合理型权威。

---

〔1〕　［德］马克斯·韦伯著，林荣远译：《经济与社会》（上卷），商务印书馆 1997 年版，第 241 页。

〔2〕　［德］马克斯·韦伯著，林荣远译：《经济与社会》（上卷），商务印书馆 1997 年版，第 241 页。

〔3〕　［德］马克斯·韦伯著，林荣远译：《经济与社会》（上卷），商务印书馆 1997 年版，第 251—252 页。

〔4〕　［德］马克斯·韦伯著，林荣远译：《经济与社会》（上卷），商务印书馆 1997 年版，第 241 页。

〔5〕　［德］马克斯·韦伯著，林荣远译：《经济与社会》（上卷），商务印书馆 1997 年版，第 269 页。

在中国，合理型也可以理解为"官方型"，也就是官府。这类权威具有官方性，其存在的场域也最为普遍。但这类权威发挥作用的基础是"相信规章制度和行为规则的合法性"，对"制度"与"规则"的"相信"所指的是一种心理认知，而不是简单的国家暴力的威慑，所以这一要求"信服"的心理认知便使其可以有效发挥作用的场域产生了差别。也即是说，并不是在任何场域，国家的规则和制度都会得到人们"信服"的心理认知。按照上文所讲权威分类，这一类型的权威能够存在并发挥作用的场域差异应该是很明显了，那就是哪些人群更相信法律和规则，哪些人群中就会有合理型权威生存的空间，哪些人群对法律持怀疑态度，或者干脆就持抵触情绪，在这些人群中合理型权威存在的空间就会相对较小。一般而言，合理型权威在城市较在农村更有发挥空间。中国自古以来，除了极个别时期，国家权力只设置到县一级，而广大基层农村社会则交由其他权威去经营，便与合理型权威的存在场域要求密切相关。

第二类是传统型权威。这一权威在中国则主要表现为：以血缘关系为基础的权威、以地缘关系为基础的权威和以宗教信仰为基础的权威等。其中，以血缘关系为基础的权威，如宗族长、宗亲会首等。当然，血缘关系群体有时并不一定表现为正式组织形态，但作为群体它是客观存在的，大部分个体都无法摆脱这一群体的影响。即使简单如一个家庭也是如此，家长总是对孩子们有下达命令或发表意见的权威。以地缘关系为基础的权威，如传统的同乡会首、保甲长、村社长、乡约等。地缘关系群体是因地理关系把人们联系在一起的群体，是对血缘关系群体的一种超越，大部分个体也必属于这类群体中的一员，或为村庄，或为社区。还有一类就是以宗教信仰为基础的权威。宗教群体是民间基于宗教信仰的联合体，是由对于某一宗教或某一类似于宗教的信仰而组成的社会组织。当然，对于宗教，我们在此作宽泛的理解。这一类型的权威普遍是以某种传统的规则而产生的，是基于一种对历史的尊重和认可而存在的。这些权威所面对的人群具有较为明确的限定，尤其是基于血缘关系和基于地缘关系而存在的权威，在乡土社会中表现得非常突出。

第三类是魅力型权威。这类权威最典型的就是产生于江湖社会中的"头面"。江湖社会多指民间自发生成的半秘密谋生社团，多有非法性或与政府对抗性。江湖社会里有各种帮派、山头、堂口等，有严格的入会盟誓和成员尊卑等级体系，其中的"头面"往往因其个人的非凡能力或"义气"而服众，他们有自己的不同于普通社会的纠纷解决方式，比如决斗、赌博等。这类群体在传统社会中很多见。当然，也有各类正面形象，如德高望重的长者往往会成为冲突解决的主持者，他们因其超乎寻常的品行与公正无私而获得权威。再如通常所讲的"带头人"，可以是农村中带领村民发家致富的"带头人"，也可以是城市中带领职工走出困境，创造辉煌的"带头人"，还可能是在某一领域做出骄人成绩或对人类有巨大贡献的"带头人"，他们在某一群体领域中往往也具有一定"权威"。这一类权威往往是依靠某一"个人"的超凡魅力或品行而树立权威，得到其所在群体的信服，但其在现代社会中似乎影响并不大。

除此之外，还有第四类，即混合型权威，其可能因同时具备了上述多种权威类型的特征而不宜做出纯粹式的划分。当然，我们不可能把所有类型的权威都罗列穷尽，但至少这代表了比较典型的权威种类。在乡土社会中，这些权威是如何分配的呢？或者应该反过来说，乡土社会的治理中需要哪些权威类型呢？一般而言，乡土社会中传统型权威与魅力型权威较为普遍，如宗族中德高望重的长者、"能人""带头人"等。当然，这些人往往也具有半官方色彩，因此又具有了一定的合理型权威的色彩。

三、乡官的职役化

乡土权威系统的具体表现形式，也可以说是乡土权威系统的元素，有多种类型，我们就其中最典型的类型进行简要考察。乡土社会权威系统是一个历史继承性极强的范畴，它产生于乡土社会发展演变的历史之中，也在这一过程中演变。再有，乡土社会这一概念的黄金时代是在宋代至明清这一阶段，而在近现代，其本质与表现形式都在慢慢地发生变化，其中的许多基本特征都在以或明或暗的方式演变成其他的东西。所以，我们把视野更多地放在古代传统乡土社会的历史之中，而对于当代乡土社会状况及其命运的考察，我们将在本书后文中予以讨论。

乡土社会权威体系中既有纯粹意义上自发生成于乡土社会之中的民间权威，也有在特定历史时期，依据国家的社会治理模式而产生的特殊权威，这类特殊权威往往是国家对乡土社会进行间接统治的重要依靠力量。我们在此将之称为半官方权威，是因为他们介于官僚与平民之间，是不同于官、又区别于民的封建统治阶级内部的一个在野的特权阶层，是名副其实的地方权威，

并构成了封建统治的社会基础。半官方权威的另一说法就是半民间权威，这是辩证的，他们当中也有差别：一是地方官府在乡土社会中设置的职役性"差役"，如里长、甲长等"乡官"，他们负责沟通官府与民众，催粮完税，维持治安，其纽带性的角色避免了官府与民众的直接接触，使彼此之间形成了一种可以讨价还价的空间；二是以其个人魅力而得到民众支持，继而被官府任命或认可的道德领袖，如三老或里老人，再如乡约长、约正，他们因其个人道德品行而为一乡所重，官府除了需要职役性"差役"为其完成日常管理任务外，更需要有一个角色来代为宣扬教化，这对于民间社会的稳定至关重要。

在中国历史上，所谓的"乡官"，并非从一开始就是职役性的，而其最初也确实是一种官职，这一变化是随着古代乡里组织制度的演变而发生的。中国自古即有乡党闾里之制，秦汉时期，一县分为若干乡，乡下有里，里下有什伍组织。在乡设有有秩、啬夫、三老、乡佐、游徼等乡官。大乡设有秩，小乡设啬夫，是乡的主管，有权掌管一般民事事务和轻微诉讼以及赋税征收等事，"皆主知民善恶，为役先后；知民贫富，为赋多少，评其差品"。[1]乡佐是有秩、啬夫的助手，分职承办县廷布置的各项任务。游徼主乡中的治安，直属于县尉。三老非行政职务，掌教化，以礼教劝民于善。里设里正、里典，负责一里事务，掌管百家。什设什长，掌管十家。伍设伍长，掌管五家。魏晋南北朝基本沿袭秦汉的乡里制度。北魏孝文帝改革，仿《周礼》而行"三长制"，即以百姓五家为邻，设一邻长；五邻为里，设一里长；五里为党，设一党长，"均取乡里强谨者充之"。隋代以百家为里，五百家为乡，设里长、乡正为主管。唐代对城区、郊区和乡村采取不同的编组，在城区，四家为邻，五邻为保，五保为坊；在郊区，四家为邻，五邻为保，五保为村；在乡村，五家为邻，五邻为保，五保为里，五里为乡。邻、保各设长，坊、村、里各设正，乡设耆老，主教化及词讼。北宋王安石变法，实行保甲制度，以"十家为一保，选主户有干力者为保长；五十家为一大保，选一人为大保长；十大保为一都保，选为众所服者为都保正，又以一人为副"。[2]辽、金、元在本民族和少数民族地区按民族习惯进行管理，保留部落家族的基层组织形式，

---

〔1〕（南朝宋）范晔：《后汉书》志二十八《百官五》，中华书局 1965 年版，第 3624 页。

〔2〕（元）脱脱等撰：《宋史》卷一百九十二《兵志云》，中华书局 1977 年版，第 4767 页。

在汉族地区实行村舍制度。明代的乡里制度，里甲与保甲并存，"以一百一十户为一里，推丁粮多者十户为长，余百户为十甲，甲凡十人。岁役里长一人，甲首一人，董一里一家之事。先后以丁粮多寡为序，凡十年一周，曰排年"。[1]洪武二十七年（1394年），朱元璋命设里老人，办理一乡之词讼。明中叶，实行保甲制，以十家为牌，设牌长；五至十牌为保，设保长，以维持地方治安。清沿明制，里甲、保甲并存，稍重里甲[2]。可以说历代的乡里组织及职位的设置均具有官方或半官方的色彩，有的甚至达到"百石"，要由郡府任命（如秦、汉的"有秩"）。但是否就可以由此说国家把权力直接地伸向乡里社会了呢？有资格担任这些职务的人所应具备的条件，主要有"乡里强谨者""为众所服者""丁粮多者""年高有德者"等。并非巧合的是，无论是里甲制还是保甲制，满足这些条件的人都与民间精英有着相当的一致性与同构性，各种"乡官"大多由乡间的"有头面者"充任。乡里的主职一般由宗族长担任，负责征收赋役的一般由"丁粮多者"担任，负责治安的一般由"强谨者"担任，负责调解词讼的一般由"年高有德者"担任。他们或以宗族身份服人，或以力服人，或以资财服人，或以德服人，都与他们在乡土社会中的原有角色相关。如明清的里甲长由州县选任，黄六鸿在《福惠全书》记载了其标准，"乡长取乎年高有德而素行服人者充之，保长取乎年力精健才遒迈众者充之"，甲长应"于十一家之内，择其殷实老成有子弟者充之"。

从历代关于"乡官"的设置可以看出其从官到役的发展过程，这一过程也是"乡官"职能变化的表现。1996年在泉州出土的《重修溪亭约所碑记》载："古者乡党闾里各有董正之官、约束士民之所，凡以教孝、教悌，俾人知睦姻任恤之风，而无嚣凌诟谇之习也。是故，里则有门，每弟子旦出暮入，长老坐而课督之。唐宋以后，虽不如古，而城中约所之设犹是，三代教民遗意也。"[3]可知最初的乡官对乡里有实际的管理权，而到了明清之际，乡官的设置已经成了纯粹的职役，依靠其强力甚至是无赖为官府催粮完税、征解徭

---

〔1〕（清）张廷玉等撰：《明史》卷七十七《食货一》，中华书局1974年版，第1878页。

〔2〕参见韦庆远、柏桦先生编著：《中国政治制度史》（第2版），中国人民大学出版社2005年版，第292页。

〔3〕明永乐年间，泉州府城建溪亭约所，此碑则镌立于清道光七年（1827年），1996年发现于泉州市区全街，碑存泉州市闽台关系史博物馆。《重修溪亭约所碑记》，见于陈健鹰："读碑三题"，载《闽台民俗》创刊号，第65页。

役，更有横行乡里者，为君子所不齿。

四、老人的公权化

除了此类乡官之外，还有一种为官府所重视的乡土权威，那就是老人。有学者认为老人之制最初源自《周礼》"乡师""乡大夫"之设。实际《周礼》所称的乡与后世之乡制不同，其"五州为乡"，计"万二千五百家"，其"乡师""乡大夫"之官自不可小觑。老人之制始于汉初。汉高祖二年（公元前205年）二月，刘邦下令"举民年五十以上，有修行，能帅众为善，置以为三老，乡一人。择乡三老一人为县三老，与县令丞尉以事相教，复勿徭戍，以十月赐酒肉"。[1]文帝十二年（公元前168），"又置三老及孝悌，力田，无常员"。[2]东汉乡官与西汉基本相同，"三老掌教化，凡有孝子顺孙，贞女义妇，推财救患，及学士为民式者，皆扁表其门，以兴善行"。[3]下以经隋唐，而后各代基本沿袭了这一制度。元时亦设有类似于里老人的基层社长，负责对邻里间民事纠纷"以理喻解"。明洪武五年（1372年）设申明亭与旌善亭，每里推选一年高有德之人掌其事，曰老人，里长襄助。明初老人之设，颇似秦汉三老。里老人要定期向里中编户宣读并讲解《大诰》《大明律》《教民榜文》，使全里人户知法畏法，不敢犯法。同时还宣讲《圣谕》六事，即"孝顺父母，尊敬长上，和睦乡里，教训子弟，各安生理，毋作非为"。除执掌教化外，里老人还有权剖断里中人户争讼之事。《教民榜文》载："民间户婚田土斗殴相争一切小事，不许辄便告官，务要经由本管里甲老人理断。"不经由里老人理断的，不问虚实，先将告状人杖责六十，仍然发回里老人去剖理。因为老人的任务是行教化，理词讼，宣讲皇上的圣旨或谕旨，所以地方上的官员、坊里的百姓，都隆礼以待，尊为"方巾御史"。

老人实际上是一套与行政体系并列的系统，这一点在汉代体现得尤为突出。汉代三老位尊权大，而且划分比较细致，国有国三老，郡有郡三老，县有县三老，乡有乡三老。上至皇帝，下至黎民，对三老都特别重视和尊敬，所以三老虽然不是行政职务，但其以礼教劝民于善，有较高的地位。最初建

---

〔1〕（东汉）班固撰：《汉书》卷一上《高祖纪上》，中华书局1964年版，第33—34页。

〔2〕（唐）杜佑撰：《通典》卷三十三《职官十五》，岳麓书社1995年版，第491页。

〔3〕（南朝宋）范晔：《后汉书》志第二十八《百官五》，中华书局1965年版，第3624页。

立乡三老制度时，三老与有秩、啬夫、乡佐、游徼等职并列，可知其属于地方官的属官。三老被正式纳入国家控制乡村的基层管理系统之中，职位虽低，却往往受到皇帝的重视和礼遇，他们除了可以免役之外，经常是皇帝赐米、帛，加爵级的特定对象，时与"宗室有属籍者"等贵族、高官同时受赐。一般而言，汉代的乡三老通常有一定的资财（甚至富有资财）、文化和政治素养，在当乡或当县一定地域范围的民众中有较高的号召力，从而对地方政治和文化产生较大影响。"乡三老"多可视为乡族势力的代表人物〔1〕。及至明清时期，老人的地位仍然有所体现，《惠安政书》载："凡老人里甲，于申明亭议决。坐，先老人，次里长，次甲首，论齿序坐。如里长长于老人，坐于老人之上。"〔2〕虽说"朝廷命官，至县级乃止，县以下无职官建置"，但所谓"建府、置县、划乡、分里"，乡里之制仍是行政系统在基层社会的延伸，里长则是最基层的"乡官"，而其座位却在里老人之下，只有当其年长于里老人时，才可以坐于其上。另外，明初，连州县官都非常尊重他们："里老岁时谒县庭，知县必接之以礼貌……其人既尝已为公家所优藉，必自爱而重犯法。"〔3〕明太祖朱元璋对老人也相当礼遇，常常召见这些人，成绩突出者也可得到升擢，有功的老人也常常给予出仕的机会。

同时，老人的推举也是有规定的，我国自古以来都尊崇"长幼有序""老者自然尊贵"的观念，明初更是明文规定"命有司择民间年高老人，公正可任事者"或者"选年高有德，众所信服者，使劝民为善。"〔4〕《教民榜文》也规定："其老人须令本里众人推举平日公直、人所敬服者或三名、五名、十名，报名在官，令其剖决……"同时还规定"老人理词讼，不问曾朝觐未曾朝觐，但年五十之上，平日在乡有德行、有见识，众所敬服者，俱令剖决事务，辨别是非。有年虽高大，但见识短浅，不能辨别是非者亦置老人之列，但不剖决事务"。但被罢免或者有过犯罪记录的人不在里老人的选任之列，即"不许罢闲吏卒及有过之人充任。违者，杖六十。当该官吏，笞四十"。由此

---

〔1〕 陈明光："汉代'乡三老'与乡族势力蠡测"，载《中国社会经济史研究》2006年第4期。

〔2〕 （明）叶春及著，泉州历史研究会、惠安县志办公室、惠安县文化馆整理：《惠安政书》卷九《乡约篇》，福建人民出版社1987年版，第328页。

〔3〕 （清）刘淇："里甲论"，载（清）贺长龄辑，（清）魏源编：《皇朝经世文编》卷七十四《兵政五·保甲上》，收录于沈云龙主编：《近代中国史料丛刊》（第74辑），文海出版社1973年版，第2638页。

〔4〕 （清）龙文彬纂：《明会要》卷五十一《民政二·里老》，中华书局1956年版，第952页。

可见，明朝前期对里老人的选任是比较重视且严格的。

里老人的职责主要有二，一为"掌教化"，一为"理词讼"，即"导民善，平乡里争讼"，而宣扬教化的职责大多也是通过剖理民间词讼来进行的。《闽书》载，"老人之役：凡在坊在乡，每里各推年高有德一人，坐申明亭，为小民平户婚、田土、斗殴、赌盗一切小事，此正役也"。〔1〕《惠安政书》载："又于里中，选高年有德、众所推服者充耆老，或三人，或五人，或十人，居申明亭，与里甲听一里之讼，不但果决是非，而以劝民为善。"〔2〕里老人剖理民间词讼，既要"钦遵圣制"，又须"合依常例"，即既要遵循国家法律，又要考虑民间规则，可见具有自治性质的"老人听讼"从来都是在国家法允许的范围之内运作的，它奉行着国家礼法与民间礼俗这两条并行的规则体系，而里老人则是协调贯通这两条规则体系的桥梁。关于里老人的职责，下文还要详细分析。之所以要倡导由里老人来剖理民间词讼，而不是由州县官来审理，也是有其深刻的社会原因的。《惠安政书》载：

> 盖耆老里甲于乡里人，室庐相近，田土相邻，周知其平日是非善恶。长吏自远方来，至一旦坐政事堂，求情于尺牍之间，智伪千变，极意揣摩，似评往史，安能悉中。重以吏卒呵于其旁，棰楚罗于其前，视其长吏犹鬼神之，不可晚十语九忘，口未出而汗交颐，何如反复于乡里之间。若子弟于父兄，然得以尽其词说，又况不肖之吏，恣为暴虐，自以解官挺身去耳，无有顾虑。耆老里甲，其乡里长久人也，即有不平，何敢相远，且一被逮往复岁时，它无论道途饮食费已，不赀万一，触忤朴击交下，孰与保家产，全肤体，争于陌头，释于闾尾者哉，是以知县钦遵圣制一，小事付诸耆老。〔3〕

由此可见，老人理讼比州县官理讼具有更大的优势，也容易达到更好的效果。需要提及的是，里老人虽然地位很高，但同时因为其是一乡的道德表率，而且肩负维护基层社会和谐的职责，所以对其自身的要求也更为严格。

---

〔1〕（明）何乔远：《闽书》（第1册），福建人民出版社1994年版，第961页。

〔2〕（明）叶春及著，泉州历史研究会、惠安县志办公室、惠安县文化馆整理：《惠安政书》卷九《乡约篇》，福建人民出版社1987年版，第328页。

〔3〕（明）叶春及著，泉州历史研究会、惠安县志办公室、惠安县文化馆整理：《惠安政书》卷九《乡约篇》，福建人民出版社1987年版，第329—330页。

如若里老人不能决断理讼，致使百姓赴官陈告，"里老人亦各杖断六十，年七十以上者不打，依律罚赎"〔1〕；依《大明律》，"杖六十赎铜钱三贯六百文"。如若里老人徇情枉法，不能公正断案，"以出入人罪论"。如若老人"不行正事，倚法为奸"，或"以断决为由，挟制里甲，把持官府，不当本等差役"，或"里老人在理讼过程中，不能合众公议、搅扰坏事"，"许众老人拿赴京来"。〔2〕如果里老人本身犯罪，"许众老人里甲公同会议，审察所犯真实，轻者就便剖决，再不许与众老人同列理讼。若有所犯重者，亦须会审明白，具由送所在有司，解送京来"。〔3〕可见里老人的地位和职责决定了对其自身更高的道德要求，如违法，还要受到更严厉的惩处。

至于乡约长、乡约正，如果说他们具有半官方性质，则必然指的是官办乡约或经官府认可的民间乡约的约长、约正。官办乡约是乡约发展到一定阶段的产物，并非乡约创立的初衷和主流，这一点放到后面讨论。在明代，还设置了特有的一类权威——粮长。洪武四年（1371年），朱元璋在江浙一带设立粮长制度。凡每纳粮一万石或数千石的地方划为一区，每区设粮长一名。粮长是为了避免胥役直接向民间征收赋税所带来的种种弊端而设置的，由政府指派区内田地最多的大户充当。粮长的主要任务为主持区内田粮的征收和解运事宜，其职权广泛，包括拟订田赋科则，编制鱼鳞图册，申报灾荒蠲免成数，检举逃避赋役人户和劝导农民努力耕种并按期纳粮当差等〔4〕。最初的粮长直接向皇帝负责，直到永乐后期才改为对户部负责。粮长押解税粮至京师，常常会蒙皇帝召见，皇帝向其询问民间情况，回答得好往往能得到皇帝的赏赐，甚至加官进禄。正是因为粮长拥有很多特权，而且其有机会接近最高权力，所以在乡土社会中往往威风八面。

---

〔1〕《皇明制书》卷八《教民榜文》，收录于北京图书馆古籍出版编辑组编：《北京图书馆古籍珍本丛刊》（第46册），书目文献出版社（北京图书馆出版社，现为国家图书馆出版社，以下不再说明）1998年版，第287页。

〔2〕《皇明制书》卷八《教民榜文》，收录于北京图书馆古籍出版编辑组编：《北京图书馆古籍珍本丛刊》（第46册），书目文献出版社1998年版，第288页。

〔3〕《皇明制书》卷八《教民榜文》，北京图书馆古籍出版编辑组编：《北京图书馆古籍珍本丛刊》（第46册），书目文献出版社1998年版，第288页

〔4〕梁方仲：《明代粮长制度》，上海人民出版社2001年版，第1页。

五、乡土权威的社会治理机制

通过对上述传统乡土社会中半官方（或半民间）权威的考察，发现这将乡土社会系统的简单自耦合假设向更复杂的、更具实际意义的乡土系统推进了一步。现实乡土系统并非如我们最初假设的那样，是一个完全的自组织体系，一个纯粹的自耦合系统。乡土系统的条件或者说大社会环境对其输入的信息并不是绝对的任其自治，乡土社会实际上是一个被置于国家公权力监控之下的半自治社会。这样，大环境就对乡土社会的治理效果和模式有了相当的影响，国家公权力越深入乡土社会，乡土社会的自组织功能就越受到限制，反之，则乡土社会的自组织功能会随着国家公权力的后退而发挥更大的作用。

公权力通过乡土社会中的半官方权威向乡土社会系统传递了信息，实现了对乡土社会间接治理的核心目的，人口与土地统计通过这些乡官汇于朝廷；国家的税收源源不断地通过这些乡官流向国库；各种兵丁夫役通过这些乡官奔赴全国各地，参加战争和各类工程兴建；通过这些乡官维持治安，维系了乡土社会的基本稳定，并通过他们以最快的速度获知各种不稳定因素的存在，对于其中严重的犯罪行为往往会采取直接干预的方法。在社会动乱时期，半官方权威还可以组织乡勇团练等地方武装，平反动乱，维持基层安定。国家通过里老人等乡土社会的精神领袖来传递国家的主流文化，宣扬忠孝，实行精神控制；对于民间纠纷，尤其是户婚田土细末之故，鼠牙雀脚至微之争，官府是无暇顾及的，这些冲突都交给里老人等民间精英来处理。

反过来，乡土社会也通过半官方权威向公权力表达诉求甚至是抗争。遇到灾荒之年，粮食歉收，里老人可以凭借他们直觐皇帝的权力将这一信息直达天听，皇帝往往会免除或减除灾区当年或几年的赋税，以示仁爱。有时为了表达亲民之意，皇帝还会热情地接见这些里老人，并认真地向他们了解民间的情况。明代的粮长有时也会运用自身职权和运筹来维护地方的权益。诸如此类，乡土社会系统的信息就会通过这些半官方权威传递出去。

乡土权威异于一般意义上的代表公权力的官方权威，是由一个国家漫长的历史传统中形成的治国模式决定的，而这种治国模式往往与国家的文化体系和客观情况有密切关系。中国自古以来就是一个大国，大国与小国不同，其国家的治理模式也必有其要领。老子说，"治大国若亨（烹）小鲜"，[1]对于大国来讲，其秩序的价值意义更为重要，故中国的传统文化与政治法律制度向来都是事功的，并不追求逻辑上的缜密与体系上的完美，只要在社会生活中能很好地维持秩序稳定，便足够了。中国这一传统的社会治理模式并不把公权力视为唯一的力量而一统至社会的细枝末节，相反，在中国历史上，除了少数时期，往往只把政府设到县一级，国家将广阔的基层社会置于一种"无为而天下治"的状态之中。张仲景在《伤寒论》中多次提到人体的自愈机理，他认为自然病程的结束是伤寒病的自愈机理，人体生命活动的自然调和现象是伤寒病自愈的基础，若一味加以药力干预，反而易使病情异化。这一中医理论对于治理大国亦不失为一个恰当的比喻。社会本身亦有其自愈机制，这就是自治，就如社会这个大"人体"的一道免疫系统，对于一些小病，并不需要国家公权力施以"汤熨针石"，而其"病"自愈。中国传统乡村社会的治理模式向来有此特点。"中国乡村社会是一个礼俗社会，中国自古习惯上将'户婚田土'一类的'民间词诉'归于地方，依据礼仪伦理原则进行处理。"[2]一般来说，在乡土社会中，乡土权威总是先于国家法而存在并发挥作用的，乡土权威是一种自生自发的权威体系，而国家公权力更多的是一种建构、设置而成的权威体系，乡土权威具有比国家公权力更强的历史继承性，这导致在我国历次历史转型期间的乡土社会中，乡土权威总是早于国家权力而存在。就乡土社会而言，本土资源实际上构成了国家公权力进入该领域并产生实效的社会环境。这也正是国家公权力应该且不得不采取有所为，有所不为的态度，将基层社会（至少是乡土社会）中更广阔的空间让与乡土权威来协调规制的原因。乡土社会自治机制的形成与存续是一个历史的过程，不得不承认它在现实的社会结构中仍是适用的。

大国与小国在治理模式上的不同，一个很重要的原因就是地理特征的不同。古希腊的许多城邦都出现过民主制，就像原始社会就曾存在过的民主制一样，所有达到一定年龄条件的成员都可以来参加定期或不定期的"全民大会"，所有成员都可以在"全民大会"上发表自己的意见，通过直接投票来选举领导者，或者决定驱逐一名犯了错的成员。这是一个美好的制度，每个人

<hr>

[1] 《道德经》第六十章。
[2] 梁治平编：《法律的文化解释》，生活·读书·新知三联书店1994年版，第310—321页。

都是这个城邦中的权威，他们不需要像卢梭所设计的那样通过出让自己的部分权利来实现国家的治理，每个人自己就可以把自己的权利行使得很好，所以他们不需要特殊的权威。这种制度最首要的条件就是全体范围必须足够小，如一个村落、一个小镇、一个小城邦，而大国就不可能适用了。大国的治理需要超出一般成员的权威的存在，所以要选择不同的治理模式，首先确立一个权力的核心，由这一核心依据不同地区的差异来适用不同的治理方法，公权力所及之地便把公权力的触角伸向毫末之端，公权力不及之地，便只有交给其他权威进行治理，公权力只要把"其他权威"握在手中就可以了。这就是自治，在某种意义上讲，自治是任何一个社会中都会存在的，只是程度和具体方式不同罢了。

中国传统乡土社会的自治模式最为典型，从中央王朝到地方官府，他们从来都没有放弃过对广大基层社会的控制，而是紧紧地抓住其中的"纲领"，而这些纲领就是乡土社会的权威。国家公权力通过文化的、经济的和政治的手段与乡土权威博弈（对抗与合作），国家公权力与乡土权威之间不是科层式的隶属关系，而是互相博弈、互相依凭的关系。国家公权力正是在与地方权威的博弈中实现了对乡土社会的治理，而乡土社会也正是在与国家公权力的博弈中获得了自治权，乡土权威获得了在乡土社会中的地位和影响。

骂社火与民间社会系统的自组织*

中文摘要：骂社火是一种独特的民俗现象。在骂社火的过程中，人们通过骂这种形式首先构造了一种狂欢的场域，在这一场域中，骂是作为一种娱乐的手段而存在的的。社火所具有的传统娱神娱人的功能在骂中逐渐消退，乡村社会更多的是通过骂社火这一活动，得到了娱乐、宣泄，同时也进行反思。本文通过对骂社火活动进行考察，以系统观为视角，讨论乡村社会通过这一活动实现了系统的自组织功能。

关键词：骂社火；系统；自组织

一、社火与骂社火

社火，通说认为源于远古的祭祀活动，源于祭神时娱神的乐歌与舞蹈。《说文》载："社，地主也。从示，土。"[1]"社"的本义应为土地神。社祭是古代祭祀中的一种要形式。《白虎通义·社稷》载："人非土不立，非谷不食，土地广博，不可一一敬也，故封土立社。"郑玄注云："后土，社也。"[2]《礼记》载：

> 社祭土而主阴气也，君南乡于北墉下，答阴之义也。日用甲，用日之始也。天子大社，必受霜露风雨，以达天地之气也。是故丧国之社屋

---

* 本文曾发表于《湖南警察学院学报》2011年第5期。

[1] （汉）许慎：《说文解字》（上册），九州出版社2001年，第7页。
[2] （清）陈立撰，吴则虞点校：《白虎通疏证》卷三《社稷》，中华书局1994年版，第83页。

之，不受天阳也；薄社北牖，使阴明也。

社，所以神地之道也。地载万物，天垂象。取财于地，取法于天，是以尊天而亲地也，故教民美报焉。家主中霤而国主社，示本也。唯为社事，单（殚）出里；唯为社田，国人毕作；唯社，丘乘共粢盛，所以报本反始也。[1]

这便解释了社祭代表先民对土地的崇拜，而"社"的含义也并不固定，既可以代表土地，也可以代表大地四方、山川河岳等广泛的概念，也可以具象为一个土地神。关于"社"与"社神"的记载与研究非常多，在此不便赘述。社祭的祭法也有许多文献记载，其中非常主要的一个内容就是乐舞。乐舞包括两部分，一部分是音乐与歌咏，一部分是舞蹈，乐与舞的作用就是娱神。这种乐舞就是古代的傩，是后世社火活动的历史渊源。社祭最初是有等级的，有天子之祭，称为"大社"，有诸侯之祭，称为"国社"，大夫则只能在家中进行，故有"家主中霤"之说。也就是说，世俗社会并不允许进行社祭。周代以前，祭祀活动并不像我们今人所认知的那样严肃，而是充满激情与欢乐的活动，直到周代以后，祭祀才逐渐被规范得庄严肃穆。也正是随着官方祭祀的规范，这种娱乐式的祭祀形式才扩展至民间，民间的祭祀活动也正是随着社祭逐渐世俗化才产生的。但其主旨已经不再仅仅是娱神，而更多的是娱己，成了一种民间赛会，一种带有狂欢色彩的盛会。社火也正是在这种意义上流传下来，成为一种相沿于今的远古的符号。

许多学者在其著述中都指出，社火的另一个起源是远古对火的崇拜，这是不符合历史的一种臆测，不能因为社火中有"火"便妄下论断。也许社火娱乐中也有火的因素，但社火本身绝不是源于对火的崇拜。社火的称谓是一种音转，其也被称为"射虎""社伙""社会""社户""社福"，这些称谓不绝于史，俯仰皆是。上文曾谈到，社火源于古代的傩祭，傩祭也分三个等级，即"天子傩""国傩""大傩"。"天子傩"为天子专用，仅限于太社的范围之内，诸侯与庶民不得参与；"国傩"不得越出国社的范围，供天子与诸侯共同享用；"大傩"下及庶民，举国上下共同举行，故又称"乡傩"。《论语》载："乡

---

[1] 《礼记·郊特牲》。

人饮酒，杖者出，斯出矣。乡人傩，朝服而立于阼阶。"〔1〕《后汉书》载：

> 先腊一日，大傩，谓之逐疫。其仪，选中黄门子弟，年十岁以上，十二以下，百二十人为侲子。皆亦帻皂制，执大鼗。方相氏黄金四目，蒙熊皮，玄衣朱裳，执戈扬盾。十二兽有衣毛角。中黄门行之，冗从仆射将之，以逐恶鬼于禁中。夜漏上水，朝臣会，侍中、尚书、御史、谒者、虎贲、羽林郎将执事，皆赤帻卫陛，乘舆御前殿。黄门令奏曰："侲子备，请逐疫。"于是中黄门倡，侲子和，曰："甲作食殂，胇胃食虎，雄伯食魅，腾简食不祥，揽诸食咎，伯奇食梦，强梁、祖明共食磔死寄生，委随食观，错断食巨，穷奇、腾根共食蛊。凡使十二神追恶凶。赫女躯，拉女干，节解女肉，抽女肺肠，女不急去，后者为粮。"〔2〕

从等级来看，一般所言的社火应似于"乡傩"，也就是"大傩"。因为，虽然傩多用于腊祭，但后世上元以后也多用傩。大抵到宋代以后，社火除了其原有的祛灾、禳福的含义外，更多地表现出民间娱乐的特点。

后世社火，各地多有不同，形式多样，如有"背社火"（由一位大人背着一至三个儿童表演）、马社火（骑着马、牛、骡子表演）、地社火、高跷社火、车社火、抬社火、山社火、高芯社火、血社火、黑社火、狮子社火、唱社火、丑社火等。其表演内容更是丰富多彩，如有上竿、跃弄、跳索、相扑、鼓板、小唱、斗鸡、说浑话、杂耍、商谜、合笙、乔筋骨、乔相扑、浪子、杂剧、学像生、倬刀、装鬼、砑鼓、牌棒、道术，有的还配以故事情节，辅以旌旗、仪仗、锣、鼓、铙、钹等乐器，可谓一个民间文艺的"大杂烩"。

骂社火，正是上述诸多社火中的一种比较特殊的类型。骂社火存在于一个相当狭小的范围，这一范围在百千年来甚至都没有发生变化，就是两个隔河相望的小村庄。这两个名为东常与西常的小村庄位于河南西部的灵宝市。灵宝地处豫陕晋三省交界处，境内有古函谷关，曾是沟通洛阳、长安、京都的军事要冲，历来为兵家必争之地。灵宝位于黄河中游地区，故也是中华民族发祥地之一，历史悠久，文化灿烂。早在汉元鼎三年（公元前114年），已建置弘农县；唐开元二十九年（741年），唐玄宗因在函谷关掘得"灵符"，

---

〔1〕《论语·乡党》。
〔2〕（南朝宋）范晔撰：《后汉书》志第五《仪礼中》，中华书局1965年版，第3128页。

易年号为"天宝"，赐县名为灵宝。灵宝在豫陕晋三省交界处，故多元文化在此交汇融合，形成了自身独特的风土人情、文化特色。东常、西常两村现隶属于阳平镇，位于豫西地区秦岭脚下，黄河之滨，属于典型的豫西丘陵地带。此处多历史遗迹，且多与黄帝时期至尧舜时期的历史有关，故历史文化遗存非常丰富，神话传说也很多。关于这两个村子的来历，相传，尧舜时，鼎湖之畔有二墟，一居东，一居西。尧曰："帝始生于东，起东墟为日之有常；西王母勤政于西，起西墟为月之有常。"舜曰："然哉，甚宜。"东墟取日之有常为"东常"，西墟取月之有常为"西常"。又据传说：为纪念轩辕黄帝和西王母，以后每年由殷大夫钱铿（彭祖）主持，由其弟子青鸟公协助，组织祭祀，以乐舞酒宴。春祭一日始，酒宴一日终，中间三日耍社火。群集化妆，列队歌舞，断桐为琴，斫桑为瑟，进行祭祀大典。从历史文献中并未找到类似记载，估计是当地人的一种附会传说。

最早的社火多本诸《周礼》等，大抵以头着羽冠、戴傩面，身披兽皮，手执干戚之类，后佛教、道教也日渐杂以其中，至宋元时又增加了更多的表演形式，逐渐成为一种大型综合艺术会演。相传，唐朝时，一年村民社火表演兴致极高，两村争强好胜，欲罢不能。东常村拿着麦穗，表示耍到麦黄，西常村拿着谷穗，表示耍到谷熟。此举严重影响了豫陕晋三省百姓的生产生活。湖城县令也的确为此事发愁，便立即给皇上写了一份奏折，皇上批御后，从长安送至湖城。为了迎接圣旨，两村共同在河东临时夯打一土台，并精心彩装。就在这一彩台上，湖城县令宣读了皇上的御批。从此，这个土台就被称为"记事台"。为长久计，县令遂命两村把骂社火的规定镌在石碑上，立在河东桥头处，碑文曰："兴骂不兴当场还，从正月十一日开始，十六日结束，东起西落，交替进行三次……谁若违规，罚米三石。"此碑即骂社火碑。据说骂社火碑后来被推倒，扔在东常村的一口深井内，至今打捞不出。这一传说或非信史，然也颇具意趣，为两村的骂社火传统找到了些许历史渊源。总之，东常、西常两村骂社火的历史已经不可考证了，清乾隆十二年（1747年）周庆增、敖启潜、许宰《重修灵宝县志》，清光绪二年（1876年）周淦、方昨勋、高锦荣、李镜江《重修灵宝县志》和1935年孙椿荣、张象明所修《灵宝县志》中都不见东常、西常的名字，只有乾隆十二年（1747年）《重修灵宝县志》中有：西路离城三十五里有"大小常"，未知是也欤？关于骂社火的记载，亦未见诸上述"三志"。可见的最早资料是1935年东常村《本村社虎记》。关于东常、西常两村骂社火的资料还可参见《灵宝民俗志》和《灵宝文史资料》（第6辑）〔1〕中的相关记载。

二、骂社火的形式

宋范成大《上元纪吴中节物俳谐体三十二韵》之"轻薄行歌过，颠狂社舞成"，描写了社火中浪歌狂舞的情景，"骂"便把这一景象推向了极致，是一种酣畅淋漓的宣泄。骂社火正是这一超感觉的体现，所以其最初必然并无甚章法，随意狂喊高呼，尽情歌舞，片刻逃离世俗的道德牵绊，尤似灵魂的暂时解放。后来逐渐相沿成习，产生了一些相对固定的做法，形成一定的程式，我们也因此可以对骂社火的形式进行一番描述〔2〕。

第一，挑社火。顾名思义，挑社火具有挑斗、挑衅、挑骂等含义，目的就是激起对方骂社火的冲动，使社火骂得更加激烈，规模更为宏大。一般而言，从每年正月初二开始，以东常村关帝庙的钟声为准，便开始挑社火。两个村各组织骂阵队（俗称后场子）。骂阵队一般由锣鼓、三眼枪、骂家、护卫等百十人组成。骂家（主骂）翻穿皮袄，表示自己是畜生，对方不要有怨言。骂的对象是对方的"村盖子""人物头""人尖子"。骂阵队打着锣鼓，响着土炮，到对方村挑骂，极尽捏造谩骂之能事，一直骂得对方坐立不安，七窍生烟。叫骂者可采用快板书、顺口溜、独角戏等单人独骂方式，也可采用相声、问答等双人合骂形式，被骂者绝不允许对叫骂者当场还骂，违者要受到全家人手剥一斗稻谷的惩罚。对方无法忍耐时，也敲锣打鼓到想要社火的村还骂，如此反复进行，使斗社火达到高潮。为了激怒对方，初九、初十晚上，一方拉着牲口，背着农具，带着种子到对方村去耕种、耙磨，以羞辱对方，其目的是让对方也敲响关帝庙钟声，同意十一日出社火。初十晚上关帝庙钟声一响，表明今年骂社火达成一致，挑社火便告结束，双方都开始准备。在挑社火过程中，也有约定俗成的禁忌，如"不骂老实疙瘩庄稼汉""不骂异姓外来户""不骂出嫁的闺女"。

---

〔1〕 参见周家樵主编：《灵宝民俗志》，中州古籍出版社1993年版，第218—221页。杨英华："灵宝东常、西常村的'骂社火'"，载灵宝县政协文史委员会编：《灵宝文史资料》（第6辑），内刊，1992年，第149—151页。

〔2〕 关于骂社火的形式，参考了杨青伟、王世学、李晓华根据任世英的初稿整理的非物质文化遗产申报材料。另参见王林："灵宝东西常骂社火研究"，河南大学2008年硕士学位论文。

第二，拜请。社火从正月十一开始，首先拜请队出场。拜请队又称外阵，为朱雀，由探马、三眼铳、开场锣、横额、驮辎、标驮、花锣鼓、大锣鼓、秧歌组、高跷队、乐队、羝羊、竹马、旱船、后坠子等二百余人组成。[1]拜请前，探马先到对方村跑两次，第三次再带上拜请队到对方村预演一圈，意在邀请观众看社火。尤其是后坠子，打扮成各种各样的小丑，边走边骂，边讽刺，增加了骂社火的气氛。

第三，出杆。出杆又称内阵，为左青龙、右白虎。拜请队回到本村后，先鸣放鞭炮，意在驱逐魔怪，以保吉祥，然后有组织有顺序地带上社火杆芯子，在本村指定路线内进行表演，队伍整齐，仿用轩辕帝的金刚仙箕天兵出师阵法，约由八百人组成，甚是壮观。东常、西常两村社火杆芯子历史悠久，源远流长，以铁芯为主，杆的种类繁多，式样齐全，高超惊险。有三人杆、

---

〔1〕 注：①探马。选三匹最好的骡子（本村缺少的可到他村选借），再选善于骑牲口的骑士，装束讲究，以传"圣旨、书签、令箭"为名。自古以来，骂社火就有探马踏死人不偿命之说，所以探马到来，一声马嘶，人群中迅速躲开了一条空道。②三眼铳。土炮的一种，长约30厘米，直径约12厘米，有三个眼，用生铁铸成。若装上火药，用棍棒锥实，有炮眼与外相通，火一点，发出轰响，有驱魔、开路、维持秩序的作用。③开场锣。由两位年纪较大的人手提两面大锣，走几步筛一下，大喝：闲人闪开。④横额。一条红色长幅，上书：××村社火队，其上端系于两根竹竿上，由两人搭撑前行。⑤驮辎。选驴子三头，第一头驴鞍子上系酱菜篓一个，篓上捆一枪或一炮，插一黄旗，上书"令"字；第二头驴驮一大刀；第三头驴驮一包火药，意喻运输武器、物资，有军事行动。⑥标驮。将绸缎被面和刚结婚的新媳妇用品，捆绑在牲口鞍子两侧，上骑一青年男女，头戴眼镜，服饰时髦，意在夸富。⑦花锣鼓。由小锣鼓彩装而成。花楼上部坐一胖娃娃，花楼四角突出，角端各系一根钢丝，外缠花绸缎布料，钢丝尖端系一绣球，前行一步，绣球一摇。一般由两人抬打（前抬后打），筛锣和打钹六至八人。全部服饰时髦，鼓点咚咚。⑧大锣鼓。大鼓一面，锣三到六面，钹三到四幅，一般由八到十人组成。服饰无须讲究，但确统一。打阳平川的大秧歌鼓。⑨秧歌组。一般由中小学生或青年妇女组成，人数可多可少。服饰新颖、统一。组员在大鼓鼓点的指挥下，边行边扭。迨至对方主要场地，组员表演复杂的秧歌，花样百出。⑩高跷队。有高（1.5米）、中（1米）、低（0.8米）三类。其服饰，根据戏剧的角色不同而异。或按鼓点踩跳前行，或按剧情表演踩跳。⑪乐队。由本村能演奏乐器的村民组成，人数不限，服装也不要求统一。行进间，唢呐、笙、胡琴、碰钟齐奏，或唱蒲剧、眉户、秦腔、洛阳曲子，或吹奏现代歌曲，有"唢呐笙管吹破天，豫剧曲子唱红地"之称。⑫羝羊。由东常村民间艺人张某制作，长短、粗细、形状栩栩如生。以竹片扎绑，外糊白纸，纸上贴白毛，内燃蜡烛，以葫芦瓢为头，由绳系之，用手一拉，二羊羝头触声响，甚为有趣。⑬竹马。亦是用白纸、竹片扎糊而成。其马置于青年男女胯下，似人骑在马上，内燃蜡烛，碎步跑行，后有一丑角，手拿鞭子，口吹响哨，赶着竹马。竹马在鞭策下，变幻队形，穿插跑舞。⑭旱船。用竹片、秫秸扎绑而成一小舟，上饰假腿，另一人饰为船夫，双手握桨。随着船桨的动作，船夫飘飘，颇似在江河中行舟，舞得有趣。⑮后坠子。由一主骂者，化装成丑角，骑在牛背上，由戏剧《柜中缘》里的三花脸"淘气"牵牛，牛背上的丑角时而表演杂技，耍帽子、耍小棒、转手帕，时而手持染红的萝卜，若见对方村里的妇女，便投扔过去，吓得那些妇女四处奔闪，意在讽刺那些不正经的女子。

四人杆、穿心杆、竹竿杆、四人过梁杆、青蛇杆、白蛇杆等样式，千姿百态，各具特色。这一民间古老艺术只传男传媳不传女，自拴自抬，保密性极强，从不外传。在拴杆之前，先由本村的文人集中起来，抄列"辞海""辞源""康熙字典"上的词条，然后创编、书写。牌子要求用那个字开始，必须用那个字结尾，首尾贯通，名曰"一线穿"。书写必须用正楷，不然就会给对方留下骂的把柄。牌子写好后，送往各家，各家根据牌子的内容再去拴竿，要求牌子内容与杆的形式统一。牌子的内容多随着时代的变化而变化，带有时代特色。

第四，夜征。夜幕降临时，骂社火达到高潮。先前所有的队伍都集中到一起，各种各样的民间艺术五花八门，盛况空前。尤其是后坠子说顺口溜，念祭文，骂贪官污吏，骂歪风邪气，骂地痞流氓，骂违法乱纪……骂社火就在这轰轰烈烈的对骂中接近尾声。

三、骂社火的内容

骂社火的内容一般分为两类：第一类是技术性的，其目的在于压倒对方；一类是实质性的，目的除了压倒对方之外，更主要的是去除歪风邪气，批判违反伦理道德的行为。前一种主要集中在对方社火队的失误之处，比如牌子的内容与杆不一致，服装或化妆出现失误，杆拴得不牢固等。"内容错，化妆错，古代人穿的矿工靴，秦琼怎唱《长坂坡》？关公的胡子挂到后脑窝。这些错，都不说，为啥社火出到太阳落？"皆属此类。第二类则多是针对对方村里的不良现象，如违法乱纪、虐待老人、家庭不和等。进行有针对性的骂，往往可以使对方对号入座，有则改之，无则加勉。这一类也是本文考察的重点。具体而言，骂社火的内容主要包含了贪官污吏、不孝顺父母、赌博恶习、不良风气等。

在当地，有这样一段歌谣，对骂社火的形式和内容进行了细致的描述：

骂社火

骂社火，真稀奇，这事出在灵宝地。

灵宝县西阳平乡，东常西常有此习。

两村相隔一条河，一在河东一在西。

彼此连畔种庄稼，相互往来结姻戚。

低头不见抬头见，谁也不肯失和气。

一旦社火骂破口，霎时亲戚变仇敌。
此习未知何时起，不知是谁出主意。
相沿成习代代传，后人一辈传一辈。
社火越骂火越大，谁也不肯让服谁。
为骂社火起纠葛，官司打到京城里。
皇上曾经下圣旨，准骂不准结仇气。
只许骂家开口骂，不许听者来接嘴。
年逢正月社火期，两村各自有准备。
东庙钟声为号令，东起西落老规矩。
社火出动一条龙，浩浩荡荡出了村。
报马前行打开路，高跷芯子紧跟随。
海蚌旱船齐出动，后边压着社火队。
社火配合骂手队，锣鼓旗炮来助威。
摆出一个长蛇阵，只见有头不见尾。
红男绿女老携幼，四路观众如流水。
骂手队，脸抹黑，反穿皮袄像小鬼。
示意装扮是畜生，不必计较在心里。
骂手队，口齿利，骂的对象有目的。
骂贪官，骂污吏，骂他做事不讲理。
骂乡绅，骂狗腿，依权仗势把人欺。
骂那闺女不正经，年轻寡妇多淫秽。
骂那儿子不孝顺，骂那媳妇不贤惠。
骂那懒汉不劳动，骂那小偷没脸皮。
骂那赌博不正干，地痞流氓坏东西。
骂那婆婆偏心眼，多嘴婆娘惹是非。
坏人坏事全骂遍，接着再骂社火队。
抓错误，抓漏洞，抓住缺点骂到底。
有讽刺，有嘲笑，一点一滴骂仔细。
骂他祖宗老八辈，后代儿孙不争气。
你骂他，他骂你，两村相互揭老底。
有人听了脸发烧，正好骂的是自己。

> 心里虽然不耐烦，无可奈何把头低。
>
> 有人听了心高兴，只因替他出了气。
>
> 有人说这不文明，有人说这有道理。
>
> 这次如果挨了骂，今后应当作警惕。
>
> 此种习俗传现在，社火骂得有新意。
>
> 歪风邪气怕人骂，以民治民办法奇。

从中可以看出，几乎农村社会中所有与主流社会规范相悖的行为和现象都可以成为骂的对象。通过骂与被骂，在宣泄与狂欢的场域里，在笑过之后，人们不得不反思自身，这便是一乡土社会自我调整、自我维系的过程。

四、乡村社会系统的自组织

如果用系统学的观点来考察乡村社会，完全可以把其视为一个系统。通过对乡村社会这一系统的分析，可以看出骂社火这一现象在此系统维系其自身稳定与发展的过程中所具有的能量。不错，就整个国家乃至整个世界来看，骂社火这一现象无疑是个案，不具有普遍意义，但如果我们将其抽象的特点加以分析就会发现，其实它只是社会自我调适手段中的一种具体形式罢了。

20 世纪 70 年代以来，自然科学前沿出现了一大批诸如"耗散结构论""协同学""突变论""超循环论""混沌理论""黑箱理论"等的新兴理论，它们研究的对象尽管不同，但是都具有共同特征，那就是它们都是非线性的复杂系统，或非线性的复杂的自组织形成过程。所谓自组织系统是指那些无需外界特定指令而能自行组织、自行创生、自行演化，能够自主地从无序走向有序，形成结构的系统。其实，从本质上来分析，这些理论都可以归为系统理论，其所谓自组织的本质其实源于 W. B. 坎农等科学家所发现的内稳态概念。19 世纪，法国生理学家克劳德·贝纳德发现，一切生命组织都有一个奇妙的共性，这就是它们的内环境（组织液、血浆、淋巴）在外界发生改变时能够保持稳定不变。贝纳德感觉到它对于说明有机体奇妙的整体性有着重大意义。他曾以哲学家的口吻写道："内环境的稳定性乃是自由和独立生命的条件"，"一切生命机制，不管它们怎样变化，只有一个目的，即在内环境中保持生活条件的稳定"。[1]

---

[1] 金观涛：《整体的哲学——组织的起源、生长和演化》，四川人民出版社 1987 年版，第 7 页。

最早对这一问题进行系统探讨，并尝试着将之应用于人类社会领域的考察的是美国生理学家坎农。坎农在《躯体的智慧》一书中对这一问题进行了理论探讨并指出，在物体内部保持恒定的状态可以叫作平衡（equilibria）。这个词应用于相对简单的物理化学状态时，意思是在一个闭合系统中已知诸力处于平衡。保持生命体内大多数稳定状态的协调一致的生理学过程，对于生物来说，如此之复杂，如此之专门化——脑、神经、心脏、肺、肾、脾等都要协调一致地工作——以致促使其提出表示这些状态的专门名称：稳态（homeostasis）。这个词不是表示某种固定不变的事物、一种停滞状态，而是表示一种情况———一种可变的而又保持相对恒定的情况〔1〕。他进一步指出，较高等的动物为了保持内环境恒定和一致（也就是说为了保持稳态）所采用的手段可以为建立、调节和控制恒定状态提供若干一般的原则，它们与遭到危机干扰的社会和工业机构所使用的手段有关。或许，一种比较研究将会表明：每个复杂的组织，当它遭受压力作用时，为了防止其功能遭受抑制或其结构迅速瓦解，都必须有它的或多或少有效的自我调整装置。〔2〕那么，进一步的问题随之而来：是否存在着稳定作用的普遍原则呢？在动物机体中发展起来的保持稳定状态的装置可否用来说明在其他地方所使用或能够使用的方法呢？关于稳定作用的比较研究有无启发意义呢？把其他的组织形式——工业、家庭或社会——当作躯体的组织形式来考察，有无用处呢？坎农用单细胞生物与多细胞生物来解释和比附这一问题，试图将这一理论应用到对工业、家庭或社会等其他组织形态的研究中去。

继坎农之后，深入探讨这一问题并形成理论的是诺伯特·维纳和 A. 罗森勃吕特。维纳，美国数学家，控制论的创始人，罗素的学生；罗森勃吕特，墨西哥神经生理学家，坎农的学生和同事。维纳和罗森勃吕特等人在坎农研究的基础上，进一步提出，一个组织系统之所以有受到干扰后能迅速排除偏差恢复恒定的能力，关键在于存在着一个负反馈调节机制。

---

〔1〕 参见［美］坎农著，范岳年、魏有仁译：《躯体的智慧》，商务印书馆 1982 年版，第 8 页。
〔2〕 ［美］坎农著，范岳年、魏有仁译：《躯体的智慧》，商务印书馆 1982 年版，第 9 页。

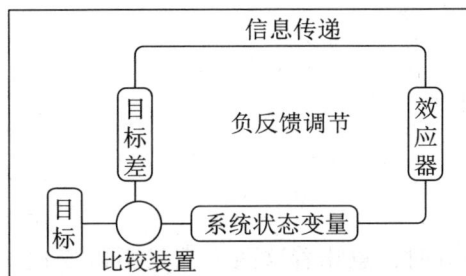

他们指出，系统必须有一种装置来测量受干扰的变量和维持有机体生存所必需的恒值（我们将其称为控制目标）之间的差别，这种差别称为目标差，然后由目标差来控制效应器，只要效应器的作用能使目标差逐步缩小，系统变量在受干扰后就能依靠这种调节机制自动恢复到目标值，以保持"内稳态"中各种变量的稳定。负反馈调节机制的关键在于：由目标差到效应器，一直到系统状态变量，组成一个封闭的环路。负反馈调节使效应器仅仅做出机械的反应，但作为整体却能达到调节的目的[1]。如果说坎农发现了这一现象，对之进行了初步探讨，并开创性地提出了内稳态的概念，那么维纳和罗森勃吕特便是继承坎农的研究，并继用其内稳态概念，提出了一个理论雏形，即负反馈调节机制。在此基础上，维纳于1943年在其《行为、目的和目的论》中最早创立并阐释了控制论，他指出：一切有目的的行为都可以看作需要负反馈的行为。"目的论等于由反馈来控制的目的。"这也就意味着，任何组织达到目的的行为中，一定存在着不同程度的反馈控制。

维纳的发现具有里程碑的意义，但其研究存在一个重大的不足，那就是内稳态或者说内稳机制的起源问题。这种内稳机制是如何产生的？维纳没有系统回答。另外，维纳的理论只适合于分析简单的组织或者系统，对于复杂的系统并不能进行很好的解释，比如社会系统，就不是仅仅用简单的反馈可以把握的。完成这一任务的是 W. R. 艾什比。艾什比是英国生物学家、精神病学家，控制论和复杂系统研究的先驱，提出了"黑箱"（Black Box）概念。

艾什比发现，坎农所讲的内稳态，和数学家早就知道的微分方程稳定性很类似。假定有两个变量的变化规律遵循如下方程：

---

〔1〕 参见金观涛：《整体的哲学——组织的起源、生长和演化》，四川人民出版社1987年版，第13页。

$$\frac{dx}{dt} = P(x, y)$$

$$\frac{dy}{dt} = Q(x, y)$$

当 $\frac{dx}{dt} = 0$，$\frac{dy}{dt} = 0$ 时，意味着这两个变量不再变化。我们称不变的状态 $x0$、$y0$ 为平衡点。显然，平衡点的数目可以由 $P(x, y) = 0$，$Q(x, y) = 0$ 的解来确定。微分方程稳定性理论表明：对于有些平衡点，它是稳定的，即当两个变量受到微小干扰，使 $x0$ 变为 $x0+\triangle x$，$y0$ 变为 $y0+\triangle y$ 时，上述方程决定了这些干扰可以被自动纠正。系统将重新回到平衡点 $x0$、$y0$，而对于有些平衡点，它是不稳定的，微小干扰一旦使系统离开平衡点，偏离就会越来越大。坎农所讲的内稳态正意味着它是那些微分方程稳定的平衡点。艾什比的思想把控制论的研究推向了一个新的高度。在《大脑设计》和《控制论导论》这两本书中，艾什比用这种方法剖析了控制论中的种种反馈调节，发现了内稳态和生物适应行为以及微分方程稳定性之间深刻的一致性。[1] 在维纳的理论当中，作为普遍调节方式的反馈的目标值是要预先确定的，现在目标值总可以从方程 $P(x, y) = 0$，$Q(x, y) = 0$ 解出来，也即是说，艾什比发现，只要两个变量存在着交互作用，即存在着耦合关系。

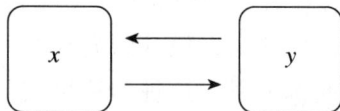

耦合关系

这个耦合就决定了它可能存在平衡点，从交互作用的方式就可以推出平衡点的数目，以及从平衡点的稳定性可以判别反馈是正的还是负的。这样一来，艾什比揭示了包括目的本身在内的内稳机制的起源，即无论系统一开始处于什么状态，这种交互作用都会引导系统达到稳定平衡。也就是说，包括

---

〔1〕 参考 ［美］艾什比著，乐秀成、朱熹豪等译：《大脑设计》，商务印书馆 1991 年版；［美］W. R. 艾什比著，张理京译：《控制论导论》，科学出版社 1965 年版。

目的性在内的调节功能起源于交互作用。

艾什比的理论把其研究方法的使用范围进一步扩大，初步实现了坎农最初的设想，使这一理论体系用于社会科学的研究成为可能。艾什比本人对于这一可能没有作出更多的实践，但他创立了一种方法，一种整体研究的方法，也即"黑箱理论"，后人在这一理论的基础上，进一步探索，衍生出了一套研究诸如社会这样的复杂系统的方法论。

这便是自组织理论的核心。一个自组织的系统实际上就是一个自耦合系统，如下图。

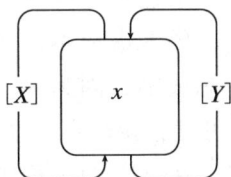

$$[X] \quad x \quad [Y]$$

将系统论运用到对乡村社会秩序的自我调适现象的考察无疑是有一定意义的。关于乡村社会的自治性研究已经产生了很多成果，大都认为乡村社会在国家公权力笼罩之下仍然保存着一套自我维系机制，而这种机制往往又通过宗族、乡约等更具体的系统来分析，很少有从乡村社会整体来探讨其自组织性的成果，这其实给系统论的研究方法提供了空间。

我们暂且忽略乡村社会的外部环境，而把其仅仅看作一个封闭的系统。这一系统的构成元素就是人，其结构是一个网状结构，这是由乡村社会是一个熟人社会的特点决定的。那么，通过骂社火这种活动，乡村社会这一系统输入和输出了什么样的信息呢？

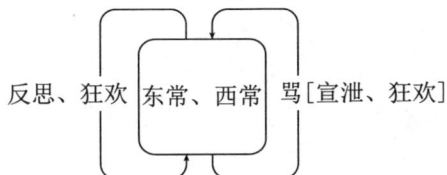

反思、狂欢 | 东常、西常 | 骂［宣泄、狂欢］

如果我们将东常、西常两村作为一个整体——一个乡村社会系统，那么，其首先输出的信息是骂，在骂的过程中，其首先感觉到的是一种狂欢的"超感觉"。正如巴赫金所指出的那样，狂欢具有无等级性、宣泄性、颠覆性和大

众性。在狂欢的过程中，人们进行各种可笑的仪式和祭祀活动，国王和乞丐可以同台演出，充满了戏谑和发泄。狂欢是全民的，无论平民还是统治者都可以参加，使人摆脱一切等级、约束、禁令。这就形成了一个暂时与现实制度相隔离的第二世界，"在这里，节庆性成为民众暂时进入全民共享、自由、平等和富足的乌托邦王国的第二种生活形式"。[1]在骂社火过程中，人们都从中感受到了暂时忘掉现实的快乐。同时，骂也是一种宣泄。在人们正常的现实生活当中，对于熟人社会来说，最大的特点就是关系，生活在关系网当中的人们形成了评价是非的标准。一个人可以以这个标准去评价所有的人，因为每个人都通过关系网与自己联系起来。但评价并不意味着随时可以宣泄出来，因为这会破坏关系的稳定，要考虑成本。但在骂社火的过程中，却可以毫无忌惮地宣泄出来，不用考虑成本，因为大家有约定俗成的免责条款。宣泄可以使人们加强对系统的认可度，减轻不满情绪。

系统的信息输入就是被骂，在被骂的过程中，骂社火仍然被视为一种狂欢的场景，在这种氛围中，不会明显地感到被侮辱，而是一种娱乐。这一点与骂是一样的。但骂社火结束了，人们脱离了这样一个狂欢的场景，反思的信息输入就会产生。一个人首先会反思自己有没有在骂社火过程中被骂到，如果有的话，会继而考虑到其他的人会不会也把自己看作被骂的核心。这便会影响到自己的信誉，从而破坏自己的关系网。弥补的最好办法是改善自己的信誉，恢复被破坏的关系网。作为村干部，要反思自己有没有"占便宜"，反思自己有没有给村里办实事；作为儿女，要反思自己是不是孝敬父母；作为村民，要反思自己有没有游手好闲、好吃懒做，有没有酗酒赌博等恶习……这种反思实际上涉及乡村社会的方方面面，乡村社会的每一个子系统都可以通过这一机制得到改善，从而实现乡村社会系统整体的自组织。

---

〔1〕［苏联］巴赫金著，李兆林、夏忠宪等译：《拉伯雷研究》，河北教育出版社1998年版，第11—12页。

中国古代基层社会民间规范体系略论[*]

中国古代基层社会民间规范体系略论[*]

中文摘要： 一般认为，中国古代社会是一个专制的社会，但在州县以下广大的基层社会，国家公权力往往并不是直接接触民众的，二者之间还隔着一个民间社会权威体系。这个权威体系有着相对独立的价值取向和一定意义上的地方自治，国家只能利用这一"基层社会内生权力结构"来推行专制。这使得古代基层社会治理成为在国家法影响之下，乡土权威凭借民间规范管理基层事务，维护社会秩序的过程。在所有的民间规范中，尤以血缘宗族规范、地缘乡约规范和业缘行会规范最为典型，它们构成民间规范体系的基本框架，与国家法同核相生，在基层社会治理过程中发挥了重要作用。

关键词： 宗族规范；乡约规范；行会规范；民间规范体系；同质性

中国古代地方社会治理模式，在很长的时间内都保留着专制与自治相结合的特征，国家权力通过民间权威来实现对基层社会的控制与管理，以维系治安，征收赋税。与此相应的，在地方法治体系中，除国家法外，还存在着大量半官方甚至纯民间的规范，在地方基层社会治理中发挥了不可替代的作用。"这部分法律往往与国家法不尽一致，乃至互相抵牾，但并不妨碍它们是一个社会法律秩序中真实和重要的一部分，甚至，它们是比国家法更为真实而且在某些方面也更重要的那一部分。"[1]

"那些产生于特定社区内，在人们长期生产、生活过程中约定俗成的，用

---

* 本文曾发表于《贵州师范大学学报(社会科学版)》2014年第1期。

[1] 梁治平：《清代习惯法：社会与国家》，中国政法大学出版社1996年版，第35页。

以划分人们权利义务和化解社会冲突，并且具有强制性、权威性、规范性和一定约束力的行为规范，它们是在特定人群长期生产、生活中所形成的，最具代表性的如习惯、习俗、礼节、仪式、禁忌、乡规民约、家族法规、宗教戒律、行业章程等。"[1]这些规则并非杂乱无章，而是按照一定的标准分类组合，构成了民间规范体系这一整体。以法的特点来评判，以地缘为纽带的乡约法，以血缘为纽带的宗族法，以及以业缘为纽带的行会法，构成了民间规范体系的基本框架，其发展也使该体系日益完善，为古代基层社会治理提供了重要的参考依据。对乡约法、宗族法、行会法产生和发展的梳理，将描绘出民间规范体系的大概轮廓，为研究民间规范的作用、与司法实践的关系、与国家法的博弈等问题奠定良好的基础。

一、宗族规范及其历史发展

瞿同祖通过家族、婚姻、社会阶级等风俗习惯以及宗教对法律的影响的探讨，揭示出中国古代法律的主要特征是家族主义和阶级概念，认为它们既是中国社会的基础，也是中国法律所着重维护的制度和社会秩序。[2]同时，家族本身也必然成为社会治理中不可或缺的一环，家族自身的整合共同构成社会秩序维系的基础。宗族法便是建构在血缘家庭的基础上，由宗族组织的首领或者族长制定，反映宗族领袖或家长意志，以世代相承的血缘谱系界定宗族成员间的权利与义务，维持宗族生存与发展秩序，以宗族和国家的力量保证其实施的规范的总称。宗族法作为约束宗族成员的规则，其运作更多地体现了伦理的作用或对伦理的依靠，在这一框架下，长幼尊卑得以各司其职，墨守本族道德规范和清规戒律，不敢逾越本分。虽然从人类社会史发展上看，依托血缘的力量逐渐弱化，但由于中国具有家国同构的"宗法制"传统，新的地方治理方式仍不能脱离血缘关系而存在。因此，在民间规范体系中，宗族法发挥着基础的功能，是其他乡土规范乃至传统国家法的基础。

宗族法在特定的历史背景中产生和壮大。自先秦至隋唐，家国同构的统治模式使国家法中充斥着家的元素，加上宗族势力的不断壮大，为宗族法的

---

[1] 刘志松：《乡土自治——系统观与中国传统乡土社会的自组织》，河南人民出版社 2011 年版，第 126 页。

[2] 瞿同祖：《中国法律与中国社会》，中华书局 1981 年版，导论第 1 页。

形成提供了良好的土壤。夏禹"家天下"的家族统治传统，以及西周宗法制的确立，使贵族统治权成为家族世袭的核心内容。汉武帝罢黜百家，独尊儒术后，官僚多以经术起家，至东汉时逐渐形成累世公卿的状况。又因东汉政权在豪强地主支持下建立，豪强地主必然通过影响法律制度维护士族地主在政治、经济、文化等各方面的特权。东晋时门阀政治达到鼎盛，豪门旺族的家法族规对国家法造成了重大的影响。隋唐科举制的兴起、门阀制度的消亡使上流家族遇到前所未有的危机，但这种制度变更并未给宗族法的发展带来阻碍。科举制度的实施，使底层宗族有了跻身上流社会的机会，而原来的上流宗族如果不能有效维系，也可能迅速衰落。在这种情况下，上流宗族和底层宗族都必须加强宗族内部制度建设，因而，制度的变更反而是对宗族法发展的促进。

宋元以降，宗族的组织管理成为基层社会治理的主要内容，使得任何地方官吏都不能无视宗族组织的存在。宗族组织为了自身"福泽永葆"，相继制定宗族内部规范，这些或劝谕或强制的宗族法规范，便成为地方基层社会治理的第一层规范网络。为了基层社会治理的成功与有效，国家与地方官不得不承认宗族法的效力，于是产生了宗族法与国家法并行，甚至在基层社会治理中优先发挥作用的现象。《窦山公家议》提到了国法和家规之间的微妙关系："尝闻法为规矩之原，规矩为法之用，而治国齐家行之者一也，然国法立而天下治，家法立而内外肃，则法之不可废者明矣，且法之行之而渐弛，缘以意不诚故也耳。治国者充内帑以仁养士，振纲维而百姓劝，齐家者置常产以睦敦伦，明诗书而长幼序，分司其职，策运其源，庶临事无措事之艰，日久无废怠之政，皆当先挈其诚，而齐家之法，始不替矣。"[1]在这种情况下，宗族权贵为了强化宗族秩序，保护自身利益，提高宗族法的地位，又进一步将国家法律、民间习惯及纲常礼教等规范纳入到宗族法之中，使得国家法成为宗族法的后盾，宗族法的族内效力以及官吏对宗族法的认可度大大加强。

从宗族法的内容、调整范围和方式来看，明清以前，虽然宗族组织初步建立，但对于内部社会关系的调整一般停留在以习俗与礼为准则的阶段，宗族法在内容上缺少对社会生活各个方面的具体的系统规定，同时，在形式上，

---

[1]　（明）程昌：《窦山公家议》卷一《管理议》，收录于楼含松主编：《中国历代家训集成》第 3 册《明代编一》，浙江古籍出版社 2017 年版，第 1757 页。

也缺乏法律特征，而以伦理性说教和习惯为主。例如，南北朝颜之推在《颜氏家训》中谈道："夫圣贤之书，教人诚孝，慎言检迹，立身扬名，亦已备矣。魏、晋以来，所着诸子，理重事复，递相模效，犹屋下架屋，床上施床耳。吾今所以复为此者，非敢轨物范世也，业以整齐门内，提撕子孙。夫同言而信，信其所亲；同命而行，行其所服。禁童子之暴谑，则师友之诫，不如傅婢之指挥；止凡人之斗阋，则尧、舜之道，不如寡妻之诲谕。吾望此书为汝曹之所信，犹贤于傅婢寡妻耳。"[1]由此可知，《颜氏家训》之主要目的在于教育子孙，范围有局限性，且几乎没有法律规范的特性。至宋代，司马光的《书仪》和《家范》，范仲淹的《义庄规矩》以及朱熹的《家礼》，规定得更为完善和全面，使宗族法在规范化、系统化和庶民化方面有了进一步的发展。

范仲淹于皇祐二年（1050 年）制定的《义庄规矩》，是范氏义庄的行为规范，其对领口粮、领衣料、领婚姻费、领丧葬费、领科举费、借住义庄房屋、借贷等多个方面的规定使得宗族法不断充实。自范仲淹次子范纯仁开始的增修续订，则使这一宗族法更加全面，最终成为影响家族治理八百年的家法族规。此外，南宋大儒朱熹于淳熙三年（1176 年）完成《家礼》，由于此书传播极广，对宗族法的发展也起到较大推动作用。

至明清时，宗族法进入完善和成熟阶段。当时，几乎世家大族皆有家法族规，或者制定单行本，或者寓于家谱族谱之中，如吕坤作《闺范》，方孝孺作《齐家》，徐三重作《家则》。此时，家法族规的称谓也逐渐丰富，如宗约、宗禁、族约、族范、祠约、祠规、家规、家训、家箴、祖训、长训、规条等。乾隆五年（1740 年），江苏武进《胡氏家谱》载："谱必有例，有宗约，有祠禁，有孝弟力田之规，俾子孙世世循守，斯不失裕后之至意。"[2]纵览这些家法族规，其内容不仅有教导族众及其子孙以应有的生活态度方面的规定，治家处世等事项，还存在大量调整本家族内部关系及家族之间的行为规范，既要求族人忠君国、孝父母、敬师长，又规定息争讼、戒赌博、诘盗贼，具备了道德和法律规范的双重身份。这使得宗族法的基层社会治理功能得以更全面地发挥。从史料上看，明清时，通过制定规范社会治理内容的家

---

〔1〕 （北齐）颜之推著，庄辉明、章义和译注：《颜氏家训译注》，上海古籍出版社 2016 年版，第 1 页。

〔2〕 常州毗陵修善里《胡氏宗谱》卷首《纂修胡氏宗谱原序》，收录于冯尔康主编：《清代宗族史料选辑》（中），天津古籍出版社 2014 年版，第 820 页

法族规，实现了宗族乃至整个基层社会的秩序与和谐。有学者指出，明清时期有的家族把注意力转移到家族和社区内部的建设……他们不再执着地强调恢复"宦族"地位，而是更倾向于把其家族的生存环境作为一个社区来整治和管理。[1]正是这样一个个相对独立的家族的和谐才构成了基层社会的法治，家法族规的精神与内涵甚至还会辐射到全部社会生活中去，从而影响整个国家的社会治理。

二、乡约规范及其历史发展

我们习惯把乡约组织的领袖称为"乡约"，比如在陈忠实的小说《白鹿原》中有一个政府任命的乡约鹿子霖，乡民称他"鹿乡约"。同时，也可把大家经过公议形成的规范称为乡约。同样是在《白鹿原》中，朱先生亲手铲除了罂粟，手撰了约法，白嘉轩在祠堂主持公议，要求大家背诵，也称为乡约。但是归根结底，乡约是一种组织形式。在中国传统基层社会治理背景下，乡约可以理解为一种规则，进一步讲是一种社会组织方式，或者再进一步讲是一种社会治理系统。传统乡土社会中，人的流动少，人民大都固定在一定的地缘和血缘关系中，固定的境遇使他们具有了共同的需要，这种需要之中就包括秩序。乡约作为规则、组织形式或者治理系统，在传统中国社会的秩序构造中发挥了重要的作用，代表了传统基层社会治理的基本特点。

在这里我们主要是从第二种含义，也就是从规范意义上来分析乡约，即乡约法。乡约法之出现，与传统乡里制度相为表里。中国古代治理基层社会的乡里制度倡导"出入相友，守望相助，疾病相扶持"的整合观念，在政府和君主的主导下，具体的制度和规范逐步固定，但其主要是为了统治，一是秩序的维系，二是赋税的征收。我们所讲的具有自治意义的乡约法，则是调和官府与社会各自利益的产物，兼具国家治理和社会自治的功能。

北宋熙宁九年（1076年），京兆府蓝田儒士吕大钧制定的《吕氏乡约》提出在本乡推行乡约这一新型的地方组织形式，陕西蓝田部分地区士绅纷纷效仿，乡约得以逐步推开。我们姑且把《吕氏乡约》看作乡约法的发端。

在《吕氏乡约》这部乡约法中，不但有诸如家法族规中的原则性和教化性规定，对行为和赏罚等具体规范也作了明确的规定。但可惜的是实施不久，

---

〔1〕 周天游主编：《地域社会与传统中国》，西北大学出版社1995年版，第60页。

北宋即亡。百年之后，朱熹重新发现《吕氏乡约》并对其进行了进一步的修订和阐释，撰为《增损吕氏乡约》，削弱了其"法"的规范性质，增强了其"约"的教化色彩，取消了其中原有的较为严厉的惩罚措施，增加"读约之礼"，并且合并了乡约和乡仪的相关内容，以劝导的方式使之更容易被接受，以便更易推行。乡约经朱熹修订后，礼仪的成分加重了，感化原则体现得更为强烈，加之社会环境相对稳定，使乡约得到了更为广泛的传播，对后世的影响也更大。可以说，从《吕氏乡约》到《增损吕氏乡约》，是在儒士主导、官府默认的背景下一种社会自组织规范逐步成熟的过程。

元代乡约的发展受到了阻碍，但到明初便很快恢复了生机。朱元璋出身社会底层，对基层社会比较熟悉，他亲自完善基层社会治理框架，将里老人、乡约等整合成一套完备的体系，大力推行。洪武二十八年（1395年），应天府上元县典史隋吉建议户部以编民百户为一里[1]，也就是一个单元，实行单元式管理。一个单元之内编户之民的婚姻、死丧、疾病、患难、春秋耕获诸事要实行互助，以实现百姓亲睦，淳风厚俗。洪武三十年（1397年），朱元璋仿古制命户部下令天下民每乡里各置木铎。按古制，铎分为金、木，金铎和木铎的功用则以五行来阐释，铎以金为之，则取乎义，而于时为秋。秋则其气肃，而以杀为主，故所用多在乎武事。以木为之，则取乎仁，而于时为春。春则其气温，而以生为主，故所用多在乎文。概括地说，即金铎以振武威，木铎以宣教化。所以《论语》中有"天下之无道也久矣，天将以夫子为木铎"[2]的说法。朱元璋正是为了强化对基层社会的教化，才下令恢复古制。《左传》中有转述《夏书》的记载，即"遒人以木铎徇于路"[3]，并且在每一里选年老或瞽者，所以还规定每月六次持铎徇于道路，曰："孝顺父母，尊敬长上，和睦乡里，教训子孙，各安生理，毋作非为。"这就是后世影响极大的"洪武六谕"的原本，其成为明清两代教化民众的主要内容，被各地乡约、族约、家规等广泛引用。朱元璋又下令在每村设一面鼓，凡遇农种时节，清晨鸣鼓集合众人，大家听到鼓鸣，便要到田里劳作。怠惰之人，还会受到里老

---

[1] 洪武二十八年（1935年）二月，"己丑，谕户部编民百户为里。婚姻死丧疾病患难，里中富者助财，贫者助力。春耕秋获，通力合作，以教民睦"。参见（清）张廷玉等撰：《明史》卷三《太祖三》，中华书局1974年版，第52页。

[2] 《论语·八佾》。

[3] 《尚书·胤征》。

人的督责，如果里老人纵其怠惰不加劝督，也要受到惩罚。同时规定，凡是遇有里民婚姻、死葬、吉凶等事，一里之内，互相赒给，不限贫富，随其力以互相资助，从而实现人相亲爱，风俗淳厚。[1]

明成祖朱棣延续了其父的政策，继续倡行乡约。万历时右都御史王樵曾在为其家乡所写《金坛县保甲乡约记》中谈道："至成祖文皇帝，又表章《家礼》及《蓝田吕氏乡约》，列于性理成书，颁降天下，使诵行焉。噫！二百余年治平之美岂无自而然。"[2]有了朱元璋、朱棣父子的推动，许多名臣硕儒，如方孝孺、王阳明、吕坤、章潢、刘宗周、陆世仪等，都纷纷响应，在任职地或者家乡致力于推行乡约。在官府和儒士的倡导下，许多乡绅也在本乡本土推行或率行乡约，都对乡约规范的制定和乡约组织的推行起到了很大的作用。

正德十三年（1518年），王阳明平定了江西、福建等地多年的匪患，但多年的社会混乱之后，民风浇漓，"民虽格面，未知格心"，恰恰他在南康偶然发现了《吕氏家约》。说来也巧，这南康吕氏正是蓝田吕氏的分支，这《吕氏家约》与蓝田《吕氏乡约》自为源流。于是王阳明以此为蓝本，告谕父老子弟，倡导推行乡约，也就是对后世影响颇大的《南赣乡约》。他认为那些盗匪之所以"弃其宗族，畔其乡里，四出为暴"，都是因为官员"治之无道，教之无方"，当地父老子弟有失教导，难辞其咎。于是他才决定推行乡约，希望"自今凡尔同约之民，皆宜孝尔父母，敬尔兄长，教训尔子孙，和顺尔乡里，死丧相助，患难相恤，善相劝勉，恶相告戒，息讼罢争，讲信修睦，务为良善之民，共成仁厚之俗"[3]，从而发展成乡约、保甲、社学、社仓四者合一的乡治系统。朱熹《增损吕氏乡约》《家礼》《劝谕榜》等规范更强调自上而下地教化民众，要求"孝顺父母，恭敬长上，和睦宗姻，周恤乡里，各依本分，勿为奸盗"，这显然与后来"孝顺父母，尊敬长上，和睦乡里，教训子孙，各安生理，勿非为"的"洪武六谕"是一脉相承的。进一步讲就是站在官府的立场，以自上而下的姿态来推行乡约。王阳明虽然同样是政府官员，但他更多是从民众自身出发，强调自下而上的规范，让民众发挥他们的道德

---

〔1〕《明太祖实录》卷二百五十五，洪武三十年九月辛亥条，上海书店出版社 1984 年版，第 3677—3678 页。

〔2〕（明）王樵：《金坛县保甲乡约记》，转引自牛铭实编著：《中国历代乡规民约》，中国社会出版社 2014 年版，第 318—319 页。

〔3〕（明）王守仁著，吴光等编校：《王阳明全集》，上海古籍出版社 1992 年版，第 600 页。

性。这充分体现了"民治"的色彩，应该是乡约发展的一种正确方向。杨开道在《中国乡约制度》中甚至推断，如果没有清代乡约的退化，"假以时日，整个乡治或者可以立定基础，成为中国民治张本"。[1]

在王阳明的倡导下，其弟子门人纷纷以《南赣乡约》为根本，在自己的家乡或任职之地推行乡约，这同时也带动了众多儒士和地方官纷纷倡行乡约。章潢，南昌一带王门领袖，曾主白鹿洞书院讲席，影响力很大。他效仿王阳明，推行保甲、乡约、社仓、社学。他认为，乡治应包括保甲、乡约、社仓、社学四者："保甲之法，人知足以弭盗也，而不知比闾族党之籍定，则人自不敢以为非。乡约之法，人知其足以息争讼也，而不知孝顺忠敬之教行，则民自相率以为善。由是社仓兴焉，其所以厚民生者为益周。由是社学兴焉，其所以正民德者为有素。"[2]从功能来看，保甲的作用在于禁奸止非，乡约的作用在于使人为善，社仓的作用在于富民养民，而社学的作用在于使人开化育德。同时推行，相为表里，则定会天下太平。

黄佐，家学深厚，父祖皆为一代儒宗，他博通经史，曾与王阳明辩难知行合一之旨，被认为是继丘浚、陈献章之后，岭南儒学的又一位集大成者，是一位在岭南思想史上占有重要地位的思想家。嘉靖时，他特作《泰泉乡礼》，并着力推行。《泰泉乡礼》凡六卷，首先是乡礼纲领，以立教、明伦、敬身为主，然后是冠婚以下四礼，各有具体规范，然后是乡约、乡校、社仓、乡社、保甲五事，旨在端本厚俗，最后附《士相见礼》《投壶礼》以及《乡射礼》。《泰泉乡礼》对后世影响极大，《四库全书总目提要》称其"简明切要，可见施行，在明人著述中尤为有用之书"。[3]

唐灏儒，浙江德清名士，崇祯年间倡议创立葬亲社，订《葬亲社约》，规定社约中人有家贫无力葬亲者，要互相周济，以免因不能安葬父母而犯下不孝之罪。其组织和管理方法十分精密，时人竞效此法。陈宏谋对之十分赞赏，称："唐子以葬亲为社约，醵金相助，众擎易举。虽极贫寒，得此亦可以举棺矣。而又有不葬之罚。相规相劝，无不以葬亲为事。使不葬者，无以自容。庶几同社中，可无不葬亲之人矣。其经营之善，用意之厚，不诚可以劝孝而

---

〔1〕 杨开道：《中国乡约制度》，山东省乡村服务人员训练处 1937 年印本，第 266 页。

〔2〕 （明）章潢：《图书编》卷九十二《保甲乡约社仓社学总序》，收录于中华文化通志编委会编：《中华文化通志》，上海人民出版社 2010 年版，第 316 页。

〔3〕 （清）爱新觉罗·永瑢、纪昀等编：《四库全书总目提要》卷二十二《泰泉乡礼提要》。

励俗耶。"[1]

正是这些儒士的推崇使得乡约在明代取得了巨大的发展，其形式也逐渐丰富，内容上与宗族等其他组织逐渐融合，成为一种重要的基层社会治理规范。

清初，很多地方继承了明代的乡治传统，继续推行乡约。如陆陇其在灵寿县申明乡约、乡长、保甲、地方之制，认为这是《周礼》"比闾族党之遗意，所以美风俗，而遏奸宄盗贼之源也……其举乡约，必择知文义行端悫者，亲为讲解孝弟睦姻之训，使之教于乡。规条备具。巡抚于公成龙下其法行之他郡县"。[2]与此同时，政治背景正在发生变化。清初的统治者对于乡约功能的关注点正在从教化转向控制，中央王朝对于乡约本身的控制也越来越严格，虽然表面上大力推行，但乡约已逐渐失去它本来的民间自治性质。

顺治十六年（1659年），顺治帝以朱元璋"洪武六谕"为蓝本，议定"六谕"，令五城各设公所，择善讲人员，讲解开谕，以广教化。直省府州县，亦皆举行乡约。该城司及各地方官，责成乡约人等，于每月朔望日，聚集公所宣讲。[3]康熙九年（1670年），康熙帝进一步丰富"六谕"，制定《上谕十六条》并颁行，"晓谕八旗及直省兵民人等，令各府州县乡村人等切实遵行"。[4]康熙十八年（1679年），浙江巡抚赵士麟进一步衍说《上谕十六条》，辑为《直解》，缮册进呈，经议准，通行直省督抚。照依奏进《乡约全书》，刊刻各款，分发府州县乡村，永远遵行。[5]康熙二十五年（1686年），覆准《上谕十六条》，令直省督抚转行提镇等官，晓谕各该营伍将弁兵丁，并颁发土司各官，通行讲读。[6]雍正二年（1724年），雍正帝对《上谕十六条》分别进行阐释，制成《圣谕广训》十六章，共计万言，刊刻颁行，分发府州

〔1〕（清）陈弘谋撰：《五种遗规》，凤凰出版社2016年版，第286页。

〔2〕（清）陈廷敬：《午亭文编》卷四十四《监察御史陆君墓志铭》，收录于张玉玲、张建伟整理：《阳城历史名人文存》（第3册），三晋出版社2010年版，第850页。

〔3〕《清实录》（第3册）《清世祖实录》卷六十三，顺治九年二月庚戌，中华书局1985年影印版，第3册，第490页。

〔4〕（清）郝玉麟等监修，（清）谢道承等纂修：（乾隆）《福建通志》卷首一《典谟一·谕旨》，清乾隆二年（1737）刻本。

〔5〕（清）素尔讷等纂修，霍有明、郭海文校注：《钦定学政全书校注》，武汉大学出版社2009年版，第291页。

〔6〕（清）郝玉麟等监修，（清）谢道承等纂修：（乾隆）《福建通志》卷十四《典礼·乡约讲读圣谕》，清乾隆二年（1737）刻本。

县乡村，令生童诵读。每月朔望，地方官聚集公所，逐条宣讲，兵民皆得恭听。[1]在顺康雍祖孙三代的大力提倡、督促下，清代各地方普遍设立了乡约组织，制定有乡约规范。这些组织、约文虽因各地情形不一而不尽相同，但其基本精神都是以上述《上谕十六条》《圣谕广训》等为宗旨，结合本地具体情形加减而成。从形式和规模上看，地方乡约规范非常整齐划一，规模数量远较明代为多，但由于清代乡约由礼部管辖，单纯用来司教化，以宣讲圣谕为主，把乡约变成了宣讲圣谕的"讲政"。正是由于乡约本身自治色彩渐失，实施效果也不好，才使得清代乡约出现倒退。

总体而言，宋以降，乡约法亦逐渐形成了一套相当完备的地方规范体系，这一规范体系把农村生活的方方面面都包括进来，使得全体村民受教化、守乡约，为地方社会治理奠定了坚实基础。

三、善会、帮会与行会规范

地方民间规范中除了以地缘为基础的乡约法和以血缘为基础的宗族法之外，还有大量的其他类型的规范，如以慈善团体为基础的团体法、以帮会为基础的帮会法、以行业为基础的行会法等。

在团体法中，以慈善组织的规条和帮会组织的帮规最具代表性。首先简单探讨慈善组织规条。明万历十八年（1590年），杨东明在虞城县创立了同善会，并制定了《同善会条约》[2]，但该规定内容粗陋，尚未成规模。万历四十二年（1614年），东林党人高攀龙、陈幼学等人召集士绅在无锡创立了同善会，其宗旨在于使"寒者得衣，饥者得食，病者得药，死者得槥"。无锡同善会制定了《同善会规例》，较《同善会条约》更为系统规范。随着东林党人影响的扩大，江南主要城市都建立了同善会，数目达十几所，每会人数多达百人。崇祯四年（1631年），陈龙正创立嘉善同善会，宗旨亦在劝人为善为诚。嘉善同善会常年救济贫民，遇灾荒之年，便核实贫户推行"散粮之举"，帮助百姓渡过难关。但会规中对于救济对象的条件有严格规定，一般只有符合道德标准的贫困百姓才能得到救助。在确定救济对象时，品质考核被

---

〔1〕（清）郝玉麟等监修，（清）谢道承等纂修：（乾隆）《福建通志》卷首一《典谟一·谕旨》，清乾隆二年（1737）刻本。

〔2〕（明）杨东明：《山居功课》卷一《同善会条约》。参见［日］夫马进著，伍跃、杨文信、张学锋译：《中国善会善堂史研究》，商务印书馆2005年版，第81—115页。

放在主要地位，孝子、节妇、读书人能得到优先照顾，而赌徒、衙役、屠夫、僧人道士即使生活再困难，也被排斥在外，因此人们若想得到同善会的帮助，就必须根据会员们平日见闻，推荐救济对象，经过考核后，同善会向被确定的救济对象发放"照印单"，作为领取救济的凭证等。

从万历后期到崇祯年间，武进、太仓、昆山等地先后创立了同善会，其中，尤以太仓州同善会最为著名。太仓州同善会的创立者是明末复社领袖张采，而太仓州同善会的实际经营者是当地的生员们。明后期的同善会一直很活跃，甚至一直延续到清乾隆时期。如清代枫泾蔡维熊便于乾隆元年（1736年）倡集千金创建民间慈善组织同善会，以扶贫济困为己任。后其又捐资、置田、买屋，使慈善事业得以振兴，南北民众均受其益。同时，在乾隆年间，该同善会还制订了《枫泾同善会规条》。这一行规明显继承了高攀龙无锡同善会《同善会规例》的内容，但规模更大，体系更完善。清中期以后，善会得到了极大的发展，不唯同善会，保婴会、育婴堂、恤婆会、儒寡会、恤颐堂、恤孤局、救生局、施药局、栖流局、施棺代赈会、惜字会、惜谷会等不一而足。据统计，明清时期全国的善堂数目大致育婴堂 973 个，普济堂 399 个，栖流所 331 个，清节堂 216 个，施棺局 589 个，综合善堂 338 个，其他善堂 743 个。[1]各善会一般都制定了会约，如《保婴会规条》《恤婆会条约》《清节堂章程》《儒寡会规条》《救生局章程》《施药局章程》《救荒章程》等。会约分别对结社的目的宗旨，机构人员的组成来源，善会财物的募集管理、分配监督办法以及奖励惩罚措施等做了明确的规定。

至于帮会法，则主要产生于古代各种各样的帮派或会社中，属于其内部规范。从后汉刘关张桃园结义始，以"义"字为终极追求的帮会组织便在历史上不绝如缕。绿林、赤眉、瓦岗、水泊、洪门、天地会、清门、哥老会，以至太平天国的拜上帝会，皆有此性质。刘黎明在谈到中国古代帮会时指出了其典型特征：在组织上，帮会采取开山立堂、结盟拜会的方式招募群众。十百为群，不序年龄、结为兄弟。一人有难，大家帮助。如若负盟，刀下身亡。在成员构成上，帮会的首领多为散兵游勇、江湖侠客，其下层大多来自破产劳动者及游民。[2]为使组织壮大，维系长久，帮会一般都制定会规、堂

〔1〕 梁其姿：《施善与教化——明清的慈善组织》，河北教育出版社 2001 年版，第 328 页。
〔2〕 刘黎明：《契约·神判·打赌——中国民间习惯法习俗》，四川人民出版社 1993 年版，第 31 页。

规等规范。如天地会的《洪门三十六誓》，会规即是以誓约的形式来表现的，其与《洪门二十一则》《十禁》《十刑》等规范共同构成了天地会的内部规范体系。再如四川袍哥会，以五伦（君臣、父子、兄弟、夫妇、朋友）、八德（孝、悌、忠、信、礼、义、廉、耻）为信条。聚集点称山头、香堂，随着参加的会众日益增多，才由山头、香堂改为码头（又叫"公口""社"）。码头分五个堂口，即"仁、义、礼、智、信"（又称"威、德、福、智、宣"），分别由五类性质的人参加。袍哥会内部制定了很多规范，如"十八条罪行"，规定了不孝父母罪、不敬长上罪、殴打亲属罪、调戏妇女罪等，违反者要受"剽刀""碰钉""三刀六个眼""自己挖坑自己埋""挂黑牌""连根拔"和"降级"等惩处。在袍哥会《海底》[1]中还有"十条""十款""十要""十禁""五伦""八德""九章"等规范条款。除了天地会、袍哥会的规范之外，还有诸如小刀会的《八条军纪》、义和团的《戒条》等。

行会法，即指商人、手工业者为了互相帮助，维护同行业的利益而建立同业性的组织，在组织内部调整内部关系的规则。我国行会法的组织渊源甚早，有悠久的历史。高其才认为，行会习惯法是基于业缘、依据行会组织的权威而形成的习惯法，它是中国专制社会的工商业发展到一定阶段，为加强行会内部控制和团结，阻止业外和同业竞争、维护垄断而议定的，以成文的行规章程为主，也包括行会内的某些默契和交易的习惯。[2]由于工商活动中关系的复杂性和利益的多样性，也由于相近行业之间的竞争，各工商行会的行规自然也都细致、具体和相对完备，其对违反行规者的处罚，从罚钱、罚戏、罚酒席，直到逐出本行。可以认为，行会法是地方民间规范的一个重要组成部分，是对一定时间一定区域内一个行业或者是若干行业的商人、手工业者具有普遍适用效力的内部规定或者是习惯。行会法主要包括商人、手工业者行会内部的规定，同行业商人、手工业者之间在交易中形成的惯例，在商人的要求下由官方颁布的行业告示，同行业形成的统一的行业标准等。大

---

〔1〕 据传，郑成功据台湾反清，创"金台明远堂"，撰《金台山实录》，由军师陈近南携入内地，目的在组织汉族民众反清排满。路遇清兵检查，陈近南怕暴露，将《金台山实录》丢在海内，后被渔人捞得，川人郭永泰以重金购取，并据此书内容在永宁创立尽忠山，发展了四千多会员，仿天地会形式成立哥老会。后仿《金台山实录》另定规章、切口、仪注，成书为《海底》，又称《江湖海底》，成为袍哥会的经典。

〔2〕 高其才："中国的习惯法初探"，载《政治与法律》1993年第2期。

量行业规范集中表现出该行业从业人员的共同利益，行业条规以约定规则的形式调整他们之间的正当竞争关系，避免恶性竞争，同时也维护着行业的声誉。在各行业内部，行会法起到了很大的规范作用，违反行会法者会受到整个行业的排挤，从而无法在该行业立足。所以说，行会法是地方社会治理规范的重要组成部分。

四、民间规范与国家法的同质化

秦统一天下，专任刑罚，以致"奸邪并生，赭衣塞路，囹圄成市"，结果二世而亡。后世以此为鉴，主张在社会治理实践中探索新的模式，即所谓的"以乡治乡"，成为总结了几千年不同的历史经验后选择的治理基层社会的最佳途径。[1]在这种治理模式下，中国古代除个别时期，国家权力均只设置到县一级，由官方权威发挥统治和管理作用，而广大的基层社会则交由其他权威去经营。这些民间权威包括以血缘关系为基础的宗族权威，也包括以地缘关系为基础的乡里权威，还包括以行业、宗教信仰、帮会等为基础的权威。在参与社会治理的过程中，他们会遵守国家法的规定，但更多的是适用各种类型的民间规范。这些民间规范因得到国家法的认可或者授权而获得了相应的法律效力，并与国家法共同构成维系地方秩序的规范体系。民间规范能够被国家认可和接受，主要是因为其在文化内核上与国家法的一致和互补，即均"引礼入律"，以儒家的价值观为根本指导思想和原则。

中国自汉武帝推行罢黜百家，独尊儒术的政策以来，直至清末，主流文化始终是以儒家思想为主导的。这种文化价值背景下构建的国家模式也是统一的"宗法制"。在"宗法制"之下，无论是君主统治国家，还是官员管辖的地域，或是宗族管理的族家，抑或个人的修身，都以儒家文化为最高准则。国是家的缩影，家是国的放大。国家的管理者要以礼治国，家庭的管理者也要以礼治家。这种将血缘和政治结合起来的模式决定了代表国家权力的"国"和代表民间力量的"家"是同构的。在这种"家国同构"的统治方式下，儒家的"礼"成为订立国家法和民间法的共同原则。历代王朝在制定法律的过程中无不以儒家的价值观为最高的指导思想，这被称为"引礼入律"。这一过

---

[1] 刘志松："中国古代基层社会权威体系及其博弈"，载《吉首大学学报（社会科学版）》2013 年第 3 期。

程从西汉时期就开始了,如《论语》中有"父为子隐,子为父隐,直在其中矣"之说,董仲舒便据此肯定了"父子相隐"的合法性。两晋时期,礼律进一步结合,律学家张斐在总结晋律体例时,称其"王政布于上,诸侯奉于下,礼乐抚于中","峻礼教之防,准五服以治罪"。[1]至唐律时,"引礼入律"的过程基本完成,长孙无忌在《名例》篇疏议中称"德礼为政教之本,刑罚为政教之用,尤昏晓阳秋相须而成者也"。[2]史载"唐律一准乎礼,得古今之平,故宋时多采用之,元时断狱亦每引为据"。[3]《大清律例》当然也不例外,康熙、雍正、乾隆祖孙三代曾"钦定""御纂"儒家经典数十部,全面继承和发展儒家"明刑弼教""正人心,厚风俗"的理学思想,以此作为法制的指导原则。乾隆在为《大清律例》所撰的序文当中称"弼成教化,以成其好生之德"。可见历代法典,无不以儒家思想为皈依。

民间规范中"礼"的色彩则更为浓厚,尤其是在宋代以后。不妨以"家法族规"这一重要民间规范表现形式为例。以"修身,齐家,治国,平天下"为政治理想的士大夫将儒家伦理从贵族阶层推向庶民阶层,用儒家伦理来治理和规范基层社会。在这样的环境下,各宗族大家纷纷制定"家礼""家规""家训""家范""宗法""族规"等具体礼仪规范。这些"礼"以国礼为蓝本[4],将儒家所倡导之"礼"具体化为处事、待人等规范准则,其内容也无非是"三纲五常"。这些"礼"直接规范和控制着基层社会的人们的行为,使家成为一个礼的灌输者和传播者。[5]可见,民间规范亦是以儒家传统伦理思想为指导,时刻遵循礼的要求而形成和发挥作用的。

此外,国家法和民间规范的实施同样体现了这种同核性。儒家倡导"无讼",认为诉讼是一种追求个人的物质利益的行为,与追求道德的自律、个人修养和人格的成长是互相矛盾的。在儒家看来,道德伦理要求人们与周围的人和睦相处。在与他人发生冲突时,正确的态度是自省,而非坚持自身利益,将对方诉至法庭。[6]在这种背景下,君主以"无讼"为尚,地方清官循吏亦

---

〔1〕 (唐)房玄龄等撰:《晋书》卷三〇《刑法志》,中华书局 1974 年版,第 927 页。

〔2〕 (唐)长孙无忌等纂,刘俊文点校:《唐律疏议》卷一《名例》,中华书局 1988 年版,第 3 页。

〔3〕 (清)爱新觉罗·永瑢、纪昀等编:《四库全书总目提要》,中华书局 1981 年版,第 712 页。

〔4〕 如清代国家订有《大清通礼》,规定了"郊天、参圣、祈年、营造、征战"等活动以及人们祭祀、婚丧、宴饮、庆贺等活动的礼仪规则。

〔5〕 田成有:《乡土社会中的民间法》,法律出版社 2005 年版,第 60 页。

〔6〕 陈弘毅:《法理学的世界》,中国政法大学出版社 2003 年版,第 182 页。

以"息讼"为己任。民间宗族组织作为"家"的管理者，在发挥作用时亦是如此。宗族组织构成了传统社会的基层单元，在这个单元里重视宗族成员的和睦相处，推崇礼教，强调家长、族长的绝对地位。同时，在运行时，宗族组织也受到统治阶级"无讼"主流思想的影响，流行"诉讼入官为耻"的观念。这从明清地方一些家族宗谱中可见一斑。

有的家规以说教为主，如安徽《段氏家规》指出："终身让路，不枉百步，终身让畔，不失一段。如事无大小，动辄争论，非忠厚长者之道也，须有容德乃大，凡事进一步不如退一步。人纵待我以横逆，我必为之三自反也。"〔1〕南陵《张氏家诫》指出："孝弟之人满腔和顺，只求自己要合道理，何暇责人之是非。惟不仁不义之徒，不知反求责己之非，专言他人之不是。故虽小事，构成大讼，百计求胜，以矜其能，欲人畏已，以趋其势。嗟乎，事或如意，不荡产则愧身矣。古今来，谁人争得到底，那倜争气不用钱，及至冤深祸结，仇恨莫解，则心术坏而德行亏，且莫知其祸之所终矣。可不戒哉？凡有此等，族长秉公送治。"〔2〕不但劝息争讼，还戒族人挑唆词讼：

> 解纷息争，原是一段生机，起祸构怨，便是一段杀机。今有一等人，在乡党中惯以起灭唆挑为事，此处捏是非，彼处设利害，分明无理，偏道有理，分明小事，唆成大事。日夕代其章，主使其人，不可少离酒食，尽其所用财物，任其所取，自以为有本事，不知所用所取，是自己子孙的。可不戒哉？〔3〕

东源《黄氏家规》不但用了大量的笔墨宣扬息讼，还将好讼称为"刁讼"。首先借用《汉书·路温舒传》中语："画地为狱，期不入；刻木为吏，期不对。"复言先王设刑之本义，以劝息讼：

> 刑罚，古先圣王不得已，兢兢欲民之寡过而庶几学为君子也。岂如

---

〔1〕 陈建华、王鹤鸣主编，周秋芳、王宏整理：《中国家谱资料选编》第8册《家规族约卷上》，上海古籍出版社2013年版，第149页。

〔2〕 陈建华、王鹤鸣主编，周秋芳、王宏整理：《中国家谱资料选编》第8册《家规族约卷上》，上海古籍出版社2013年版，第159—161页。

〔3〕 陈建华、王鹤鸣主编，周秋芳、王宏整理：《中国家谱资料选编》第8册《家规族约卷上》，上海古籍出版社2013年版，第161页。

末世好勇斗狠，争竞刀锥，小有不忍，遂株连蔓引，身陷刑辟也哉。原其由，皆因讼棍串合唆耸，初不过贪利无耻，窃囊肥已，愚昧之人入其局中而不觉，小则倾尽家财，大则伤损性命，及至讼罢，形容憔悴，妻孥饥寒，始悟受其牢笼而未脱也，岂不哀哉？大抵讼端由于恃气，族众乡里之气小，官府胥吏之气大。往往又恃富厚，抑知财乃祸身之本乎，或徒恃其能刁耳。往见健讼之夫，今日思告人，明日想告人，乡里无知者，怕之如狼虎，有识自爱之士则有恶之如蛇蝎，觌面虽不言，每每巷议而心非之。虽当时攘臂称首，金曰：余雄，迨后必家破身亡，子孙零落，甚至覆宗绝嗣，深可悲悯。然则人亦何为而不为善人也？韩昌黎云："惟善人能受善言"。谓其闻而能改之也。今虽不能即为善人，苟闻而能改，其庶几乎？[1]

当宗族内部成员发生冲突或纠纷时，为了维护宗族的稳定与和谐，调解处理冲突或纠纷就成了宗族首领的重要职责。可见，儒家的"礼"构成了国家法与民间规范的共同文化内核，在治国和治家层面具有共通性和一致性。也正是由于这个原因，民间规范在国家法所不能达到的县以下的基层社会中，发挥了治理规范的重要作用，并逐渐形成和发展成为体系化的有机整体。

无论是宗族规范还是乡约规范，或是行业规范，以及它们有机组合而形成的民间规范体系，相对于国家法而言，都属于非正式的社会制度。但是，古代基层社会正是在制定和实施这些非正式制度的过程中，实现了"国家法在乡土社会向乡土规则的转化，并通过这种形式促进国家法制观念的形成"，进而维系了基层社会秩序的稳定有序。应当说，民间规范所形成的体系，配合了国家法的贯彻实施，弥补了其与社会"缺乏亲和性"的不足，对国家法在基层社会得到普遍和长期认可起到了巨大的作用。对民间规范体系的梳理，是深入研究民间规范与国家法关系的基础，其与国家法之间如何博弈、如何相互影响，也是需要重点关注的问题。

---

〔1〕 陈建华、王鹤鸣主编，周秋芳、王宏整理：《中国家谱资料选编》第8册《家规族约卷上》，上海古籍出版社2013年版，第167页。

宋以来乡约与乡约法探析

——以乡约碑刻为考察对象*

中文摘要：乡约作为一种典型的民间自我组织形式和自生规范，在我国宋以后的基层社会秩序生成过程中发挥了重要的作用。作为一种民间规范，乡约的内容经历了由零散、原则性到系统、具体化的过程。作为一种民间自我组织形式，乡约的实施经历了一个由民办到官办的过程。古代大量碑刻记载了乡约这一组织形式和规范形式的发展历史，通过对这些碑刻的考察，可以发现乡约在中国古代基层社会秩序生成过程中的历史作用。

关键词：乡约；乡约法；乡约碑

乡里制度在我国的产生时间较早。《通典》载："昔黄帝始经土设井以塞诤端，立步制亩以防不足，使八家为井，井开四道而分八宅，凿井于中。一则不泄地气，二则无费一家，三则同风俗，四则齐巧拙，五则通财货，六则存亡更守，七则出入相司，八则嫁娶相媒，九则无有相贷，十则疾病相救。是以情性可得而亲，生产可得而均，均则欺陵之路塞，亲则斗讼之心弭。既牧之于邑，故井一为邻，邻三为朋，朋三为里，里五为邑，邑十为都，都十为师，师十为州。夫始分之于井则地着，计之于州则数详。迄乎夏殷，不易其制。"[1]这一传统确立了古代基层社会"出入相友，守望相助，疾病相扶持"的整合观念。乡约组织和乡约法正是在这样的背景之下产生的。

---

* 本文曾发表于谢晖、陈金钊主编：《民间法》（第12卷），厦门大学出版社2013年版。

〔1〕（唐）杜佑纂，王文锦等点校：《通典》卷三《食货三·乡党》，中华书局1988年版，第54页。

一、乡约与乡约法

乡约在古代历史上经历了一个从民办到官办的发展历程，相应地，其组织领袖也经历了一个从民间权威到职役化的发展过程。乡约组织最早出现于北宋熙宁九年（1076 年），由京兆府蓝田儒士吕大钧在本乡首先推行，进而在蓝田一带付诸实行。此时，乡约以宗族组织为基础，完全是民间性质。之后，其原有的权威与规范才逐渐超越了血缘范畴，扩展到宗族所在的乡土社会。

最早的蓝田乡约组织，职能重在教化，尤其是对利益的规范，因而还不是成熟的自治组织。南宋后，朱熹据《吕氏乡约》编写了《增损吕氏乡约》，使《吕氏乡约》再度声名鹊起。之后，朱熹的弟子，如阳枋、胡泳、程永奇、潘柄等，都成为乡约制度的积极推行者。如淳祐三年（1243 年），阳枋就曾"与友人宋寿卿、陈希舜、罗东父、向从道、黄叔高、弟全父、侄存子、王南运讲明《吕氏乡约》书，行之于乡，从约之士八十余人"，意在"正齿位，劝德行，录善规过"，"维持孝弟忠信之风"[1]，整合社会秩序。另据黄干记载，嘉定八年（1215 年），胡泳认为"后世礼教不明，人欲滋炽"，于是，希望通过推行乡约，恢复古乡饮酒礼，达到教化的目的，使"伯量兄弟孝友，同居爨人无间言，又能推其施之家者而达之乡，其有补于风教大矣，故书其后以念其乡人，使知其合于古谊，相与守之而勿替云"。[2]

明永乐年间，福建王源知潮州府任，"刻蓝田吕氏乡约，择民为约正、约副、约士，讲肄其中，而时偕寮董率焉"。[3] 王源所行应属官督乡约，后来其休致归乡后，又在家乡以士绅身份举行乡约，应属民间乡约。可见，这一时段的乡约发展属于官办与民办共存，而官办乡约的推行要比民办乡约更顺利一些。这是明清乡约发展的一个特点。至正德年间，乡约得到进一步发展，以山西《仇氏乡约》与王阳明的《南赣乡约》最具代表性。山西潞州南雄山仇氏家族大抵从正德初年就开始组织乡约，称为"居家有家范，居乡有乡约，修身齐家以化乎乡人"。《仇氏乡约》以蓝田《吕氏乡约》为蓝本，又以仇氏

---

〔1〕　（宋）阳少箕：《有宋朝散大夫字溪先生阳公行状》，《字溪集》卷十二《附录》，四库全书本。

〔2〕　（宋）黄干：《黄勉斋先生文集》卷六《跋南康胡氏乡约》，中华书局 1985 年版，第 123 页。

〔3〕　（清）张廷玉等撰：《明史》卷二百八十一《循吏传》，中华书局 1974 年版，第 7196 页。

家范配合而行，其内容自"冠婚丧祭及事物细微训后齐家之则，靡有阙遗，仇楫营义房一区于家，敦请乡先生以教宗族子弟，免其束修，再起义学一所于乡里，以训乡党童稚，资其薪水，设医药以济穷乡，有疾病者置义冢……"〔1〕刊印太祖高皇帝训辞，家给一册，讽诵体行。《仇氏乡约》取得了较好的社会效果，致为当代之所崇尚，秉笔之士亦笑谈而乐道之。明正德十三年（1518年），王阳明深感"民虽格面，未知格心，乃举乡约，告谕父老子弟，使相警戒"〔2〕，于是制定《南赣乡约》，以地方官的身份在当地推行。《南赣乡约》还是站在地方官的角度来推定的，王阳明的弟子邹守益称"此中丞阳明公参酌《蓝田乡约》，以协和南赣山谷之民也"。〔3〕王阳明在谈到行乡约的目的时说：

> 民俗之善恶，岂不由积习使然哉……自今凡尔同乡之民，皆宜孝尔父母，敬尔兄长，教训尔子孙，和顺尔乡里，死伤相助，患难相恤，善相劝勉，恶相告戒，息讼罢争，讲信修睦，务为良善之民，共成仁厚之俗。〔4〕

《南赣乡约》标志着乡约组织的逐步完善。王阳明的弟子在江右、浙中、南中、楚中、闽粤、北方诸地纷纷推行乡约，也使乡约风行，成为地方社会中的一种重要权威形式。此外，明代中后期陆续出现一些主业化乡约，如护林乡约、禁宰牛乡约、御倭乡约、御虏乡约、御贼乡约等。嘉靖十四年（1535年），朱淛在莆田推行禁屠牛乡约：

> 间有惯习屠牛，阴通盗贼，行凶逞暴，作过为非。凡有失盗之家，便来此中寻觅，叫号喧闹，无日无之。鸡犬为之不宁，乡里被其污蔑。今逢府主云泉吴老先生严加禁约，吾辈视此宁无腼颜。夫牛出力耕作，杀而食之，诚为残忍，况夫盗而得者。……今乡中父兄子弟同兴善心，共立约会。就于天日之下重发誓愿，除老疾暂食之外，断绝此味。如有私买其肉及焙干者、烹之于锅、尝之于口、馈之于人者，天神诛殛，使

---

〔1〕 （明）何瑭著，王永宽点校：《何瑭集》卷十《宿州吏目仇公墓志铭》，中州古籍出版社1999年版，第289页。

〔2〕 （明）王守仁著，吴光等编校：《王阳明全集》，上海古籍出版社1992年版，第1255页。

〔3〕 （明）邹守益："阳明先生文录序"，载（明）王守仁著，吴光等编校：《王阳明全集》（附卷四十一序说 序跋），上海古籍出版社1992年版，第1568页。

〔4〕 （明）王守仁著，吴光等编校：《王阳明全集》，上海古籍出版社1992年版，第600页。

身生恶疮，家遭凶疫，灭姓坠氏以偿此牛之命，以雪贫民之冤，……今立此簿，与各人笔自书名姓，岁时朔望，告于里社，呈于乡众，期于共守。以还淳风，如有习恶不悛，怙终无忌，此真口体小人，穿窬下类，乡人共举不与并齿，谨告十四年乙未秋约。[1]

嘉靖二十六年（1547年），祁门三四都侯潭、桃墅、灵山口、楚溪、柯里等村行护林乡约，"节被无籍之徒……望青砍断，斩掘笋苗，或为屋料，或为柴挑，或作冬瓜芦棚。……各村人众遂合集一处，重新订立规约，将各村人户共编为十二甲，甲立一总，置立簿约十二扇，付各处约总收掌，一年四季月终相聚一会，并将议约规条由众人联名俱状，赴县呈告"。[2]曾任左参政的郑佐致仕后，在邑中"尝仿蓝田吕氏之约，以束一乡，而首端士习，每月定期讲论于南山之阳。喜有庆，哀有吊，业有会，彬彬然礼义相先。躬率乡之贤者，大兴修筑，以固里居，皆不朽之业也"。嘉靖十九年（1540年），他在《岩镇乡约叙》中写道：

> 维我岩镇，居当冲要，道远郡城。官府之法，尝三令而五申；里社之条，亦并行而兼举。夫何今者，天时亢旱，人心忧危，奸党乘机，邪谋窃发。假称借贷，敢拥众于孤村；倚恃强梁，辄缩臂于单弱。白昼公行而无忌，昏夜不言而可知。宜预为桑土之谋，庶可免剥肤之患。是以众谋佥同，群策毕举。一镇分为十八管，有纪有纲；每管各集数十人，一心一德。毋小勇而大怯，毋有初而鲜终。毋生事而败盟，毋见利而忘义。理直气壮，强暴知所警而潜消；力协心孚，良善有所恃而无恐。庶患难相恤之义复敦，而仁厚相成之俗益振。所有议约，悉为条开。[3]

嘉靖三十四年（1555年），方元祯在《题岩镇备倭乡约》中谈到了御倭乡约推行的情况：

---

〔1〕（明）朱澜：《天马山房遗稿》卷六《乡约》，转引自牛铭实编著：《中国历代乡规民约》，中国社会出版社2014年版，第332页。

〔2〕参见《嘉靖祁门三四都护村乡约会议约合同》，原件藏中国社会科学院历史研究所，编号：0003793。

〔3〕（清）佘瑞华纂：《岩镇志草》贞集《艺文下》，收录于《中国地方志集成·乡镇志专辑》（第27册），江苏古籍出版社、上海书店出版社、巴蜀书社1992年版，第228页。

《书》贵有备，《易》示豫防。待暴客必在重门，戒不虞尤须除器。惟我岩镇，远郡城虽二舍余，顾此居民，视他村奚啻万灶即今倭寇，势甚陆梁。零落孤踪，辄奔溃而四出，偷生余孽，益草窃而蔓延。况我久有先声，顾御渠容无善策。爰集里众，重订新盟。规约模仿，甲辰荒岁御寇之条，事款益损，大参双溪郑公之旧。固严闸栅，庶缓急守卫有基；推举骁勇，俾临事当关足恃。用告十八管首领，相率上下街吾人。请合志而同心，各效谋而宣力。庶几人和愈于地利，奚啻五里之城。所谓讲武正以销兵，大倡万夫之敌。因而潜消腹中奸宄，抑且深助官府科条。有益良多，为利甚大。欲保家室，勿谓此举为迂。斯乐升平，尚亦施由兹始。[1]

伴随着乡约活动的广泛推行，诸如前文谈及的宗约、士约、会约、乡兵约等依一定身份和目的而结成的民众自治组织，表现了乡约组织逐渐从综合性组织转向专门性组织。明中后期的乡约组织已经具有了诸如稽查奸宄、催征赋税、管理社仓等一些基层综合管理职能，从而加快了乡约的职役化进程。

清初，朝廷就着手恢复乡约教化，乡约组织逐渐成为完全受官府控制的组织，同时，朝廷又推行保甲制度，乡约与保甲并行，进一步加强了其维护国家统治、维持地方秩序的职能，而其本来的教化职能逐渐不被重视。汤成烈在《风俗篇一》中指出："乡约之设，止于催科，教化既衰。"[2]"顺治三年丙戌六月癸巳。都察院左佥都御史李日芃奏言：耆民一项，不过宣谕王化，无地方之责，非州县乡约者比……"[3]可见，乡约发展到清代，已经脱离了诸如耆老这样的民间权威类型，而逐渐成为一个半官方的权威形式。王凯泰在《台湾杂咏三十二首》中诗曰："宰官领戳各乡承，约长居然总理称，执牍道旁迎与送，头衔笑看两门灯。"注曰："乡约名'总理'，地方官给'戳记'。门首悬大灯，亦'总理'衔。"于成龙在《慎选乡约论》中明确指出设立乡约的本意："朝廷设立乡约，慎选年高有德，给以冠带，待以礼貌，每乡置乡约所亭屋，朔望讲解《上谕十六条》，所以劝人为善去恶也。至于查奸戢

〔1〕（清）佘瑞华纂：《岩镇志草》贞集《艺文下》，收录于《中国地方志集成·乡镇志专辑》（第27册），江苏古籍出版社、上海书店出版社、巴蜀书社1992年版，第229页。

〔2〕（清）汤成烈："风俗篇一"，载（清）盛康辑：《清经世文续编》卷七十四《礼政十四·正俗》，收录于沈云龙主编：《近代中国史料丛刊》（第85辑），文海出版社1973年版，第1355页。

〔3〕《清世祖实录》卷二十六，顺治三年六月癸巳条，中华书局1985年影印版，第3册，第224页。

暴，出入守望，保甲之法，更多倚赖焉。"可现实中，乡约"一事未结，复兴一事，终朝候讯，迁延时日，无归家之期。离县近者，犹可早来暮去。其远在百里外者，即以点卯论，两日到县，一日点卯，再两日归家，是半月内在家不过十日。加以协挐人犯，清理区保，手忙足乱，无一宁晷"。[1]随着乡约性质的变化，乡约长的地位也急剧下降，以致"年高有德，鄙为奴隶。殷实富家，视为畏途。或情或贿，百计营脱"。[2]乡约长只能为"寡廉丧耻之穷棍"所把持，完全失去了其本来基层社会治理民间权威的意义。

二、乡约法的演变

乡约法最早可溯及至上文谈及的《吕氏乡约》。《吕氏乡约》开篇即规定了四项"基本原则"，即"德业相劝，过失相规，礼俗相交，患难相恤"。[3]《吕氏乡约》确立了乡约组织的性质，首先是自愿加入，由众人推选负责人"约正一人或二人，众推正直不阿者为之。专主平决赏罚当否"。平时则以聚会的

---

[1] （清）贺长龄辑，（清）魏源编：《清经世文编》卷七十四《兵政》五《保甲上》。

[2] （清）贺长龄辑，（清）魏源编：《清经世文编》卷七十四《兵政》五《保甲上》。

[3] 《吕氏乡约》载："德业相劝。德谓见善必行，闻过必改。能治其身，能治其家。能事父兄，能教子弟。能御僮仆，能事长上。能睦亲故，能择交游。能守廉介，能广施惠。能受寄讬，能救患难。能规过失，能为人谋。能为众集事，能解斗争，能决是非。能兴利除害，能居官举职。凡有一善为众所推者，皆书于籍，以为善行。业谓居家则事父兄、教子弟、待妻妾；在外则事长上、接朋友、教后生、御僮仆。至于读书、治田、营家、济物，好礼、乐、射、御、书、数之类，皆可为之。若非此之类，皆为无益。过失相规。犯义之过六：一曰酗博斗讼，二曰行止逾违，三曰行不恭逊，四曰言不忠信，五曰造言诬毁，六曰营私太甚。犯约之过四：一曰德业不相劝，二曰过失不相规，三曰礼俗不相成，四曰患难不相恤。不修之过五：一曰交非其人，二曰游戏怠惰，三曰动作无仪，四曰临事不恪，五曰用度不节。礼俗相交。凡行婚姻、丧葬、祭祀之礼，《礼经》具载，亦当讲求。如未能遽行，且从家传。旧仪甚不经者，当斟去之。凡与乡人相接及往还书问，当众议一法共行之。凡遇庆、吊，每家只家长一人与，同约者皆往，其书问亦如之。若家长有故，或与所庆、吊者不相识，则其次者当之。所助之事，所遗之物，亦临时聚议，各量其力裁定名物及多少之数。若契分浅深不同，则各从其情之厚薄。凡遗物，婚嫁及庆贺，用币帛、羊酒、蜡烛、雉兔、果实之类，计所直多少，多不过三千，少至一百。丧葬，始丧则用衣服或衣段以为襚礼，以酒脯为奠礼，计直多不过三千，少至一二百。至葬则用钱帛为赙礼，用猪、羊、酒、蜡烛为奠礼，计直多不过五千，少至三四百。灾患如水火、盗贼、疾病、刑狱之类，助济之以钱帛、米谷、薪炭等物，计直多不过三千，少至二三百。凡助事，谓助其力所不足者，婚嫁则借助器用，丧葬则又借人夫，及为之营干。患难相恤。一曰水火，二曰盗贼，三曰疾病，四曰死丧，五曰孤弱，六曰诬枉，七曰贫乏。凡同约者，财物、器用、车马、人仆，皆有无相假。若不急之用及有所妨者，亦不必借。可借而不借，及逾期不还，及损坏借物者，皆有罚。凡事之急者，自遣人遍告同约；事之缓者，所居相近及知者告于主事，主事遍告之。凡有患难，虽非同约，其所知者，亦当救恤。事重，则率同约者共行之。"

形式，使乡人相亲，淳厚风俗，"每月一聚，具食。每季一聚，具酒食"。众人议事，"若约有不便之事，共议更易"。还确立了赏罚规定，并用记录在案的方式督促众人，"遇聚会，则书其善恶，行其赏罚"。《吕氏乡约》采用自上而下的原则，为后世树立了一个共同道德和共同礼俗的标准。大儒张载称："秦俗之化，和叔（即吕大钧）有力。"虽不久北宋即亡，但《吕氏乡约》奠定了乡约组织规范的基础，后世多沿袭之。

　　百年之后，南宋大儒朱熹在对《吕氏乡约》的修订和阐释中，取消了"过失相规"条中原有的较为严厉的惩罚措施，而代之以劝导的方式，合并了乡约和乡仪的相关内容，并且增加了"读约之礼"。这一改订加重了礼仪的成分，更注重感化的教化方式，促进了乡约的传播和发展。但综合来看，无论是《吕氏乡约》还是《增损吕氏乡约》，都是一种政府督促的乡约组织规范，属半官方规范。乡约的发展在元代受到了阻碍，至明代才得以复兴和繁盛。在明代统治者的重视下，乡约逐渐形成一套相当完备的制度，并运用到对基层社会的治理过程中，乡约法初步形成。洪武二十八年（1395年），朱元璋根据应天府上元县典史隋吉的建议[1]，令户部编民百户为里。"置民百户为里"，并引申为婚姻、死丧、疾病、患难、春秋耕获诸事的乡民互助，以使百姓亲睦，淳厚风俗。洪武三十年（1397年），朱元璋命户部下令天下民每乡里各置木铎一，内选年老或瞽者，每月六次持铎徇于道路，曰："孝顺父母，尊敬长上，和睦乡里，教训子孙，各安生理，毋作非为。"又令民每村置一鼓，凡遇农种时月，清晨鸣鼓集众，鼓鸣皆会田所，及时力田，其怠惰者，

---

　　〔1〕　隋吉上疏皇帝，首先举了一个例子，即一对农民夫妇受田百亩或四五十亩，在春夏农忙时丈夫不幸生病，妻子要照顾他。农务既废，田亦随荒。待病愈，农时已过，上无以供国赋，下无以养家室，穷困流离。他进而建议："职此之由，请命乡里小民，或二十家，或四五十家，团为一社。每遇农急之特有疾病，则一社协力，助其耕耘。庶田不荒芜，民无饥窘，百姓亲睦，而风俗厚矣。"朱元璋"善其言"，谕户部臣曰："古者风俗淳厚，民相亲睦。贫穷患难，亲戚相救。婚姻死丧，邻保相助。近世教化不明，风俗颓敝，乡邻亲戚不相周恤。甚者强凌弱，众暴寡，富吞贫，大失忠厚之道。朕即位以来，恒申明教化，于今未臻其效。岂习俗之固，未易变耶？置民百户为里，一里之间有贫有富。凡遇婚姻死丧疾病患难，富者助财，贫者助力。民岂有穷苦急迫之忧。又如春秋耕获之时，一家无力，百家代之。推此，以往百姓宁有不亲睦者乎。尔户部其谕以此意，使民知之。"参见《明太祖实录》卷二百三十六，洪武二十八年二月乙酉条，上海书店出版社1984年版，第3456—3457页。又见《明史》：（洪武二十八年二月）己丑，谕户部编民百户为里。婚姻死丧疾病患难，里中富者助财，贫者助力。春耕秋获，通力合作，以教民睦。（《明史》卷三《太祖三》）这段文字印证了上谕"户部编民百户为里"。

里老督责之，里老纵其怠惰不劝督者有罚。又令民："凡遇婚姻、死葬、吉凶等事，一里之内，互相赒给，不限贫富，随其力以资助之，庶使人相亲爱，风俗厚矣。"〔1〕此即"洪武六谕"的原本，其成为明代教化民众的主要内容，被乡约、族约、家规等广泛引用。明成祖亦曾倡行乡约，明万历时右都御史王樵曾在《金坛县保甲乡约记》中谈道："至成祖文皇帝又表章《家礼》及《蓝田吕氏乡约》，列于性理成书，颁降天下，使诵行焉。噫！二百余年治平之美岂无自而然。"〔2〕在这一背景下，许多名臣硕儒，如方孝孺、王阳明、吕坤、章潢、刘宗周、陆世仪等，都致力于推行乡约，许多乡绅也在本乡本土提倡或率行乡约，都对乡约法的制定和乡约组织的推行起到了很大的作用。其中，正德十三年（1518年），王阳明以为"民虽格面，未知格心，乃举乡约告谕父老子弟，使相警戒"，遂制定《南赣乡约》，以约法教化民众。王阳明认为，"弃其宗族，畔其乡里，四出为暴"，皆是由官员"治之无道，教之无方"所致，当地父老子弟也不能辞其责。"今特为乡约，以协和尔民，自今凡尔同约之民，皆宜孝尔父母，敬尔兄长，教训尔子孙，和顺尔乡里，死丧相助，患难相恤，善相劝勉，恶相告戒，息讼罢争，讲信修睦，务为良善之民，共成仁厚之俗。"〔3〕《南赣乡约》的内容主要包括组织机构、强调相互帮助、维护社区治安、进行社会监督和移风易俗等方面，其目的在于整饬社区生活秩序，加强以自我约制为主的基层社会治理，从而使"各安生理，勤尔农业，守尔门户，爱尔身命，保尔室家，孝顺尔父母，抚养尔子孙"，避免"以众暴寡，以强凌弱"，使民"永为善良"，"父慈子孝，兄爱弟敬，夫和妇随，长惠幼顺"，"小心以奉官法，勤谨以办国课，恭俭以守家爷，谦和以处乡里"，从而以"兴礼让之风"，"成敦厚之俗"。正德十四年（1519年）二月，王阳明剿灭"河源贼患"，"然创今图后，父老所以教约其子弟者，自此不可以不豫。故今特为保甲之法，以相警戒。聊属父老，其率子弟慎行之。务和尔邻里，齐尔姻族，德义相劝，过失相规，敦礼让之风，成淳厚之俗"〔4〕，加强了

---

〔1〕《明太祖实录》卷二百五十五，洪武三十年九月辛亥条，上海书店出版社1984年版，第3677—3678页。

〔2〕（明）王樵：《金坛县保甲乡约记》，收录于《古今图书集成·明伦编·交谊典》卷二十八《乡里部·艺文》。转引自牛铭实编著：《中国历代乡规民约》，中国社会出版社2014年版，第318—319页。

〔3〕（明）王守仁著，吴光等编校：《王阳明全集》，上海古籍出版社1992年版，第600页。

〔4〕（明）王守仁著，吴光等编校：《王阳明全集》，上海古籍出版社1992年版，第568页。

乡约和保甲在社会治理中的作用。

与朱熹《增损吕氏乡约》《家礼》《劝谕榜》等规范相较，《南赣乡约》表现出了一种乡约法的不同发展趋势。朱熹更强调自上而下地教化民众，要求"孝顺父母，恭敬长上，和睦宗姻，周恤乡里，各依本分，勿为奸盗"，这显然与后来朱元璋的"洪武六谕"如出一辙，自为源流，即"孝顺父母，尊敬长上，和睦乡里，教训子孙，各安生理，勿作非为"，均是以官府为立场，以自上而下的姿态来行乡约。王阳明虽然也是地方官，但其显然是从民众自身出发，强调自下而上的规范，让民众发挥他们的道德性。这是乡约发展的一种正确方向，充分体现了"民治"的色彩，从而发展成乡约、保甲、社学、社仓四者合一的乡治系统。杨开道在《中国乡约制度》中甚至推断，如果没有清代乡约的退化，"假以时日，整个乡治或者可以立定基础，成为中国民治张本"。[1] 在王阳明的倡导下，其弟子门人纷纷以《南赣乡约》为根本，在自己的家乡或任职之地推行乡约。这带动了众多儒士和地方官纷纷倡行乡约，如南昌名儒章潢指出，乡治应包括保甲、乡约、社仓、社学四者："保甲之法，人知足以弭盗也，而不知比闾族党之籍定，则人自不敢以为非。乡约之法，人知其足以息争讼也，而不知孝顺忠敬之教行，则民自相率以为善。由是社仓兴焉，其所以厚民生者为益周。由是社学兴焉，其所以正民德者为有素。"[2] 此四者中，保甲使人不敢妄为，乡约使人相率为善，社仓厚民生，社学振民德。若四者并用，"乡乡皆然，县有不治乎？县县皆然，天下其有不太平乎？"嘉靖间，黄佐作《泰泉乡礼》，共分六卷，依次为乡礼纲领、乡约、乡校、社仓、乡社、保甲。《乡约》言，"凡乡之约四，一曰德业相劝，二曰过失相规，三曰礼俗相交，四曰患难相恤"，盖本诸《吕氏乡约》。隆庆年间，胡直曾在川南推行乡约，乡邑大治。后来他又在家乡推行《求仁乡约》，并由乡人胡汝贤出资刻印，每户一册，应者云集[3]。崇祯二年（1629年），京城府尹刘宗周颁布《保民训要》，旨在"为通行保甲以安地方事，照得弭盗安民，莫善于保甲。而一切教化，即寄与其中，古之君子，常熟讲而施行之"，

---

〔1〕 杨开道：《中国乡约制度》，山东省乡村服务人员训练处 1937 年印本，第 266 页。

〔2〕 （明）章潢：《图书编》卷九十二《保甲乡约社仓社学总序》，收录于中华文化通论编委会编：《中华文化通志》，上海人民出版社 2010 年版。

〔3〕 （明）胡直：《衡庐精舍藏稿》卷二十六《螺溪外士胡君偕配刘孺人墓志铭》，影印文渊阁钦定四库全书第 1287 册，上海古籍出版社 1987 年版。

并主张乡约和保甲合一，寓乡约于保甲，总纲分为保甲之籍、之政、之教、之礼、之养、之备、之禁几部分。其中，保甲之政与乡约最为相关，主要有六条，即"一曰火烛相诫，二曰盗贼相御，三曰忧患相恤，四曰喜庆相贺，五曰德业相劝，六曰过恶相规"。崇祯十六年（1643年），刘宗周时任都察院御史，奏呈《乡保事宜》，总括约典、约礼、约制、约法、约备等，更加偏重乡约，更以保甲为辅助。[1]崇祯年间，浙江德清唐达倡议创立葬亲社，订《葬亲社约》，其组织和管理方法十分精密，时人竞效此法。[2]陆世仪作《治乡三约》，其"按地势分邑为数乡，什伍其民，条分缕析，令皆归于乡约长。凡讼狱、师徒、户口、田数、徭役，一皆缘此而起，颇得治邑贯通之道"。[3]《治乡三约》在形式上分为教约、恤约、保约三约，采取分工负责制。设约正一人，总掌三约，并设教长、恤长、保长，分别负责教事、恤事、保事。三长平时的工作由约正指挥监督，工作成绩在岁终由约正查明誊写，上报官府。正是这些儒士的推崇使得乡约在明代取得了巨大的发展，其形式也逐渐丰富，内容上与宗族等其他组织逐渐融合，如有乡约式书院、家族式乡约、护林乡约、禁宰牛乡约、御倭乡约、御虏乡约、御贼乡约、宗约、士约、乡兵约和会约等。乡约成为一种重要的地方规范形式，成为地方社会治理过程中不可或缺的规范体系。

三、碑刻中的乡约法

在古代众多的乡约文本中，乡约碑刻是研究乡约法的重要资料。大量的乡约法都曾被刻成石碑，树于村口或乡民往来频繁之处，一是时刻省示民众遵守，二是可兹永世流传。现选择其中典型的乡约碑刻进行考察，试图在乡约法分析上取得一些进展。

前文述及，宋《吕氏乡约》较早地奠定了乡约这一规范类型的基础，后经朱熹增删整合，成为后世乡约典范。陕西省安康市岚皋县存有一块清代刻"公置义田碑"，立于同治四年（1865年）三月，碑文有如下记载：

尝考朱子增损蓝田《吕氏乡约》。吕氏者，宋时贤士，德艺素为人所

---

〔1〕 吴光主编：《刘宗周全集》（第4册），浙江古籍出版社2007年版，第371—373页。

〔2〕 （清）陈弘谋撰，苏丽娟点校：《五种遗规》，凤凰出版社2016年版，第286—288页。

〔3〕 （清）贺长龄辑，（清）魏源编：《清经世文编》卷二十二《吏治八·守令中》。

敬信。所谓乡约者，士未入官，未能兼善天下，而化导乡里，实性分内事，因与乡人约誓，共勉为善，庶不至枉生也。其纲有四，曰：德业相劝、过失相规、礼俗相交、患难相恤也。各有条目，善恶皆书于籍，以定赏罚。一时父勉其子，兄勉其弟，温恭慈惠，乡里间雍雍如也，何风之淳欤。[1]

可见，《吕氏乡约》和《增损吕氏乡约》对后世乡约制度乃至整个乡里制度都有很大影响。明清时，这种由宋代士绅为纯风易俗而创建的乡约制度得到了国家统治者的认可，进而成为一种在乡村社会广泛推行的"广教化而厚风俗"的社会规范体系。在皇帝的重视下，乡约法在明代逐渐形成并得到较大发展。清初，一些地方承袭了明代的乡治传统，继续推行乡约法。同时，在君主的大力推行下，地方乡约法更加普遍，数量也远较明代为多，但清代乡约由礼部管辖，单纯用来司教化，以宣讲圣谕为主，把乡约变成了宣讲圣谕的"讲政"。正是乡约本身自治色彩的渐失，使得清代乡约在发展上出现倒退，变得有名而无实。

从功能上来分析，乡约主要涉及敦风睦俗的教育作用、公产公制的经济保障作用、息争罢讼的社会和谐作用、缉盗安民的社会治安作用等。敦风化俗功能是乡约设立的最初动机，也是其最主要的功能，几乎在各类乡约中都有一定体现。道光十七年（1837 年）云南云龙县长新乡《乡规民约碑记》载："古之良民，方里之内，出入相友，守望相助，疾病相扶，亲睦之风，昭昭于古。余里之境，能不法古风而遵守乎？况我朝圣谕，上亦有联保甲以弥盗贼，和乡党以息争讼，训子弟以禁非为，息诬告以全善良，讲律法以惊愚玩，笃宗族以昭雍睦等数条，无非因上帝好生，凡民之俊秀愚顽使之各务本业，而不失亲睦之风，得优游于太平之世也矣乎！"[2]再如徽州府祁门县"申明乡约碑"，该碑立于嘉靖五年（1526 年）四月，载："徽州府祁门县为申明乡约以敦风化事抄蒙"，"洪武礼制，每里建里社坛……嘉靖五年二月起，每遇春秋贰社，出办猪羊祭品，依贰书，写祭文，率领一里人户致祭……照依乡约事宜置立簿籍，或善或恶者各书一籍，每月朔一会，务在劝里仰善惩

---

〔1〕 张沛编著：《安康碑石》，三秦出版社 1991 年版，第 221 页。

〔2〕 段金录、张锡禄编：《大理历代名碑》，云南民族出版社 2000 年版，第 537 页。

恶兴礼恤患以厚风俗……立社学，设教读以训童蒙，建社仓，积粟谷以备四荒"。再如陕西澄城存有"乡约公直同议碑"，该碑立于咸丰四年（1854年）九月，载："乡约、公直同议。因为人心不古，风俗偷薄，今阁村人等演名戏一台，一正风俗，所罚条规，开列于后。"[1]又如山西运城"三社振风励俗恪守碑"，该碑立于乾隆二十七年（1762）五月，碑文载：

> 南登坂村三社公议振风励俗禀官立法恪守碑。合村每年共举公直九名，协同总长督一村人等。循规蹈矩，不得荡检逾闲，守礼安顺，罔敢干律犯法。凡有不孝不弟大干律例者，举报在案，听主发诏。其余赌博为贼盗根源，其议：见者，即罚银一两；开场卖饭者，亦罚银一两五钱。举一切盗人田禾、砍伐树木，亦分别轻重有罚。如不愿受，具报县主案下究治。照议□行。人无大小，个个安耕。凿之，常时无冬夏，家家鲜玩惕之虞。如此地方虑静，风俗淳美，讵不少有补于朝廷，推化县主至治也哉。[2]

再如山西安康"景家公议十条规款碑"，该碑立于清同治元年（1862年)，碑文内设十条禁约，其中便有：

> 一、境内有忤逆不孝、悖伦犯上，即行合力捆绑，送官究处。
> 一、境内有嗜酒撒风、打街骂巷，轻则罚以荆条，重则捆绑送案。
> 一、赌博乃朝廷首禁，若不戒除，良民何以资生。嗣后倘有犯赌者，立拿送案。[3]

可见乡约教化功能的普遍性。朱熹《增损吕氏乡约》便以教化为纲，首言"德业相劝""过失相规""礼俗相交""患难相恤"。它开篇提出："事亲能孝，事君能忠。夫妇以礼，兄弟以恩，朋友以信。能睦乡邻，能敬官长，能为姻亲。与人恭逊，持身清约，容止庄重，辞气安和。衣冠合度，饮食中节。凡此皆谓之德。"这是全约的总纲。王守仁《南赣乡约》篇首的一段话表达了同样的教化意图："故今特为乡约，以协和尔民。自今凡尔同约之民，皆

---

〔1〕 张进忠编著：《澄城碑石》，三秦出版社2001年版，第187页。
〔2〕 王大高主编：《河东百通名碑赏析》，山西人民出版社2002年版，第402页。
〔3〕 张沛编著：《安康碑石》，三秦出版社1991年版，第216—217页。

宜孝尔父母，敬尔兄长，教训尔子孙，和顺尔乡里。死丧相助，患难相恤，善相劝勉，恶相告诫。息讼罢争，讲信修睦，务为善良之民，共成仁厚之俗。"乡约与国家法一样，既是规则体系，又是意义体系。德、礼、仪、俗是教化价值在乡约中向下的渐次所现，而俗、仪、礼、德则是教化价值向上升华的理想境界。除了这些普遍意义上的一般教化之外，乡约也针对专门现象移风易俗，如福州"文儒坊乡约碑"，该碑立于道光十五年（1835年），载：

> 窃思先王制礼，俭为之本，吾人处世，诚为之源，此吉凶之礼，所以贵得乎本之源也。近时习俗相沿，动违古制，礼多繁缛，而丧礼尤甚。岂知踵事增华，舍本逐末？将来伊于胡底耶？今集同人公众演戏勒碑定规，以垂久远。自公议后，举凡吉凶之礼一切以规条是循，永不许犯规越议庶礼，有以昭其划一，而得其本也夫。议条列后：
> 一、公议治丧凡亲友族吊孝者，倒头时通用金烛一副，发引时不事再礼。治丧家亦不发白备席。至亲友族情尤厚者，先具帖讣闻后，再具礼。如违，公罚戏全部。
> 一、公议凡起屋、葬地、寿诞、生子、捐班、进学吉事，亲友族只系走贺，不必具礼，主家亦不备席。若具贴相请，后再送礼。如违，公罚戏全部。

该乡约重点解决的是丧礼方面的陋习问题，对于乡村社会吉事礼也提出了建议性的解决对策，以具体的规范要求对社会风气进行必要的引导。

关于公产公制的职能，则主要是针对个体生产的势单力孤问题，同时也为了保护公产，应对国家赋役等问题。如山西安康"共置产业公举乡约碑"，该碑立于道光六年（1826年），内载："尝思朝廷设立官府、官府设立乡保，法至良也，责匪轻矣。因贤愚人等贫富不同，虽各粮户轮流充当，多致受累。是以我等共酌，永图共襄盛举，爰邀首士八人，先各解囊以相助，然后劝今诸粮户量力捐资，共置产业，公举乡约。"[1]再如"永发乡约田地碑"，该碑立于道光二十六年（1846年），碑文载：

---

[1]　张沛编著：《安康碑石》，三秦出版社1991年版，第135页。

发乡约会。凡官宦绅士里民，均照地价，每百串捐钱三千文，共计捐钱壹佰柒拾串有奇，置卖乡约田地□□□□□□□□□□其才德无□□望者，公举充当。如将业卖出者，买主照价捐出，退还卖主，收回会内□□□□□□□□本，而各户均获肩荷，以释□欣身闲之乐，所谓费而不费，损之未损。虽□□□之功，终资一方之□□□□远害于目前之可遗利于后世，继继承承，相延以续，千万斯年，斯业永固。[1]

此外，还有保护公产的约碑，如道光三十年（1850 年）"铁厂沟禁山碑"，载："此地不许砍伐盗窃、放火烧山。倘不遵依，故违犯者，罚戏一台、酒三席，其树木柴草，依然赔价。特此刊石勒碑告白。"[2] 再如光绪三十年（1904 年）"黑油沟公议禁碑"，载："上松树铺来远里黑油沟为除害安良以正风化事。缘我境地属高山，贫苦已极，所有出产，唯有五谷山货等物，概可营生。无奈世风不古，民习日偷，藐视王章，罔知责耻，常窝藏匪类，以赌博为生，甚至狗党胡行，为盗为贼。呜呼，世道流污，何至如是耶？若不实力整顿，则偷风日炽，为害无底。所以众等公议，一草一木，各有所主，不准越畔相侵，故严立数禁，刊刻于后。"[3] 可见，在古代地方官府无力对社会生产提供有力保障的前提下，乡约具有对民众自己的生活资料和生产资料进行保护的积极作用。

在弥盗安民方面，乡约亦是积极作为，稽查奸匪成为乡约的一个重要职能，如道光十六年（1836 年）"合村乡约公直同议禁条碑"，载："自今以往，各戒偷窃，共趋醇穆。倘有犯者，决不容情，宝钟一响，捉者不管。若有强梗不遵者，乡约、公直送官究治，盘费照粮均摊。"[4] 又如道光四年（1824 年）十二月"丰口坝公议条规碑"，载：

> 公议严禁六畜僧道乞丐么儿窝藏匪类赌博等以固地方事。窃思古帝王从欲以治，罔不率俾。今犹是海晏河清之年也，亦犹是政简刑清之日也，何民情之不古耶。我丰口坝土薄人稠，朝不谋夕，安植菜麦，以图

---

〔1〕 张沛编著：《安康碑石》，三秦出版社 1991 年版，第 165 页。
〔2〕 张沛编著：《安康碑石》，三秦出版社 1991 年版，第 177 页。
〔3〕 张沛编著：《安康碑石》，三秦出版社 1991 年版，第 347 页。
〔4〕 张进忠编著：《澄城碑石》，三秦出版社 2001 年版，第 167 页。

来春，而不仁者纵放六畜，践害一空，居民无不切齿。兼以往来僧道，虚冒三乘，敲计乡愚。乞丐、么儿，明索暗捞。山居独户，任其肆行。即此一端，大伤风化。是以演戏勒碑，遂行注明，以垂不朽，使由是子弟醇良，刁风寝息，不昭然太上之流风欤。

一、获纵放六畜者，同公处罚，不从，杀死不究。

一、僧道强化乡愚及么儿讹索者，捆缚送官。

一、乞丐遇红白喜事，每名给钱四文。

一、窝藏匪类赌博，议将地主、招主一同禀案。[1]

再如，光绪二十二年（1896 年）"牛王沟公议禁盗碑"专门对禁盗问题作了规定：

一禁，五谷、瓜果、蔬菜乃养命之原，不得强掠窃取。一经查获，轻则听罚，重则送官。

一禁，漆子、漆根不得强打私挖，故违者，一经查获，轻则听罚，重则送官。

一禁，所栽、所下漆秧，倘有盗窃，一经拿获，即以盗贼论，送官重惩。

一禁，明捡枯薪，暗伐漆树、耳树，一经拿获，鸣公听罚。

一禁，枸树、枸叶，亦农家出产，不得强采，故违者，查获听罚。

一禁，桐子倘一家将捡，九家未打，不得混杂入扒，故违者，查获听罚。

一禁，竹笋、花木、草石，不得暗窃明夺故违者，鸣公听罚。

一禁，敞放猪羊牛马，肆行糟害，故违者，鸣公看验，加倍赔偿。受害者不得打杀牲畜。

一议，无论谁人拿获盗贼，白昼赏钱八百，黑夜赏钱一串。

一议，拿贼之人不得栽赃贿利、抉隙报仇，如有等弊，以反坐论罪。[2]

息争罢讼，调解纠纷，则是乡约维系内部成员之间关系和谐的一项重要

---

〔1〕 张沛编著：《安康碑石》，三秦出版社 1991 年版，第 125—126 页。

〔2〕 张沛编著：《安康碑石》，三秦出版社 1991 年版，第 314—315 页。

内容。民有好讼之风，官有息讼之意，乡约亦是从群体意识出发，不提倡动辄诉讼。如道光三十年（1850年）岚皋县"双丰桥组碑"载："阖境无论口角钱债、大小事件，知情莫过于乡里，必须先经投乡保绅粮理质，不服者方许控告。如不遵者，以原作被，公同处罚察惩。"[1]同治八年（1869年）紫阳县"芭蕉靖地方告示碑"载："户婚田土等项即有争竞，先宜投鸣公人理质。如果不能了局，方可呈控。"[2]同治十一年（1872年）六月石泉县"公选约保禁娼禁赌碑"表明："绅粮、当佃人等，无论鼠牙雀角之争，须投鸣约保理论，不得私讼。倘不守规，众等呈察。"[3]同治三年（1864年）十二月宁陕县"公和兴会公议条规碑"载："境内既有乡保，原为与人理论是非。凡有不公之事，即当投鸣，理质了息，各安生理。如理质实不能已，致讼可也。"[4]可见在乡约或宗族组织内部处理调解公议之前，不允许纠纷当事人随便提起诉讼。对于违反这一规定的行为还要给予惩罚。如同治元年（1862年）"景家公议十条规款碑"便规定，"境中有事，不鸣乡保传场质理、私告野状者，原告自□衙门，被告无涉"[5]，其中更是将此类行为称为"私告野状"，可见一斑。

四、乡约在基层社会规治中的作用

乡约效力主要体现在乡约长的产生和约条的制定都要经过公议，有时还要得到官府的认可。在古代的乡里制度中，乡约长是掌管教化的乡官，其职责与西周的乡老、战国秦时的五老、秦汉时的三老颇相类似。顾炎武曾评价明太祖朱元璋"损益千古之制"，使乡村"里有长，甲有保，乡有约"。关于乡约长的选任，均有相应资历要求和程序要求。如陕西岚皋县"双丰桥组碑"规定：乡约长"每届三年，各粮户轮流充当"，且不得推诿。再如光绪二年（1876年）四月"下茅坝公议乡约辛（薪）赏碑"载：

> 盖闻五族为党，五党为乡，其中□民著作，难免鼠牙雀角。苟无乡

---

〔1〕 张沛编著：《安康碑石》，三秦出版社1991年版，第216页。

〔2〕 李启良等搜集整理校注：《安康碑版钩沉》，陕西人民出版社1998年版，第224页。

〔3〕 李启良等搜集整理校注：《安康碑版钩沉》，陕西人民出版社1998年版，第229页。

〔4〕 张沛编著：《安康碑石》，三秦出版社1991年版，第218页。

〔5〕 张沛编著：《安康碑石》，三秦出版社1991年版，第216—217页。

束之规，必有欲速之讼。故朝廷设以官长，官长设以地方，是一乡之有约者由来久矣。

　　我下茅坝境内，虽属遐荒，而民中岂无秀顽。其有力者，或无才以任公。而有才者，又无力以办事。及至屡年议举，人皆诿谢。若是者，则一乡之事，又推谁任也？因兹阖乡绅粮，会同集议，爰举有才无力以代无才有力，特捐有力无才以供无力有才，岂不两全其美，共乐均平之治也哉！于咸丰十年始创此举，老粮已捐，积金六十千，无论充请何人，每年将余剩以为辛赀。昔举固美，今何从新。因近来乡事甚繁，任非一人能当，兼添新粮捐项。除点卯用费、兵借外，余金五十千，合新捐旧捐共积金一百一十千，其余利足二人辛赀。今故举二人协充。[1]

可见，随着乡约职责的改变或扩大，即由掌管教化到警诫乡里、调解争讼，甚至还要征敛赋役，乡约长在乡里社会已失去了荣誉的光环，而成为务实的职役，甚至是由官衙胥吏任意差遣的贱役。民人视乡约为畏途，避之唯恐不及，不少地方迫不得已采取由粮户轮流充当的做法。

　　从乡约规条的制定来看，一般要经过公议的过程，并且参加的人数越多，人员越广泛，乡约规条的效力就越大。如陕西安康洋县智果寺道光二十年（1840年）三月"成立保甲联防碑"载："智果寺前社后社暨黄郑二村白庙村绅耆老民乡地人等立石。"陕西汉中西乡县同治十二年（1873年）六月"禁止砍树捅鱼碑"载："兹集绅粮公议，拿获窃伐之人，凭众处理。"石泉县同治十一年（1872年）六月"公选约保禁娼禁赌碑"便是由"绅粮九十余人"共同商议确立的。广州地区番禺县沙湾镇光绪十一年（1885年）五月"四姓公禁碑"则由王、何、黎、李四姓公议所立："我乡主仆之分最严。凡奴仆赎身者，例应远迁异地。如在本乡居住，其子孙冠婚、丧祭、屋制、服饰，仍要守奴仆之分，永远不得创立大小祠宇。倘不遵约束，我乡绅士切勿赡徇容庇，并许乡人投首，即著更保驱逐。"除公议之外，有时还要取得地方官的认可，这不只是程序问题，更重要的是，乡民希望其所立禁约具有权威性和恒久性。获得权威性最便捷的方法是将众姓或绅衿公议之禁条送报官府，以求得地方官的支持和保障。经过这道程序，乡约便具有了地方文告的效力。如

〔1〕　张沛编著：《安康碑石》，三秦出版社1991年版，第255—256页。

山西运城雍正二年（1724年）"禁赌碑"载："近见我庄游手好闲之徒，勾引赌博，恶风尤甚。若不禁止，则邪教易人，将有日流于下而不返者矣。是故阖族公议，永行禁止。具察本县老爷案下，乞勒石永遵，以免颓风。蒙批：赌博乃贼盗之源，滋害无穷。故本县到任之初，随出示申禁在案。今该生等公禀勒石永禁，留意桑梓，甚属可嘉，准照禀行。……固勒石以垂不朽云。"〔1〕再如同治八年（1869年）安康紫阳县芭蕉乡众绅同立的"地方告示碑"载："钦加同知衔署紫阳县正堂孔为出示刊碑永垂远久以靖地方事。照得里党不可无规条，尤朝廷不可无法律。无法律莫由振四海之颓风，无条规何以洗一乡之敝俗。军功琚朝祯、监生张瑞友、职员姜道富、职员胡洪珍等有鉴于兹，议规十条，禀恳示禁，真言言金玉，堪为斯乡程式。为此示仰该地诸色人等，将所禀十条刊石立碑，永远遵行。倘敢故违，禀案拘究，决不宽恕。特此示知。"〔2〕乡约也因此具有了准法律的效力，并且在实践中与国家法有了一个很好的衔接模式。除此之外，乡约必以某种方式公之于众，使人人尽知，人人尽守。刊刻石碑永久存照是一种很好的选择，因此，乡约碑成为乡约公示的重要形式。

从乡约的内容上看，则多寡不一，水平参差。还是有很多成功的乡约具备了较高的水平，虽力崇简厄，却具有了一定的立法意味。如同治元年（1862）"景家公议十条规款碑"便规定：

一，境内有忤逆不孝、悖伦犯上，即行合力捆绑，送官究处。

一，境内有嗜酒撒风、打街骂巷，轻则罚以荆条，重则捆绑送案。

一，境内店户，毋许窝盗贼家口，因伴侣游民以害地方。违者指名报案。

一，无耻之徒，在境藉端讹索、无故□援良民者，经公捆绑送官。

一，境内倘有被盗之家，邻右同出壮丁搜寻捕捉。查明，连窝主一并送官。

一，赌博乃朝廷首禁，若不戒除，良民何以资生。嗣后倘有犯赌者，立拿送案。

---

〔1〕 王大高主编：《河东百通名碑赏析》，山西人民出版社2002年版，第399页。

〔2〕 李启良等搜集整理校注：《安康碑版钩沉》，陕西人民出版社1998年版，第224页。

一，境中百谷菜果，黎民藉以为天。倘有偷窃践害者，小则罚还，大则送案。

一，境中竹木柴草枸皮等项，物各有主。倘有逞刁妄取者，凭公处罚，大则送案。

一，境中有事，不鸣乡保传场质理、私告野状者，原告自□衙门，被告无涉。

一，有游僧野道、流棍恶丐在境强化估讨及红签黑匪日抢夜劫者，立捕送案。外有各号买卖，务宜公平交易，不可添钱夺买、欺弱坑骗等弊。违者重罚。[1]

再如光绪元年（1875）"庙子垭铺公议乡规碑"规定：

一议，人生孝弟为重，倘为子不孝，为弟不恭者，送言定罪。

一议，忠信为处世之本，不忠不信非人也。我乡当同凛之。

一劝，我乡子弟，务宜耕读为本，勿令闲游，恐入下流。

一议，礼义廉耻，国之四维。尊宜敬，长宜逊，灾宜恤，难宜救，非分勿贪，毋自贻羞。

一议，窝藏贼、盗、赌、匪者送官，知之而不报者亦送官。强贼不走者，同执送官。

一议，庙子垭铺前立十六牌头，有事先和，不能和即送乡保，皆不得假公济私。

一议，铺内立二老户，凡乡约所支差费，牌头宜公派，归于老户、乡约领取。

一议，捐麦一石，愿开店者，具保领取，只许公人给用，原、被不在内，酒、饭照时价。

一议，传人之夫，以里数、人数，现给公费。

一议，换仓粮之事，宜传到一处，上、中、下公派，不得上门私派。

一议，无耻之徒，倘诱良民子弟赌钱者，牌头查明，以报乡保。

一议，外来无耻之徒，查实姓名，家家不得久留，恐生事端。如生

---

[1] 张沛编著：《安康碑石》，三秦出版社1991年版，第216—217页。

事端，于主家是问。

一议，店内不得招赌抽头。

一议，山原各样之贵物，牌头务宜查明贼盗。倘被贼所窃，于牌头是问。[1]

此皆为较成熟的乡约范本。

乡约通过推动宗约、士约、社约、会约等礼教、文教性组织的发展，推广了教化；同时，通过与保甲、社学、社仓等治安、互助组织打成一片，促进了乡治的发展。有学者指出，乡约"是传统社会乡民基于一定的地缘和血缘关系，为了某种共同的目的而设立的生活规则及组织，乡约在中国社会的秩序构造中发挥了重要的作用，是一项有特色的法律文化传统"。[2]

五、余论

杨开道在《中国乡约制度》中给予了乡约较高的评价，他认为："中国士人阶级的实际工作，不是在政治舞台上运用学理，便是在学术机关内传授学理；不是直接去制裁民众，便是间接去教化民众。士人阶级从不投身到民众里面，作民众的领袖，谋民众的幸福；民众没有士人阶级的引导，也无法自己组织，自己工作。所以，中国几千年的政治，都是人民被治，士人治人；士人阶级总是同政府打成一片，而没有同人民打成一片的。乡约制度的起源实在是一个破天荒的举动，人民居然能得士人阶级的指导，士人阶级居然能弃政治舞台的生活。"[3]可见，乡约组织最早在宋代萌芽时，其性质是纯民间的组织，是一种民间的自我规范与自我整合，而从历史发展观念来看，这无疑是一种进步之举。

宋代乡约在推行过程中虽起到了教化乡里的作用，但在地域、数量、规模上均不如后世。明初，朱元璋制定"洪武六谕"，成为地方乡治的最高原则，明成祖对乡约也很重视，但他并不发展纯民间性质的乡约，而仅重视其规范作用。在这一背景下，许多名臣硕儒，如方孝孺、王阳明、吕坤、章潢、

---

[1] 张沛编著：《安康碑石》，三秦出版社1991年版，第255—256页。

[2] 张中秋："乡约的诸属性及其文化原理认识"，载《南京大学学报（哲学·人文科学·社会科学版）》2004年第5期。

[3] 杨开道：《中国乡约制度》，山东省乡村服务人员训练处1937年印本，第35页。

刘宗周、陆世仪等，都致力于推行乡约，乡约也逐渐从民间性向官办乡约转化。

清初，一些地方承袭了明代的乡治传统，继续推行乡约法。如陆陇其在灵寿县"申明乡约、乡长、保甲、地方之制，谓此《周礼》比间族党之遗意，所以美风俗，而遏奸宄盗贼之源也……其举乡约，必择知文义行端悫者，亲为讲解孝弟睦姻之训，使之教于乡。规条备具。巡抚于公成龙下其法行之他郡县"。[1]但清代的乡约由于受到中央王朝的控制，逐渐成为一种宣讲仪式，其民间自治的效果逐渐衰落。顺治九年（1652 年），刻"六谕卧碑"，在八旗与直隶各省中颁行明太祖的"洪武六谕"，即"孝顺父母，尊敬长上，和睦乡里，教训子孙，各安生理，毋作非为"。[2]顺治十二年（1655 年），魏裔介上疏，认为乡约自明末以来成为虚文，建议顺治皇帝"复乡约"。[3]顺治皇帝颁布《劝善要言》，颁发异姓公以下、文官三品以上各一部。顺治十六年（1659 年）议准，译书"六谕"，令五城各设公所，择善讲人员，讲解开谕，以广教化。直省府州县，亦皆举行乡约。该城司及各地方官责成乡约人等，于每月朔望日，聚集公所宣讲。[4]康熙九年（1670 年），颁行《上谕十六条》，"晓谕八旗及直省兵民人等"，令各府州县乡村人等切实遵行。[5]康熙十八年（1679 年）议准，浙江巡抚将《上谕十六条》衍说，辑为《直解》，缮册进呈，通行直省督抚。照依奏进《乡约全书》，刊刻各款，分发府州县乡村，永远遵行。[6]康熙二十五年（1686 年），覆准《上谕十六条》，令直省督抚转行提镇等官，晓谕各该营伍将弁兵丁，并颁发土司各官，通行讲读。[7]

---

〔1〕（清）陈廷敬：《午亭文编》卷四十四《监察御史陆君墓志铭》，收录于张玉玲、张建伟整理：《阳城历史名人文存》（第 3 册），三晋出版社 2010 年版，第 850 页。

〔2〕《清世祖实录》卷六十三，顺治九年二月庚戌，中华书局 1985 年影印版，第 3 册，第 490 页。

〔3〕（清）魏裔介：《兼济堂文集》卷一《兴教化正风俗疏》。转引自牛铭实编著：《中国历代乡规民约》，中国社会出版社 2014 年版，第 322 页。

〔4〕（清）郝玉麟等监修，（清）谢道承等纂修：（乾隆）《福建通志》卷十四《典礼·乡约讲读圣谕》，清乾隆二年（1737）刻本。

〔5〕（清）郝玉麟等监修，（清）谢道承等纂修：（乾隆）《福建通志》卷首一《典谟一·谕旨》，清乾隆二年（1737）刻本。

〔6〕（清）素尔讷等纂修，霍有明、郭海文校注：《钦定学政全书校注》，武汉大学出版社 2009 年版，第 291 页。

〔7〕（清）郝玉麟等监修，（清）谢道承等纂修：（乾隆）《福建通志》卷十四《典礼·乡约讲读圣谕》，清乾隆二年（1737）刻本。

康熙五十二年（1713年），覆准颁发老人上谕，载入《上谕十六条》内，行令直隶各省府州县，及凡土司地方，照例于月朔并行讲解。[1]雍正二年（1724年），钦定《圣谕广训》十六章，共计万言，刊刻颁行，分发府州县乡村，令生童诵读。每月朔望，地方官聚集公所，逐条宣讲，兵民皆得恭听。[2]黄六鸿在《福惠全书》中谈道："夫州长之读法，以正月及正岁，是一岁而再读。党正之读法，以四时之孟月，是一岁而四读。族师则每月一举行，是一岁而十二读。至于岁时祭祀，读法亦如之。"[3]在清中央王朝的大力提倡、督促下，各地方普遍设立了乡约组织，制定有乡约法。这些组织、约文虽因各地情形不一而不尽相同，但其基本精神都是以上述《上谕十六条》或《圣谕广训》等为宗旨，结合本地具体情形而制定的。由于君主的大力推行，地方乡约法非常普遍，数量远较明代为多，但由于清代乡约由礼部管辖，单纯用来司教化，以宣讲圣谕为主，把乡约变成了宣讲圣谕的"讲政"。正是由于乡约本身自治色彩的渐失，清代乡约在发展上反而倒退了。

---

〔1〕（清）索尔讷等纂修，霍有明、郭海文校注：《钦定学政全书校注》，武汉大学出版社2009年版，第291页。

〔2〕（清）郝玉麟等监修，（清）谢道承等纂修：（乾隆）《福建通志》卷首一《典谟一·谕旨》，清乾隆二年（1737）刻本。

〔3〕（清）黄六鸿：《福惠全书》卷二十一《保甲部·选保甲长》，收录于四库未收书辑刊编纂委员会编：《四库未收书辑刊》（第3辑第19册），北京出版社2000年版，第290页。

徽州传统民间契约观念及其遗存

——以田藏徽州民间契约及对徽州六县的田野调查为基础[*]

中文摘要：徽州民间契约文化是徽文化的一个重要部分，契约社会现象在徽州是最为典型的，它透露着深层次的徽州社会及人际关系的理性成分，也体现出中国传统社会中民间规则对于维系整个社会的和谐状态所具有的巨大作用。改革开放以来，这种契约观念可以说是在改变中有继承，或者说在继承中有改变，仍以特有的方式调和基层社会的安宁。本文拟从徽州民间契约传统的发展过程、传统民间契约与现代契约的比较、徽州传统民间契约观念的成因等方面进行阐述，以期引起学界对徽州民间契约的关注。

关键词：徽州；契约传统；现代遗存

2005 年，田涛先生从其收藏的大量清代和民国时期徽州民间契约中精选出 6000 余件，分别委托中国政法大学、清华大学和南开大学进行整理，同年 5 月和 11 月，在田涛先生、王宏志先生和柏华先生的主持下，连续组织了两次对古徽州的"民间契约习惯"的田野调查，我有幸参加，并参与了先期对徽州民间契约的整理工作。我正是基于上述七月整理和实地调查，才写了这篇文章。

古徽州地处皖南盆地中心，坐落在黄山脚下，今天的歙县境界大抵为其中心。在秦代就有县的建置，汉以降，歙地基本保持了秦所设立的县的建制。隋罢郡为州，以州统县，歙县改为歙州。唐贞观元年，实行道、州（郡）、县

---

* 本文曾发表于《甘肃政法学院学报》2008 年第 2 期。

三级管理，歙州隶属江南道。中唐时期，道成为正式行政区划，歙州隶属江南东道。晚唐藩镇林立，歙州隶属宁国军。北宋立国，实行路、府（州）、县（军、监）三级制，歙州改称徽州，隶属江南东路。元朝实行省、路（府、直隶州）、散州（军）、县四级制，徽州路（直管五县和婺源州）隶属江浙行省。明朝实行三级区划，徽州设府。清袭明制，徽州府辖歙县等六县。〔1〕民国时期，徽州先后隶属芜湖道、第七专区。新中国成立后，1987年11月，国务院批复成立黄山市，徽州成为市辖县级区。古徽州大抵今歙县、休宁县、祁门县、黟县、绩溪县、婺源县（今属江西省）。

徽州的历史有数千年，其契约传统当然可归为广义的大历史的范畴。但严格和典型意义上的徽州契约传统，主要是指徽州在北宋宣和三年（1121）置府后全面崛起，在明清达到鼎盛时期内的契约传统，这一时期的契约传统是其早期发展及后期演变的重要阶段。

南宋以后，中国开始进入封建社会后期，徽州文化正是在这一时期全面崛起并繁荣的，它的全面性、丰富性使之成为中国封建社会后期文化发展的典型投影。其契约观念就是这一大背景在民间经济生活中的体现。徽州号称是一个契约社会，至今仍完好地保存的民间契约文书就有数十万份〔2〕，现存较早的契约遗于宋代，至明清时期已蔚为大观，新中国成立以后的民间契约也有大量存留〔3〕。徽州民间契约不仅数量多，持续时间长，还很系统。如此契约社会现象在徽州是最为典型的，它透露着深层次的徽州社会及人际关系的理性成分。

一、田藏徽州民间契约整理概况

在这次对6000余件民间契约的整理过程中，我们发现徽州民间契约在种类、当事人、中人、程式等方面都有诸多的特点，以下作一简单的介绍。

第一，契约的种类。徽州民间契约的种类十分丰富，涉及买卖契约、借贷契约、抵押契约、租佃契约、析产契约、继承契约、典当契约等。其一，买卖契约。在6000余件民间契约当中，买卖契约占到相当比重，其中只是土

〔1〕（清）丁廷楗等修：《徽州府志》，道光丁亥（1827年）重修本。
〔2〕刘伯山："徽州文书的留存及抢救"，载《光明日报》2001年9月11日理论版。
〔3〕刘伯山："伯山书屋一期所藏徽州文书的分类与初步研究（上）"，载安徽大学徽学研究中心编：《徽学》（2000年卷），安徽大学出版社2001年版。

地买卖就分为小买、大买、大小买等多种。小买是指只买地皮，不买地骨；大买是指既买地皮，也买地骨；至于大小买，由于契约当中只有这一名称，其准确含义以及其与大买、小买之间的区别都有待进一步考证，可能是指全部的物权转移，即所谓的绝卖或杜卖。买卖的标的物大部分是土地与房屋。土地又分为田地（契约 H-Q-N014〔1〕、契约 H-Q-N015 等）、山地（契约 H-Q-N003、契约 H-Q-N069 等）、菜园（契约 H-Q-N094、契约 H-Q-N104 等）、坟地（契约 H-Q-N078、契约 H-Q-N097 等）、苗山（契约 H-Q-N100、契约 H-Q-N105 等）、塘田（契约 H-Q-N006、契约 H-Q-N056 等）、地基（契约 H-Q-N083、契约 H-Q-N124 等）。房屋主要有楼屋、箱屋等。此外还有粪窖、树苗、会股等，可见买卖契约的标的物主要是不动产。应当引起注意的是会股，见契约 H-Q-N090、契约 H-Q-N126。所谓的会股、社股都是一种包含权利和义务的资格，在当时当地，这种资格作为一种标的来转让是值得研究的。其二，典当契约。典当契约所占的比重也较大，其标的物较为简单，一般都是房屋（契约 H-Q-N035、契约 H-Q-N036 等）和土地（契约 H-G-N216、契约 H-G-N217 等），此外还有山林（契约 H-Q-N398）等。其三，租佃契约。租佃契约又分为租出契、租入契、转租契。租出契是指出租人所立契约，见契约 H-Q-N045、契约 H-Q-N109 等；租入契是指租入人所立契约，见契约 H-Q-N119、契约 H-Q-N146 等；转租契是指租入人将所租标的转租与他人所立契约，见契约 H-G-N224。租佃契约的标的物主要也是房屋（契约 H-Q-N152、契约 H-Q-N302 等）和土地（契约 H-Q-N208、契约 H-Q-N209 等），此外还有茶棵（契约 H-Q-N109）等。其四，借贷契约。借贷契约又分为借契和借条。借契是指规范的借贷契约，具有完全的契约程式，如契约 H-Q-N001；借条是指只简单记载"借到某某……"而已，不具有完全的契约程式，如契约 H-G-N054。借贷契约的标的物主要是金钱，多为"鹰洋"或"洋元"。借贷契约一般都附有利息条款。其五，析产契约和继承契约。析产契约和继承契约具有现实的关联性，故往往同时体现在一件契约当中。这些析产、继承契约绝大多数是阄书，它们的共同特点是当事人为具有血亲关系的多人；都有一个财产清册，包括田产和房产；有一个基本平等的分配方案；都有一个众书合写的防伪标记等。其六，抵押契

---

〔1〕 此处的编号为契约整理过程中的编号，特此注明。这些契约原件原为已故田涛先生所收藏。

约。抵押契约的标的物一般限于房产和地产。其七，其他契约种类。其他契约是指几种典型的契约之外的情况，虽然数量有限，却涉及诸多领域，体现了民间契约的丰富多彩。退业契约，指把立契人现实支配的原属他人的财物退还他人，但并不记载原因的契约。造成这种情况的原因可能是租赁、小买契约的解除，或典当契约的取赎等，见契约 H-Q-N011、契约 H-Q-N012。交业契约，指把自己的财物交与他人，但不记载原因的契约。造成这种情况的原因可能是赠与、延期交付等，见契约 H-Q-N016。交换契约，指双方交换财物的契约（物物交换是人类早期完成货物流通的一种方式，是商品经济不发达的体现），见契约 H-G-N042、契约 H-Q-N122 等。收领契约，指用以证明当事人收到某人财物的契约，格式简单，见契约 H-Q-N111、契约 H-Q-N150 等。禁止契约，指约定一定范围内的人不为某种行为的契约，大都是在一定地域范围内发生作用，如契 H-Q-N1125，即规定"禁止村民窃抢、烧山，要求村民救火、举报"。折抵契约，指互负债务的双方约定相互抵销债权的契约，见契约 H-G-N133 等。期票，指为某种关系设定期限，使之在此期限内有效或无效的契约，一般作为租赁、典当、小买田等契约的补充契约，见契约 H-Q-N154、契约 H-Q-N164 等。调解书，指在族长或有声望的人的主持下对纠纷进行调解，使双方达成和解的契约，见契约 H-Q-N192。推单，其准确含义有待进一步考证，见契约 H-Q-N344 等。批据，指当事人同意某一事项的证明契约，见契约 H-Q-N321 等。出顶契约，指以某种财物来偿还其他种类债务的契约，见契约 H-Q-N378 等。告示，并非指官方所发布的告示，而是宗族内商定的共同完成某一事项的公示，如契约 H-M-N410，即是一个在宗族范围内募资重建祖庙的告示。

第二，契约的当事人与中人。从这批契约的内容来看，当事人大致可做如下分类：其一，单独当事人与共同当事人。其中大部分是单独当事人，共同当事人的情况较少。在共同当事人中，大部分彼此之间存在血缘关系，如兄弟、母子、祖孙、叔嫂等。其二，独立的当事人与非独立的当事人。独立的当事人是指成年男子，主要是本家庭的家长，他们不但具有独立的民事主体资格，而且享有代表家庭处置财物的权利。非独立的当事人主要是女子，在一般情况下她们不具有民事主体资格，只有在特殊情况下，而且要在有辅助人的条件下才能作为民事行为的当事人，即在本家庭的家长已死亡的情况下，女性长辈可以与辅助人作为共同当事人参与民事活动，如与儿子（契约

H–Q–N138、契约 H–Q–N140、契约 H–Q–N143 等）、与孙子（契约 H–Q–N082、契约 H–G–N217 等）、与夫弟（契约 53、契约 H–Q–N135 等）。当然也存在少量的女子单独作为当事人的情况，如契约 H–Q–N070、契约 H–Q–N095、契约 H–Q–N097 等。这正体现了民间契约的自治性与灵活性。其三，自然人当事人与拟制实体当事人。在这批契约当中，大部分当事人是以自然人身份出现的，有少量的契约是以一个团体或组织的名义出现的，如契约 H–G–N195 是以堂号"荆桂堂"的名义出现的，契约 H–M–N410 是以"宗族"的名义出现的。另外还存在一些以"户"的名义出现的契约，如契约 H–Q–N183、契约 H–Q–N189、契约 H–Q–N194。这些拟制的民事主体与共同当事人还是存在区别的。另外值得一提的是，此部分徽州民间契约并不像现在的契约那样一式数份，而是当事人双方各自书据名称不同的契约，所以大部分契约只重视立契约人一方，有的甚至没有对方当事人，这样可以方便以后转让，与现在无记名的票据相似，还可以逃税，可以防止因为他人的嫉妒而实施的破坏。

民间契约大部分存在中人。中人作为见证人，使契约具有了更强的约束力，也保证了民间民商事活动的有效性和稳定性。中人主要有以下几类：其一，族长。族长作为中人的情况极少，如契约 H–G–N130、契约 H–G–N131。在浙江《黄岩诉讼档案》中，大量诉状批文都表明相当数量的民事案件要由族长来解决，可见在当时当地族长的权威是不容低估的。故族长作为中人会提高契约的约束力。其二，亲房。亲房作为中人的情况较多。一般情况下，亲房作为中人的时候，中人的数量较多，因为在中人当中，除了立约人的亲房以外，往往还有对方当事人的亲房，目的是保证契约中规定的义务的履行，如契约 H–Q–N038、契约 H–G–N050 等。其三，代笔中见人。代笔中见人是指在同一件契约当中，代笔人同时作为中见人。这种情况往往存在于较简单的契约当中，或者是标的额小，或者是关系简单，因为这种契约被毁约的可能性很小，目的是节省成本（中资、代笔费和酒酢钱）。中人并不是免费的，而是要收取报酬的，当事人除了给付一定金钱外，还要安排一桌酒席招待。所以在签订契约的过程中，当事人双方总是要根据标的额的大小仔细计算，比较成本和风险，以确定请多少中人，请什么级别的中人。

第三，契约的程式。徽州民间契约基本上具有固定的程式。其一，契约名称。一般在右上角的开始部分写明该契约的名称，写作"立……契……"

有些契约当中对某种契约的称谓虽然不同，但实质上指的是同一种契约，如"杜卖契"与"绝卖契"都指绝卖。其二，立契人姓名。立契人一般是与契约名称一起在开始部分写明。比如立绝卖契，程式一般是"立绝卖契人……因自身正用，将……转与……名下为业，……"其三，标的物及价款。一般情况下，标的物都是不动产，因为动产的流动一般不需要订立契约。首先是标的物的所在地，其次是标的物的名称，最后是标的物范围，纳税情况、标的物的附属物的归属情况以及价款等。一般程式为"坐土名……（所在地）记税……（标的物名称）价银……"其四，对方当事人姓名。前已述及，对方当事人并不十分重要，有时甚至不写明。一般程式为"将……转与……名下为业，……"其五，保证条款。主要是立契人设定自己的义务，如保证标的物以前并无交易，即物权的完整性；保证不妨碍对方当事人此后行使物权；保证其他亲房人等不加干涉；田产和房产的大小四至各依鳞册等。其六，签字画押。签字画押的顺序依次为立契人、族长、亲房、中人、代笔人。第七，附加条款。附加条款的种类较多，从略。

二、与徽州民间契约相关的一些因素

徽州民间自古至今能产生并保留深厚的契约观念，同以下几个方面的因素不无关系。

首先是徽商，他们当年外出经商是由特殊的环境造成的。徽州介于群山之间，八山一水一分田，山多田少地瘠，"即富者无可耕之田"，"田瘠确，所产至薄，……视他郡农力过倍，而所入不当其半。又皆仰高水，故丰年甚少，大都计一岁所入，不能支什之一"。[1]粮食从来不能自给，所需粮食皆"仰四方之来"。特别是唐宋时期，黄巢之乱和靖康之乱两度带来徽州移民的高峰，使徽州人口大增，以当时的徽州耕地状况和生产力水平，人口几乎达到饱和，于是民众生存空间更小，徽民们"非经营四方，绝无治生之策矣"。[2]于是"天下之民寄命于农，徽民寄命于商"。[3]正所谓"前世不修，生在徽州，十二三岁，往外一丢"。徽商崛起于南宋，辉煌于明清。当然，徽商的形成还内在

〔1〕（明清）顾炎武：《天下郡国利病书》原编第九册《凤宁徽》，上海古籍出版社1996年版。

〔2〕许承尧撰，李明回、彭超、张爱琴校点：《歙事闲谭》卷二十八《〈知新录〉记徽俗二则》，黄山书社2001年版，第930页。

〔3〕张海鹏、王廷元主编：《明清徽商资料选编》，黄山书社1985年版，第6页。

地与徽州本地经济结构和以新安江为主干流的纵横便利水系有关。经济结构本身盈缺待补的不平衡性，内在要求以流通与交换来获得平衡，满足徽民的基本需求；发达的水系又带来运输的便利，使地处僻野山区的徽州的商品流通得以最为经济地实现。[1]徽商把大量财富带回家乡，在家乡从事经济和社会生活等方面的活动，使民间土地买卖活动频繁，由此产生大量的契约文书。大量契约的订立，对于契约习惯与观念的形成具有至关重要的意义。

徽州地区的资源主要是林木、茶叶和瓷土，早期的徽商就只是从事简单的以徽州山林盛产的茶、木、瓷土及二次生产的漆、墨、纸、砚等换取徽州所需的粮、布、盐等的缺盈互补贸易。清时，徽商跃为中国十大商派之首，这一时期则主要从事盐业、木业、茶叶、典当的业务。徽州物产多为经济资源，并非自然经济中的产品那样主要用于自家消费，而是主要用于交换、出售，大大充盈了市场，也促进了物资的流通。交易的增加带来的必然后果就是频繁地订立契约，这也势必促成当地契约观念的形成。

徽州历史上文风昌盛，教育发达，府县学、书院、社学、私塾、文会极为昌盛。"远山深谷，居民之处，莫不有学有师"，"十户之村，无废诵读"，就是当时徽州文风昌盛的写照。教育发达，人才辈出，这不仅深深影响徽州入仕、入学、入贾之人，也深入民众意识，使徽州成为儒家思想的厚重沉淀区。徽人浓厚的文化意识使徽州契约观念的产生与保存有着良好的社会氛围。儒家尚信义，而"信"正是契约观念中最重要的因子，是徽人契约观念的文化基础。

三、契约观念的传续与发展

随着时代的发展，这种契约观念在改变中有传续，或者说在继承中有改变。对田涛收藏的大量明清时期的徽州民间契约[2]与这次社会调查的成果进行比较分析，从中可见，其变化与继承主要体现在以下方面：

第一，契约种类的变化，其内容主要涉及买卖契约、典当契约、借贷契约、抵押契约、转移契约、租佃契约、析产契约、继承契约、授权契约、合伙契约、婚书、买卖人口契约、摇会契约、退业契约、交业契约、交换契约、

---

[1] 朱万曙主编：《论徽学》，安徽大学出版社2004年版，第80页。
[2] 原始资料参见田藏徽州民间契约2005年整理部分。

收领契约、禁止契约、折抵契约、期票、推单、批据、出顶契约、过继入赘契约、商业资本筹集契约、宗族公约、会书等，在每一种契约当中又分出不同种类，比如买卖"地产"的契约当中就存在买卖田皮权这一形式。在民事交易中经济强势的一方总是力图获得既得利益，又尽量将风险转嫁到交易对方或第三方身上，避免自行经营可能带来的风险。在买卖地产时就产生了田皮权，甘当"二地主"。契约种类与内容之丰富令人叹止。现代的契约种类较少，主要涉及土地使用权转让契约、林权转让契约、山林承包经营契约、荒地承包造林契约、房产转让契约、赡养契约、荒山造林拨山整地契约、收养契约、租赁契约、析产契约、继承契约、合伙契约、禁止性契约、村民公约等。种类较之前有所减少，主要原因是原来的许多契约类型已为国家法律所禁止或以法定形式进行了规定，如宪法规定土地的所有权属于国家，任何组织或者个人不得买卖或以其他形式非法转让土地，则买卖地产的契约不复存在；又如国家禁止买卖人口，则买卖人口的契约不再存在；再如婚姻法规定了结婚的法律程序，则婚姻契约就失去了存在的意义。某些契约所依存的社会环境已不存在，如随着现代社会保障体系的建立和各类社会组织、团体设立规范的确立，摇会契约、会书等契约形式消失。

第二，契约形式的变化。现存文献中有关契约形式的记载，较早见于《周礼》，如"听称责以傅别""听卖买以质剂"[1]；"以质剂结信而止讼"[2]；"其券之象，书两札，刻其侧"，即郑玄关于"书契"的解释；"凡有责（债）者，有判书以治，则听"[3]。"凡邦国都鄙及万民之有约剂者，藏焉，以贰六官，六官之所登，若约剂乱，则辟法，不信者刑之。"[4]通过《周礼》，大致可以了解汉代及稍前时期的契约形式。在这一时期，契约虽有"傅别""质剂""书契""判书""约剂"等形式，但其特点都是制作两份，目的是纠纷发生时可将两份契书合在一起证验契约内容的真实性。魏晋以后，契约形式发生了一些变化。"魏晋以后，纸契普及，引起了契约形制的相应变化。傅别和质剂之制渐废，书契之制发展而为'合同'形式。即在'书两札'之后，再并和两札，于并和处骑写一个大'同'字，后来发展为骑写

---

[1] 《周礼·天官冢宰第一·小宰》。
[2] 《周礼·地官司徒第二·司市》。
[3] 《周礼·秋官司寇第五·朝士》。
[4] 《周礼·春官宗伯第三·大史》。

'合同'二字，或骑写一句较长的吉祥语；在买卖、赠送、赔偿等死契关系中，由于为片面义务制，所以行用单契，由义务的一方出具，归权利的一方收执。"〔1〕此时，骑缝契和单契出现。单契由负有义务一方出具，由享有权利一方持有，尾部只有一方当事人的签名。明清时期的契约主要是单契，其要素依次为契约名称、立契人姓名、标的物及价款、对方当事人姓名、保证条款、日期、立契约方签字画押、中人签字画押、代书人签字画押、附加条款等。现代契约的形式则主要是合同，但并非上述骑缝契形式，而是一式多份，由当事人各执一份，其要素依次为契约名称、缔约人双方姓名、立约背景、权利义务条款、保证履约条款、双方当事人签章、中证人签章、执笔人签章、日期等。契约形式的变化反映了当事人双方地位的变化，单契表明卖方和买方的地位是不对等的，卖方往往处在经济上的弱势，买方则往往处在优势的经济地位。单契中的签名人正是其中的弱势方，它通过签名来表征自己的义务，故单契形式意味着单方面的义务〔2〕。合同的契约形式则表明立约当事人双方的地位是平等的，他们各自的权利和义务都写在同一张纸上，表征着他们之间权利义务的对等性。

第三，中人的变化。民间在建立民事关系时往往强调中证。居于民事关系主动或有利地位的一方会要求对方提供中人，以保证契义务不折不扣地履行。在各类契约中，中人都是必不可少的，民事关系的成立都以有第三人参加为必要条件，如买卖关系上有牙人、保人、中人，借贷关系上有中人、保人、见证人，雇佣关系上有"荐头"、保人，婚姻关系上要有媒人、主婚人，凡此等等。第三人见证民事关系的成立，以担保民事行为的履行。不过第三人所担保的主要是督促义务一方履行义务的责任，如果没有特别说明，一般不发生连带清偿责任。明清时期的契约当中，中人主要有族长（如契约 H-G-N130、契约 H-G-N131）、亲房（如契约 H-Q-N038、契约 H-G-N050）、一般中见人、代笔中见人等。现代契约当中，中人往往不再是自然人，而是单位。如标本 H-Y005 "荒山造林拨山整地协议书"和标本 H-Y006 "房屋权属转让协议书"中的中见单位都是黟县美溪乡司法所；标本 H-Y007 "承包荒

---

〔1〕 张传玺主编：《中国历代契约会编考释·导言》，北京大学出版社 1995 年版，第 27 页。

〔2〕 俞江："'契约'与'合同'之辨——以清代契约文书为出发点"，载《中国社会科学》2003 年第 6 期。

山造林协议书"中的中见单位是黟县美溪乡美坑村村民委员会。可见，与明清时期相比，现代契约的约束力大大提高了，中人身份的这一变化正体现了现代民间契约的"公"化。

第四，契约观念的变化。传统民间契约与现代契约订立的目的是不一样的：现代契约的目的是在将来出现纠纷的时候，在诉讼过程中掌握有力证据，取得优势地位，而传统民间契约的目的是通过这一纸字据来避免双方纠纷的发生。现代契约的订立以人性恶为前提，以法律的强制力为背景，而传统民间契约的订立以人性善为前提，以信义的约束力为背景。二者基于截然不同的观念产生并存在。

四、余论

从徽州民间契约的整理到田野调查，都会发现契约在徽州历史上的社会生活中扮演了十分重要的角色。由契约而建立起来的良好秩序，确实对徽州社会的稳定、财产流转的活跃、区域经济的发展以及民间矛盾的化解，产生了意义深远的作用。徽州的新安文化，一方面培养了徽州人崇文重理的风尚，同时也提升了徽文化的理性思维，培养了深厚的理性主义传统，为契约意识的普及和提高奠定了良好的社会基础。作为商业诚信理念的补充，契约充分显示了它的优越性和不可替代性。"恐口无凭，立字为据"，被当作解决纷争必须遵守的基本原则，有的甚至被写入族规家训。虽然民间契约（即所谓的白契）与经过官府过割赋税的契约（即所谓的红契）不同，它没有经过官府的"公证"，但这丝毫不影响它的效力，甚至官府对它也是默许的。这给了民间契约以法律效力，保证了民间契约在效力上的连续性，避免了这种民间传统受到冲击而发生根本性动摇。徽州是一个成熟的契约社会，其契约传统是一种合乎理性又充满人性的法律精神，容纳了本区域的道德的、宗族的因素，是依靠宗法力量，进行自我约束，自觉执行的，而不是依赖国家官府的强力手段。

对徽州民间些契约进行整理和研究无疑具有重要价值和文献学意义。徽州民间契约真实直接地反映了当时社会中人们之间的经济关系，同时本身也作为人们交易的特殊手段直接参与到经济生活中去，并发挥着巨大作用。20世纪90年代，各地契约文书的整理出版即成风气，相继有《徽州千年契约文书》《明清徽州社会经济资料丛编》等史料问世。这些史料，包括这次整理的徽州民间契约，都将成为研究我国古代社会经济发展的重要文献。

重塑传统乡规民约在国家
乡村振兴战略中的社会功能*

先民聚族成乡，乡规民约本自家法族规扩展而来，由一家一姓到一乡一社，再扩展到整个国家，其中家国一体、家国天下的文化内核是千百年来中国传统农耕文明所孕育的社会治理智慧结晶。作为中国传统基层社会治理过程中不可或缺的规范体系，历代乡规民约在传统乡村社会生活中发挥着经济保障、秩序生成、道德培育、文化形塑等诸多不可替代的作用。以范仲淹的《义庄规矩》、吕氏四贤的《蓝田乡约》、王阳明的《南赣乡约》等为代表的乡约圭臬通过波纹式的作用模式不断辐射到全部社会生活中去，从而对整个国家的治理产生重要的影响。

晚近以来，乡村自治空间被无限压缩，乡规民约赖以生存的土壤日渐稀薄。新中国成立以后，特别是改革开放以后，村民自治制度确立，以乡规民约为标志的乡治体系逐步复兴。然而，在现代化浪潮冲击之下的乡村，传统自治格局被打破，新的社会治理模式尚未形成，乡规民约如何在传承与蜕变中实现创造性转化、创新性发展，不断赋予时代内涵，重新焕发生机，是当前创新乡村基层社会治理的一个重要课题。

党的十九大作出了实施乡村振兴战略这一重大决策部署，是一个包括社会治理体系创新在内的系统工程。《中共中央、国务院关于实施乡村振兴战略的意见》强调，乡村振兴要坚持全面振兴，通过挖掘乡村多种功能和价值，统筹谋划农村经济建设、政治建设、文化建设、社会建设、生态文明建设和党的建设，推动农业全面升级、农村全面进步、农民全面发展。这一决策部

---

* 本文曾发表于《光明日报》2018 年 5 月 2 日理论版，发表时有删节。

署为新时期创新基层社会治理，重塑乡规民约的乡治功能提供了广阔的时代舞台。

一、乡规民约经济组织功能的再造

北宋皇祐二年（1050年），吴越地区发生大饥荒，北宋著名政治家、改革家范仲淹为了保障乡中父老渡过难关，以吴中范氏家族为中心，在阖乡推行经济互助之法，鼓励富户共同设立义田、义仓，"计族人口数而月给之"，又以祖宅为基础广建善堂房舍，使鳏寡孤独无所居者"得复其居，以永依庇"。在此基础上制定《义庄规矩》十三条，对领口粮、领衣料、领婚姻费、领丧葬费、领科举费、借住义庄房屋、借贷等方面作了详细规定，逐步形成了一个乡村经济自助的自组织体系，并以乡规民约的形式巩固，不断完善。自范仲淹次子范纯仁开始，范氏后人定期续订《义庄规矩》，增修活动至清代仍在继续。正是由于《义庄规矩》"随事立规"，所以续订的内容多是根据实际需要而产生的，具有更强的可操作性。范仲淹初定的十三条规范不断扩展续订，内容不断丰富，成为一部影响乡族治理八百年的乡规民约。

由于中国古代并未建立完整的国家社会保障体系，以宗族为核心的乡村社会在防范社会风险和救助弱势成员方面必然要承担起有组织的民间社会保障责任。范仲淹通过推行《义庄规矩》，首开乡规民约经济互助社会保障功能之先河，自此之后，扶危济困、养济鳏寡、助学救荒等经济保障职能便成为历代乡规民约的基本任务。近代以来，特别是新中国成立以后，国家社会保障制度不断完善，但守望相助、患难相恤的社会自组织体系依然是国家社会保障体系的重要补充，成为基层社会经济活动的一种独特现象。

实施乡村振兴战略的首要任务是乡村产业振兴，要充分发挥传统乡村社会经济自组织传统的内在精神价值，以乡村为单位，发展具有经济自组织功能的村集体经济组织、农民合作社、村民股份制公司等新型农业经营主体，建立乡村产业发展的平台。政府前期投入引导基金、政策扶持、产业营造等措施促进乡村新型农业经营主体的成长，使之成为农民自己的"合伙人""经理人"。随着农村新型农业经营主体的不断成长壮大，政府的手逐步收回，把农村产业发展交给市场，从而在源头上确立农村、农业、农民自我发展、自主发展的新路径，使传统乡村社会的经济自组织精神实现创造性转化、创新性发展，再造新时代乡村经济发展的"产业乡规民约"。

二、乡规民约秩序生成功能的重建

明正德十一年（1516年）九月，王阳明临危受命，历时一年半，便先后平定了福建、江西、广东等地数十年的祸乱。为了对初定的社会进行有效治理，王阳明制定《南赣乡约》与《十家牌法》，同时推行保甲弭盗安民，设立社学推行教化，设立社仓以济灾荒，从而构建起官府主导推行的乡约、保甲、社学、社仓四者合一的乡治模式。《南赣乡约》的内容主要包括组织机构、强调相互帮助、维护社区治安、进行社会监督和移风易俗等方面，其目的在于整饬社区生活秩序，加强以自我约制为主的基层社会治理模式，从而使"各安生理，勤尔农业，守尔门户，爱尔身命，保尔室家，孝顺尔父母，抚养尔子孙"，避免"以众暴寡，以强凌弱"，使民"永为善良"，"父慈子孝，兄爱弟敬，夫和妇随，长惠幼顺"，"小心以奉官法，勤谨以办国课，恭俭以守家业，谦和以处乡里"，从而以"兴礼让之风"，"成敦厚之俗"，实现社会的长治久安。

王阳明推行的乡治，使当时的南赣地区风气焕然一新，"民无重赋，家有田耕，城郭乡村，一派清明"。在王阳明的倡导下，其弟子门人纷纷以《南赣乡约》为根本，在自己的家乡或任职之地推行乡约。这带动了众多儒士和地方官倡行乡约，使得乡约取得了巨大的发展，其形式也逐渐丰富。在国家公权力"不下县"的古代社会，乡规民约逐步成为一种重要的地方规范形式，成为地方社会治理过程中不可或缺的规范体系，秩序的生成与维系成为传统乡规民约的另一基本功能。

党的十九大报告提出了推进国家治理体系和治理能力现代化的目标。推进社会治理社会化，发挥社会组织作用，实现政府治理和社会调节、居民自治良性互动，完善党委领导、政府负责、社会协同、公众参与的社会治理体制，打造共建共治共享的社会治理格局，实际上明确了对传统基层社会自治模式的继承和转化这一社会治理的基本方向。

乡村振兴，治理有效是基础，秩序稳定是保障。当前，在广大的中国乡村治理中已经出现了诸如理事会、议事会、新家训家风、新乡贤等创新模式，为乡规民约秩序生成功能的时代转化进行了有益的探索与实践。沿着这一基本方向，推动社会治理重心向基层下移，把资源、服务、管理下放到基层，加强农村群众性自治组织建设，健全和创新村党组织领导的充满活力的村民自治机制。推动村党组织书记通过选举担任村委会主任，开展以村民小组或自然村为基本单元的村民自治试点工作，发挥自治章程、村规民约等新乡约的积极作用，加强农村社区治理创新，确保乡村社会充满活力、和谐有序。

三、乡规民约道德培育功能的重塑

南宋淳熙三年（1176年），大儒朱熹有感于当时道德废佚，严重破坏了社会的稳定，慨叹道："呜呼！礼废久矣。士大夫幼而未尝习于身，是以长而无以行于家。长而无以行于家，是以进而无以议于朝廷，施于郡县，退而无以教于闾里，传之子孙，而莫或知其职之不修也。"所以他从恢复道德礼仪出发，制定了《家礼》。朱熹认为"古之庙制不见于经，且今士庶人之贱亦有所不得为者，故特以祠堂名之"，于是在《家礼》中恢复了传统宗法主张，并把贵族之礼引为庶民之礼，使自古以来"礼不下庶人"的情况得到了根本的改变，乡村道德培育的制度基础从此确立。自此以后，《家礼》在民间迅速传播，几乎家藏一本，人人得见而遵行之。朱熹根据儒家倡导的由"尊祖、敬宗、收族"扩展到"严宗庙、重社稷"的家国意识，从《家礼》扩展到乡约，亲手制定《增损吕氏乡约》，合并了乡约和乡仪的相关内容，并且增加了"读约之礼"。这一增订大大增加了道德培育的成分，通过礼制的仪式感，促进了乡约的传播和发展。朱熹《增损吕氏乡约》对其弟子影响很大，如阳枋、胡泳、程永奇、潘柄等人都成为乡约制度的积极推行者。有学者指出，中国宋代以后的家族把注意力转到家族和社区内部的建设……他们不再执着地强调恢复"宦族"地位，而是更倾向于把其家族的生存环境作为一个社区来整治和管理。所以，家法族规的道德约束力总是会从一家一族辐射至一乡一县，乃至全国。家规也就演变成了乡规民约，为后世乡村道德体系的形成奠定了精神内核和形式架构，影响深远。

当今，传统道德仍然是乡村礼俗体系的重要精神内核，但近年来，受到社会上一些不良风气的侵袭，乡村道德失范的现象有所抬头，快速膨胀的城市、工业、资本、商品、现代交通、网络等把还没有做好准备的传统乡村一下子推进了现代化的门槛，让它一时茫然无措。乡村的现代化本身是历史发展的必然，是无可厚薄的，但片面追求物质的现代化，却忽视了人本身的现代化，是造成乡村道德失范的根源。社会道德重塑与培育已经成为实现乡村全面振兴的重要课题。党的十九大报告指出，要深入挖掘中华优秀传统文化蕴含的思想观念、人文精神、道德规范，结合时代要求继承创新，让中华文化展现出永久魅力和时代风采，为道德文明建设指明了方向。

新时代乡规民约应该承担起这一历史任务，以社会主义核心价值观为引领，依托中华传统文化，挖掘传统道德资源，还要按照现代社会治理规律与市场经济时代要求，重建具有正确的价值观支撑的乡规民约和乡村道德体系。坚持教育引导、实践养成、制度保障三管齐下，采取符合农村特点的有效方式，推进社会公德、职业道德、家庭美德、个人品德建设。推进诚信建设，强化农民的社会责任意识、规则意识、集体意识、主人翁意识。发挥乡规民约对国民教育、精神文明创建、精神文化产品创作生产传播的引领作用，通过乡规民约使社会主义核心价值观融入转化为人们的情感认同和行为习惯。以人的现代化为核心，重塑新乡村社会治理主体，培育新型乡村道德共同体。

四、乡规民约文化涵泳功能的复兴

北宋熙宁九年（1076 年），由京兆府蓝田儒士吕大钧首先提出在本乡推行一种新型的地方规范，根据自家家规制定了乡约规范，并在陕西蓝田的局部地区付诸实行，称为《吕氏乡约》，也称《蓝田乡约》。朱熹正是在《吕氏乡约》的基础上进行了再造，可以说《吕氏乡约》是最早的成熟的乡规民约范本。《吕氏乡约》开篇即规定"德业相劝，过失相规，礼俗相交，患难相恤"，采用自上而下的原则，为后世树立了一个和谐共生的乡村文化的标准。虽不久北宋即亡，但《吕氏乡约》奠定了乡约组织规范的基础，后世多沿袭之。明成祖表章《吕氏乡约》，列于性理成书，颁降天下，使乡里朝夕诵读。在这一背景下，许多名臣硕儒，如方孝孺、王阳明、吕坤、章潢、刘宗周、陆世仪等，都致力于推行乡约，许多乡绅也在本乡本土提倡或率行乡约，都对乡约规范的制定和乡风文化的养成起到了很大的作用。

传统的乡村文明是有纲领、有价值观基础、有内在灵魂的。传统的乡村文明倡导忠君国、孝父母、敬师长、睦宗族、隆孝养、和乡邻、敦理义、谋生理、勤职业、笃耕耘、课诵读、端教诲、正婚嫁、守本分、尚节俭、从宽恕、息争讼、戒赌博、重友谊等内容。综观这些乡风乡箴，无不是从孝扩展到忠，从家扩展到国，这是一个完整的文化谱系。

当前，乡村一些不文明的现象很有市场，比如有钱就是孝顺、发财就是成功、读书无用论、金钱换选票、婚丧嫁娶大操大办，再比如赌博泛滥、迷

信充斥……这些不良风气、不文明现象给我们的乡村乡风文明建设造成严重冲击，重塑乡村乡风文明工作迫在眉睫、任重道远。

乡村振兴，乡风文明是保障。要深入挖掘农耕文化蕴含的优秀思想观念、人文精神、道德规范，传承发展乡村传统乡规民约的优秀基因，立足乡村文明，吸取城市文明及外来文化优秀成果，在保护传承的基础上，创造性转化、创新性发展，不断赋予乡规民约时代内涵，不断丰富表现形式；充分发挥其在凝聚人心、教化群众、淳化民风中的重要作用，用以社会主义核心价值观为灵魂的新乡规民约涵养培育文明乡风、良好家风、淳朴民风，不断提升农民精神风貌，不断提高乡村社会文明程度，使乡规民约重新焕发勃勃生机，在新时代谱写出乡村全面振兴新篇章。

天意，法意，人意
——乡土社会法治化的困惑及民间法的命运与选择*

中文摘要： 近些年来，学界对民间法进行了广泛的调查和研究，对民间法与国家法的关系及整合展开了激烈讨论。本文从中国乡土社会的现有社会结构、中国乡土社会的城市化进程来考察民间法生存的环境变化，从而探讨民间法的前途和命运。在此基础之上，进一步分析西方式法治化道路在广大的中国农村所遇到的困惑并讨论其原因，即西方法治思想引进的天生不足、现时社会结构的制约、传统文化的隔膜等，进一步证明了民间法在中国这样一个大国的乡土社会现实当中存在的价值。本文最后探讨了民间法的发展道路。

关键词： 民间法的命运；乡土社会；城市化；法治的困惑；民间法的出路

清末，中国这个最早发明火药的国家却在敌国的炮火声中开始了她百余年的屈辱史，开始了她以"师夷长技以制夷"为始端，由自然科学的学习到政治制度与文化的借鉴的变法求新之路。沈家本、伍廷芳主持法制变革，使西方的法治理念渗入清末法律制度之中，中国传统法制精神已无"些许可见者"。梁启超认为西人之所以以我为"三等野番"，是因西方自希腊、罗马始，法律体系便日益发达，而中国自秦汉以降，法律却日渐衰摧。梁氏以救国扶弊之心疾呼"法治主义，为今日救时唯一之主义"，"立法事业，为今日存国最急之事业"，

---

* 本文曾发表于《西南民族大学学报（人文社科版）》2007 年第 6 期。于语和教授给予了本文诸多指导。

"自今以往，实我国法系一大革新时代也"。[1]梅仲协评说："中国二千余年来，政治之所以未纳正轨者，揆其原因，半误于儒家，半惑于韩非。"[2]自此，中国逐渐走上西方式法治化的道路。

近些年来，越来越多的学者开始反思中国百余年的法治发展理路是否真的适合中国的社会发展状况，一方面，对中国与西方在文化与社会基础上的差别进行研究，从而分析西方式法治进程是否对中国社会具有普适性；另一方面，一些学者开始对民间（特别是农村）传统的协调机制——民间法——进行日益深入的研究，使之逐渐成为法学界和社会学界的研究热点。本文从民间法的前途、国家法的使命、草根社会的民间法诉求以及在实践中如何协调民间法的现实与未来诸问题进行论述。

一、天意：民间法的前途

许章润先生曾写过《天意 法意 人意》一文，深入探讨了"天理""法意""人情"。姑借用许氏此语，来展开本文的论述，实质所指则不同矣。所谓的天意，无非是指社会的发展规律。

考察民间法的存在，我们不难取得这样的共识，即民间法大多存在于农村社会。作为一个学理概念，民间法所涵盖的范围虽然是模糊的，我们不能准确地描绘出民间法的全部本质与特征，也不能穷尽性地列举它所有的形式渊源，但这并不影响民间法存在并发生作用。当我们谈到民间法的时候，在大脑中总会出现一个轮廓，作为对一个概念的共识，这已经足够了。既然是民间法，无疑它广泛地存在于民间社会。虽然学界对民间法的含义、实质、民间法与国家法的关系等问题存在激烈的争论，但至少有一点是取得了共识的，这就是民间法大部分存在于农村社会，在城市民间社会中虽然也存在民间法，但大部分与商业习惯相连，用以协调民间社会生活的传统机制并不发达。民间法在农村与城市的不同境遇至少说明了两个问题：第一，较之于城市社会，农村社会更适合民间法生长和发挥作用，民间法是与特定的社会结构、特定的社会文化密切相关的；第二，民间法的社会地位不是固定不变的。基于此——农村社会是民间法生存的主要社会基础，我们便可以通过考察社会结

---

[1] 梁启超：《饮冰室合集·文集之十五》，中华书局1989年版，第43页。
[2] 陈弘毅：《法理学的世界》，中国政法大学出版社2003年版，第154页。

构的变迁来考察民间法的命运和前途。这一研究途径似乎牵强，却很直观。

中国城市化发展迅速，人口流动加快，但与原来的人口基数比起来，农村人口缓慢下降，城市人口急剧增加。20世纪后50年中，城镇人口由不足1亿增加到了将近5亿，农村人口由大约5亿增加到了将近8亿；城镇人口的增长速度经过90年代的直线上升之后进入平稳增长的状态，而农村人口却自90年代中期以后出现了急剧的负增长。

从以上所谈的中国城市化进程来看，尽管中国与其他国家存在种种差异，但中国的社会结构必然会以日益加快的速度由农村社会向城市社会转化。从城市化水平的发展速度来分析，中国实现城市化大概不会再需要太多的时间（当然，一些偏远地区、少数民族地区等特殊区域的城市化进程可能会慢一些），中国实现城市化是一个必然的趋势。

我们不惜笔墨来说明这样一个问题，就是要清醒地认识到民间法（本处系指大量存在于农村社会中的民间规则）所赖以存在的社会基础不是变得日益坚实，而是日益削弱，民间法的生存空间不是在日益扩大，而是在逐渐缩小。虽然通过以上分析，我们可以得出民间法生存空间日益缩小的结论，但这只是站在大历史角度的宏观分析，只是一种趋势，至于在多长的时间内民间法会成为历史，我们不得而知。基于此，我们不得不对民间法进行继续而深入的分析。

我们再来探讨一下民间法存在的社会基础到底是什么。学界普遍认为现代西方式的法治道路的社会基础是市民社会[1]，而民间法存在的社会基础是乡土社会。这是自然的事，因为民间法正是存在于这样一个基础之上。民间法之所以能够在乡土社会中大行其道，就是因为这种独特的社会环境提供了适合其生长的土壤。造成乡土社会和市民社会差异的原因，抑或说推动乡土社会向市民社会转化的直接动力，正是社会分工的不断发展。社会分工所造成的最为重要的结果就是"人"作为个体愈加独立，不但权利独立，义务和

---

〔1〕 市民社会是一个历史范畴，它随着社会历史和经济关系的变化而在不同时期有着不同的特点，因此，历史上的思想家对市民社会的认识存在着种种差异。古典时代的思想家主要从文明社会的角度去界定市民社会，因而它一般指城邦文明政治共同体的生活状况；传统自由主义思想家一般将市民社会看成外在于国家的政治实体；黑格尔和马克思则主要从私人的经济活动这一角度来界定市民社会及其政治与文化活动，将市民社会看成与商品经济相联系的社会组织；现代西方思想家则主要通过文化来界定市民社会及其经济、政治活动，一般将市民社会指称为文化共同体。参见杨仁忠："市民社会概念的政治哲学解读及其学理价值"，载《理论与现代化》2005年第5期，第39—47页。

责任也愈加独立，人与人之间的关系（即社会关系）变得越来越简单，更准确的表述就是社会关系日益明晰，更容易被明确认识并准确地表达出来。正如费孝通先生所比喻的那样："西洋的社会有些像我们在田里捆柴，几根稻草束成一把，几把束成一扎，几扎束成一捆，几捆束成一挑。每一根柴在整个挑里都属于一定的捆、扎、把，每一根柴也都可以找到同把、同扎、同捆的柴，分扎得清楚不会乱的。"〔1〕乡土社会中社会分工极度不充分，人们之间的利益彼此并不独立，因而也就形成了一种相对封闭的、独特的社会环境，在此环境中，人与人之间的关系错综复杂。费孝通称："我们的格局不是一捆一捆扎清楚的柴，而是好像把一块石头丢在水面上所发生的一圈一圈推出去的波纹。每个人都是他社会影响所推出去的圈子的中心。被圈子的波纹所推及的就发生联系。每个人在某一时间某一地点所动用的圈子是不一定相同的。"〔2〕在这样一个社会结构中，每个人就仿佛波纹与波纹的结点，"以己为中心，像石子一般投入水中，和别人所联系成的社会关系，不像团体中的分子一般大家立在一个平面上的，而是像水的波纹一般，一圈圈推出去，愈推愈远，也愈推愈薄"。〔3〕如是网状的社会结构使得人作为个体的权利义务不容易被分离出来，人们不能也不想使自己被某种特定的规则承认，或者约束，或者保护，这都是不现实的。人们只是生活在一个规则的体系之下，一个非静化的运行不息的机制之中，这种机制是在乡土社会中人们千百年来的生存经验中形成的。当然，国家法律与民间规则（民间法）无疑都是这一机制的力量源泉。相比之下，民间规则更为重要，而国家法律则相对薄弱。正如费孝通先生所讲："我们可以说这是个'无法'的社会，假如我们把法律限于以国家权力所维系的规则；但是'无法'不影响这社会的秩序，因为乡土社会是'礼治'的社会。"〔4〕

在这样一个社会结构中，民间法之所以能够存在并顽强地生长，无非基于两个更为具体的因素，一为生存经验，一为民族心理或文化传统。生存经验包括重复性实践和重复性思维，以及在相当长的时间内，凭借同样行为的反复进行而形成的习惯。"乡土社会是安土重迁的，生于斯、长于斯、死于斯

---

〔1〕 费孝通：《乡土中国 生育制度》，北京大学出版社 1998 年版，第 25 页。

〔2〕 费孝通：《乡土中国 生育制度》，北京大学出版社 1998 年版，第 26 页。

〔3〕 费孝通：《乡土中国 生育制度》，北京大学出版社 1998 年版，第 27 页。

〔4〕 费孝通：《乡土中国 生育制度》，北京大学出版社 1998 年版，第 49 页。

的社会。不但是人口流动很小，而且人们所取给资源的土地也很少变动。在这种不分秦汉，代代如是的环境里，个人不但可以信任自己的经验，而且同样可以信任若祖若父的经验。"〔1〕在社会发展过程中，"人类先有行为，后有思想，决定行为的是从试验与错误的公式中积累出来的经验"〔2〕，而传承下来的生存经验正是经过生活的自然选择而形成的，因此也是正确的和适用的。乡土社会是一个传统的社会，传统也是经验不断累积而形成的；民族心理或文化传统则指依靠血缘和自然情感等文化因素维系的一种民族性格。"文化本来就是传统，不论哪一个社会，绝不会没有传统的……但在乡土社会中，传统的重要性比现代社会更甚，那是因为在乡土社会里传统的效力更大。"〔3〕民间法的本质也正是由经验累积而成的传统的一部分。

一个阶段性结论：以民间法为主体的乡土社会的自我协调机制得以延续，这要以民间法能有效地应付乡土社会的生活秩序为前提条件。在一个结构变迁非常迅速的社会中，这种传统的自我协调机制的效用是很难保证的。通过上述并不系统的分析，我们至少可以得出这样的结论：民间法在乡土社会中发生效用的广度和深度是与乡土社会的城市化进程成反比的，民间法消融转化的速度是与乡土社会结构变迁的速度成正比的。而我国乡土社会的城市化进程正在不断加快，乡土社会结构的变迁也日益加速，民间法的命运也将是一个自由落体式的过程。但我们不能简单地认为民间法会逐渐消亡，恰恰相反，它将以多种转化形式继续存在。首先，市民社会中仍然存在民间规则，部分原来乡土社会中的民间法（主要是涉及经济问题的内容）会转化成相应的市民社会中的民间规则。虽然市民社会中民间规则发挥作用的机制已经与乡土社会中的民间法大异其趣（关于此问题，下文还会谈到），但其与国家法并存并规制着民间社会秩序这一点是不变的。其次，一部分民间法会被国家法吸收并宣示，从而成为国家法的一部分。从世界各国的法律发达史来看，习惯法、民间法无不是其国家法的源头活水。正如黄仁宇先生所说，"如果希望法律生效，立法必须以一般现行生活状态为蓝本"。〔4〕最后，也是最重要的一种转化，即民间法将内化为人们灵魂深处的精神内核，从而成为民族性格

---

〔1〕 费孝通：《乡土中国 生育制度》，北京大学出版社 1998 年版，第 51 页。
〔2〕 费孝通：《乡土中国 生育制度》，北京大学出版社 1998 年版，第 84 页。
〔3〕 费孝通：《乡土中国 生育制度》，北京大学出版社 1998 年版，第 50 页。
〔4〕 ［美］黄仁宇：《中国大历史》，联经出版事业公司 1993 年版，第 81 页。

的一部分。

二、法意：现代法治与大国之治

所谓的西方近代法治思想，其含义到底是什么，学术界多有不同的理解，今从西方近代法治思想的源流来进行简单爬梳。西方近代法治思想一本乎自然法思想。自然法思想于罗马共和国时期已开其端绪，法律非人可以擅断而制成，而是缘于自然秩序中的道德观念；中世纪自然法衰落；16 世纪文艺复兴，人文学派出现，自然法思想亦盛极一时；17、18 世纪时，自然法思想形成一门系统的学问，法律被道德化，抑或说道德被法律化；18 世纪末，自然法经康德而与道德脱离，自然法式微；19 世纪末，法律复归于道德，自然法复兴；20 世纪以来，虽法学学派林立，但终不外乎此道。[1]由此可知，西方近代法治的发展历程亦以道德为皈依，这似乎是许多人对西方近代法治认识的一个误区。

接下来，我们探讨本源于西方的法治思想在中国的状况。19 世纪末康梁倡导变法维新，主张变中国传统的"专制国"为西方式的"君宪国"，最终失败的惨痛教训使他们不得不放弃对西方民主法治的追求；孙中山等倡导民主共和，主张定"五权宪法"，但民国"政府号令，不出百里"，临时政府三月而夭，反而给军阀混战以可乘之机；中国法治走过的曲折而惨痛的道路，以及现实当中中国法治化的种种困惑都不得不让我们痛定思痛，反思法治化在中国的困境。

首先来讲，西方近代法治思想与制度被引入中国从一开始就是混乱不清的。清末对西方近代法治思想的引进与实践是被迫在仓促间进行的，并未对西方的法治思想进行深入的、系统的考察与研究，其目的只是救亡图存，富国强兵以御外侮。正如许章润先生所言："中国的法学家们所要面对的域外资源是两千年传承的整个西方法律文化传统，穷弱、变乱之世的中国，一下子哪里可能养育出足以应付这一浩瀚传统的专才来，又有何必要这样做呢?！毕竟，对于学术与思想的孕育，一种新型学统的生长来说，百年之期，只能算是个预备役，热身赛。"[2]当时的学者与政治家们没有足够的时间对西方的法

---

〔1〕 参见王伯琦：《近代法律思潮与中国固有文化》，清华大学出版社 2005 年版，第 33—46 页。

〔2〕 许章润：《说法 活法 立法》，清华大学出版社 2004 年版，第 328 页。

治进行深入的比较鉴别，便匆匆地仿行起来。我们应该注意这样两个问题：第一，所谓近代西方法治思想只是一个笼统的说法，即使西方各国，亦法学流派林立，纷繁芜杂，相互辩驳，多有抵触，各国亦自有其与自身社会现实相适应的法律制度。究竟采用何种法律理论为指导，以何国法律制度为蓝本，均未细细加以考量。第二，当时的观念认为，西方国家之所以强大，是因为其先进的政治法律制度，所以欲使中国强大，就必须学习其法律制度。并且，为了不落后于其他国家，学习的往往是西方较为先进的（甚至在西方来看也是超前）法律制度，而不顾中国的社会状况与社会发展阶段。正是由于中国对西方近代法治思想的引入并无系统的法学理论，也没有细致的制度选择，更没有适合的社会基础，才使中国对法治思想的引入自始则先天不足。

其次是现实的制约。西方具有与中国不同的社会结构，西方近代法治思想亦多有与中国传统社会不睦之处。传统中国"在内则缺乏阶级意识，在外则缺乏国家意识"，乃一不像国家的国家，以不要政治为政治[1]。只是近代，中国面临外侮，西方政治经济均处于强势，中国一败再败，无论是对自己的文化，还是对自己的制度与人生，都失去了信心，不得已强行推进西方近代法治思想与制度，却不顾西方与东方的不同。正如上文言及，中国传统的社会是一个社会分工并不发达的社会，人们的权利、义务浑然不分，"社会中每一个人，对于其四面八方若远若近的伦理关系，负有若轻若重的义务，同时其四面八方与之有伦理关系的人也对他负有义务"[2]，彼此联系密切却又关系模糊，因此不可能在社会中形成一个个集团——利益共同体，人与人之间的无差别性就使西方近代法治这一以社会差别为依存的社会规则体系无用武之地，而被束之高阁。马克思曾说："人们自己创造自己的历史，但是他们并不是随心所欲地创造，并不是在他们自己选定的条件下创造，而是在直接碰到的、既定的、从过去承继下来的条件下创造。"[3]中国对西方近代法治的引入正是忽略了这一点，即现实与法治化的冲突。法治化在中国遭遇困惑的根本原因在于人们在研究"法治"时，没有根据法治理想同社会现实之间的关系自觉地进行纵向划分，最终没能正确认识和掌握社会现实同法律体制之间的

---

〔1〕 许章润：《说法 活法 立法》，清华大学出版社 2004 年版，第 140 页。引号内为许氏引梁漱溟语，原出梁漱溟："预告选灾，追论宪政"，载《观察》1947 年第 5 期。
〔2〕 许章润：《说法 活法 立法》，清华大学出版社 2004 年版，第 69 页。
〔3〕 《马克思恩格斯选集》（第 1 卷），人民出版社 1972 年版，第 603 页。

关系。与中国传统的社会现实相对应，普遍适用于其间的是民间法而非国家法，民间法的效力承接着传统文化的继承性和巨大影响力，不可避免地排斥、对抗着以西方近代法治理念为宗旨的国家法体系。中国乡村社会传统的宗法民俗伦理观念具有极其深厚、广泛、坚固的民众基础，如果不改变村民自治意志背后的传统观念，仅仅通过提高所谓的立法技术是无法对自治权力进行有效限制和约束的。正如列宁曾经说过的："假设我们以为写上几百个法令就可以改变农村的全部生活，那我们就会是十足的傻瓜。"〔1〕民间法在实践中的有效性之所以富有生命力，就在于其背后隐含的社会现实的合理性。对于作为适应中国现实社会的法治秩序的建构，我们的视野不应该仅仅局限在法治建设本身，我们有必要从法治理想与社会现实相关性的角度进行思考。质言之，在当代中国，法治秩序的建构过程，即是由传统因素的逐渐转化和法制思想的不断扩大的双向运动所构成，因此，努力让人们摆脱传统人心的纠缠，是我们的法治秩序建构理论必须承载的历史责任。

最后是文化的制约，这也许是最隐性、最重要的因素。中国传统文化的收缩并非由于自身的自然进化，而是由于外来强势的进逼而舍此逐彼，但中西文化之间的差别却是永恒存在的，所以，"当丹麦的安得生教授谓西方以法为判断是非的根据，中国'以什么为准咧'询问梁漱溟时，后者答以：'是非判断在人心中'，结果肯定是双方各不得要领的一场谈话"。〔2〕可见任何国家之间，任何民族之间，共性的东西是始终存在的，个性的东西也是始终存在的，只不过随着社会的发展，社会结构的变迁，二者所占的比重会发生变化，并产生新的特征，但是二者的差别将始终存在。一种文化的改变是不能靠"人力"而谋求的。"一个文化，特别是有过辉煌历史的文化，总有基于自己的生活经验，适应于自己的生活样法的精神资源。当她面临着另一异质文化的进逼与压迫时，总是挣扎着力图自救，但如果是以自我轻薄来求自救，正如以自我封闭赋予自己以虚饰的安全与满足来苟延残喘，实质上都是自杀的不同形式。"〔3〕这强调蕴含于现实的日常生活世界和具体的生活场景中的传统文化对于中国法治的基础与本源意义，也就是强调中国法治的基本向度必须是也必然是现实

---

〔1〕 《列宁选集》（第3卷），人民出版社1960年版，第836页。

〔2〕 参见梁漱溟：《梁漱溟全集》（第5卷），山东人民出版社2005年版，第574页。

〔3〕 许章润：《说法 活法 立法》，清华大学出版社2004年版，第9页。

的中国人自己的文化。"对于自己传统的轻易扔弃，实际乃是对于民族记忆的围剿，而一个放逐了记忆的民族，怎么可能建设起遮庇自己亿万子民精神家园的文化庙宇呢?"〔1〕诚然，在中国，随着农村逐渐变为城市，生活发生了变化，支撑人们内心世界的传统也必将发生变化，但这是一个过程，"立法者因此也不能以'城里人'的标准为唯一真理，通过立法径自改造'乡下人'的活法"〔2〕，这也是生长在传统文化语境之上的民间法能在农村大行其道的深层原因。弗里德曼曾指出，"从文化上讲，违反大家感情和道德愿望的法律很难执行"，而"利用文化，汲取其力量的法律则可以极为有效"。〔3〕中国有自己独特的民族文化传统和社会秩序理念，也形成了独特的国家政治体制和社会调整模式，特别是中国以儒学思想为核心的古代文明，更是千年传承，未曾断绝。这些具有民族性和文化性的法治资源值得我们珍视和发掘，倘若我们一味追求全球规则的普适性及其对本国法律发展的引导作用，盲目移植或全盘西化，其结果很可能就是理想与现实的强烈冲突。借鉴吸收外国法律技术和法律文化，必须从本国的国情出发，即使是一些具有普遍性的法律技术，在借鉴和运用时，也必须解决与本国法律文化融合的问题。脱离本国法律文化的法律技术，必然是无源之水，无本之木。

中国有史以来就是一个大国，大国与小国不同，其国家的治理模式也必有其要领。老子说："治大国若亨（烹）小鲜。"〔4〕对于大国来讲，其秩序的价值意义更为重要，故我们国家的传统文化与政治法律制度向来都是事功的，并不追求逻辑上的缜密与体系上的完美，只要在社会生活中能很好地维持秩序稳定便足够了。中国这一传统的社会规范模式并不把国家法视为唯一的规则而一统至社会的细枝末节，相反，在中国古代，往往只有一部法典，国家法处于一种"无为而天下治"的状态。汉代名医张仲景在七《伤寒论》中多次提到人体的自愈机理，他认为自然病程的结束是伤寒病的自愈机理，人体生命活动的自然调和现象是伤寒病自愈的基础，若一味加以药力干预，反而易使病情异化，这一中医理论对于治理大国亦不失为一个恰当的比喻。社会

---

〔1〕 许章润：《说法 活法 立法》，清华大学出版社 2004 年版，第 9 页。

〔2〕 许章润：《说法 活法 立法》，清华大学出版社 2004 年版，第 8 页。

〔3〕 [美] 劳伦斯·M. 弗里德曼著，李琼英、林欣译：《法律制度》，中国政法大学出版社 1994 年版，第 126 页。

〔4〕 《道德经》第六十章。

本身亦有其自愈机制，这就是民间法，就如社会这个大"人体"的一道免疫系统，对于一些小病，并不需要国家法施以"汤熨针石"，而其"病"自愈。中国传统乡村社会的规范模式向来有此特点，"中国乡村社会是一个礼俗社会，中国自古习惯上将'户婚田土'一类的'民间词诉'归于地方，依据礼仪伦理原则进行处理"。[1]一般来说，在乡土社会中，民间法总是先于国家法而存在并发挥作用的，民间法是一种自生自发的规范体系，而国家法更多的是一种建构、制定而成的规则体系，民间法具有比国家法更强的历史继承性，这导致在我国法制化转型期间的乡土社会中，民间法也总是早于国家法而存在，这样就乡土社会而言，本土资源实际上构成了国家法进入该领域并产生实效的社会环境。职是之故，国家法应该且不得不采取有所为，有所不为的态度，将基层社会（至少是乡村社会）中更广阔的空间让与民间法来协调规制。乡土社会自治机制的形成与存续是一个历史的过程，不得不承认它在现实的社会结构中仍是适用的。当然，我并不主张所谓国家法与民间法的"二元建构"或"多元体制"的说法，因为这一说法或许有些简单和机械，关于民间法与国家法的关系学界已有了广泛的探讨，其中的争论也相当激烈，但将二者的关系理解成并行不悖的两套规范体系则似有不当。

三、人意：乡土社会的民间法情结

新黑格尔派的领袖柯勒认为一个民族的法律制度是由其文化决定的，要了解一个民族的法律制度，必须就其文化整体观察。人类文化因时因地而不同，各民族的法律制度亦随之而有异，法律的任务即在于促进文化，维持文化，但亦为过去文化的产物[2]。可见文化与法律并非泾渭分明，法律制度作为时代文化的一部分也在维持和改变着文化。任何法律制度，就其本质而言，都是文化的产物，都是与特定的民族语言、历史、习俗等密切相关的，既有普遍性，又有特殊性的文明体系。正像人们无法选择自己的族裔，在一定意义上，人们也无法选择自己的文化，而只能在继承中谋求发展。法律制度既然为时代文化的一部分，人们自然也不能随心所欲地选择和设计，而只能在人生实践中徐图发展。

---

〔1〕 梁治平编：《法律的文化解释》，生活·读书·新知三联书店 1994 年版，第 310—321 页。

〔2〕 参见王伯琦：《近代法律思潮与中国固有文化》，清华大学出版社 2005 年版，第 45 页。

　　西方近代法治理论在中国曾一路高歌猛进，但现实的困境使我们不得不看到人类社会的复杂性和多样性，法律文化的地域性与多元化，西方法治思想不是什么"万灵药"或"百宝箱"，更不是超越国家、民族和地区语境的自然法，如欲推动一国法制秩序趋于良善、和谐以及效率，即应尊重一时一地之现实与文化。法国思想家福柯指出："我们不应该将现代性仅仅看作是日历上处于前现代和后现代之间的那个时代，而更应将现代性视为一种态度，一种与今日现实相关的态度，它是一些人的自愿选择，一种思考和感受的方式，一种活动和行为的方式。"〔1〕不同的国家和民族基于其不同的历史发展路径，总是有着不同的法律概念、法律制度和实践。人们在空间上生活在不同的地域，而且并非所有的人都生活在同样的现在，进而表现出了观念差距和行为差距极大的问题。中国的乡土社会的固有文化就存在这样一个问题，它与国家倡导的法治文化存在观念差距和行为差距，其社会秩序的形成模式亦不相同。费孝通先生把中国的社会秩序归结为礼治秩序。"礼是社会公认合式的行为规范。合于礼的就是说这些行为是做得对的，对是合式的意思。如果单从行为规范一点说，本和法律无异，法律也是一种行为规范。礼和法不相同的地方是维持规范的力量。法律是靠国家的权力来推行的。国家是指政治的权力，在现代国家没有形成前，部落也是政治权力。而礼却不需要这有形的权力机构来维持。维持礼这种规范的是传统。"〔2〕姑且不论费孝通用"礼"来概括乡治是否准确和完整，从传统社会与民间法的相互关系来说则是一语中的的，也正因如此，乡土社会固有文化的存续才使法治化的效用远不及民间法。古人言："法生于义，义生于众适，众适合于人心，此政之要也。"〔3〕可见法要合于人心，合于社会文化。中国经过数千年的独立发展，其文化传统早已内化为人的内在品格，积淀成为一种独特的文化心理，在现代化的过程中，这种文化心理更多地存续于乡土社会民众的心中，民间法的存在，适应或满足了乡土社会对规范机制的要求，自有其合理的价值和生存的空间。传统的中国乡土社会自经济而至政治领域，无不为伦理本位的展延与扩张，"举

---

　　〔1〕　［法］福柯："什么是启蒙"，转引自苏力："后现代思潮与中国法学和法制——兼与季卫东先生商榷"，载《法学》1997年第3期。

　　〔2〕　费孝通：《乡土中国 生育制度》，北京大学出版社1998年版，第50页。

　　〔3〕　刘文典集解：《淮南鸿烈集解》卷九《主术训》，上海书店出版社1924版，第20页。

整个社会各种关系而一概家庭化之，务使其情益亲，其义益重"〔1〕，即以家庭恩义推准于其他各方面。"时则彼此顾恤，互相保障；时则彼此礼让，力求相安"的"本乎人情""反身自求"的伦理取向与礼治秩序〔2〕，使人与人之间的关系要依乎情理。正如梁漱溟先生所言："此其分际关系自有伸缩，全在情理二字上取决，但不决定于法律"〔3〕，或者说"此时无需用其法治，抑且非法所能治"〔4〕。民间法正是从"礼俗"这一与传统中国乡土社会极相熨帖的人生规则中凝练而来。

除了乡土社会的文化传统与礼俗秩序的因素，民间法作为乡土社会自发秩序的规则系统，作为传统或地方性知识，同时也是经由不断试验、日益积累而艰难获致的结果，是人们以往经验的总结，是长期演进的产物。赛登认为："这些规则尽管从来没有被设计过，但保留它对每个人都有利。"〔5〕正如费孝通先生所描述的那样，乡土社会是一个不流动的社会，任何两个成员都可以扯上关系，人们彼此相当熟悉，乡土社会是一个没有陌生人的社会。这种熟人社会最容易建立人与人之间的信任，而且这种信任的根据就是生存经验，费孝通先生称之为"规矩"，并认为"在一个熟悉的社会中，我们会得到从心所欲而不逾规矩的自由。这和法律所保障的自由不同"〔6〕。所谓的规矩大致与我们所谈的民间法不差一二。如哈耶克所讲的，"我们几乎不能被认为是选择了它们；毋宁说，是这些约束选择了我们。它们使我们得以生存"。〔7〕哈耶克一语道破了是生存经验的积累赋予了民间法在乡土社会中的权威。

四、民间法——沟通法理与人心的通路

我们对民间法的探讨，是在特定的时限和场域中进行的，即现实的乡村社会。随着我国乡村振兴战略的整体推进，乡土社会的法治化与基层社会治

---

〔1〕 梁漱溟：《梁漱溟全集》（第3卷），山东人民出版社1990年版，第81—82页。

〔2〕 许章润：《说法 活法 立法》，清华大学出版社2004年版，第69页。

〔3〕 梁漱溟：《梁漱溟全集》（第2卷），山东人民出版社1990年版，第170页。

〔4〕 梁漱溟：《梁漱溟全集》（第3卷），山东人民出版社1990年版，第68页。

〔5〕 Robert Sugden, *The Economics of Rights Cooperation and Welfare*, Oxford: Basil Blackweu, 1986, p.54.

〔6〕 费孝通：《乡土中国 生育制度》，北京大学出版社1998年版，第10页。

〔7〕 ［英］F. A. 哈耶克著，刘戟锋、张来举译：《不幸的观念——社会主义的谬误》，东方出版社1991年版，第12—13页。

理的现代化进程不断加快，在这一过程中，传统的"熟人"社会在不断发生改变，人与人不再无目的地生活在一起，而总是出于某种利益的考虑才选择组成团体，这样权利义务的观念就会强烈起来。既然法治化是我们必然的方向，我们就必须思索如何沟通法治理念与现实人心。

所谓法治理念就是指法治思想深入人心灵深处而形成的对法治的认同感与依赖感，就现实而言它具有理想性，但它是真正的法律，"这种法律既不是铭刻在大理石上，也不是铭刻在铜表上，而是铭刻在公民们的内心；它形成了国家的真正宪法，它每天都在获得新的力量；当其他的法律衰老或消亡的时候，它可以复活那些法律或代替那些法律，它可以保持一个民族的创制精神，而且可以不知不觉地以习惯的力量代替权威的力量"。[1]所谓现实人心指的是人们此刻心中的精神的诉求和生存经验，具有现实性。我们必须承认，在乡土社会中，人们心目中的法理秩序观、现代法治观并没有真正形成，人们存在的礼法观念和民间秩序仍是支配其行为的主体，体现着乡村生活秩序的本质。

中国法治化的进程必以法治观念的形成为基础，而将法治观念引入现实人心，民间法不失为一条可行的通路。随着生活方式的变更，民间法作为一种"逐渐累积形成的地方性生活智慧"，将成为新的中国人世生活的重要组成部分，而构成新的人间秩序的重要基础；而此法律规则与法制秩序的达成，将是以生活方式的渐次变更为核心的诸"事实"的结果，而非前提。生活方式的变更又以现实人心的变更为前提，如许章润先生所言："检视和认取中国固有、深蕴于每个中国人心灵深处关于人世生活与人间秩序的最高价值与终极理想，乃是经由营建新的法制规则而达致新的中国人理想的人世生活与人间秩序的并非充分，但却是必要的条件。"[2]

通过以上的探讨，我们得出这样一个结论，即中国的法治化关键在于人的法治化，在于人的法治观念的形成。法治的发展从根本上讲是人自身的发展，是人自身的解放过程，离开人的观念与行为，法治的建构就只能是纸上谈兵。法治作为现代社会的标志，是与人的发展密切相关的。没有人的发展的法治只能是片面化法治，或者说异化为单纯的形式合理性。只有在人的发

---

〔1〕 ［法］卢梭著，何兆武译：《社会契约论》，商务印书馆1987年版，第73页。

〔2〕 许章润：《说法 活法 立法》，清华大学出版社2004年版，第87—88页。

展前提下，人们才能自觉地遵守法律，出于对法律的真诚信仰，接受法律对其生活的调节与安排，才能实现真正的法治秩序。"法治秩序的生成，不是制定了完备的法律制度，起草实施了多少部法典就万事大吉，顺利完成的事情。关键还得看这些法律规范是否物化为民众与国家之间、民众与民众之间的一种现实的社会关系。因而，法治秩序的形成是一个异常复杂的过程，它伴随和交织着自发性和自觉性、自愿性和强制性等多重特性。"[1]在乡土社会自治机制下形成的社会秩序，从根本上讲是乡土社会人们的一种生活样法，是一种文化存在形式。作为生活样法，它不可能离开人，不可能离开人的生活而独立存在。民间法是对现实的乡土社会人的生活最为直接的规范性诉求，法治亦是对现实的人的生活最为直接、最为全面的规范性关怀，因此，只有从人的现实生活之中寻求法律存在与发展的原因与动力，从人的生活实践之中探究法治安身立命之本，才有可能在现实的人的具体生活场景之中培育起人们对法律、对法治的制度性信任情感与心理依赖，并通过这种情感和心理依赖在他们之间建立起相互的依赖，从而孕育出法治的精神意蕴，并使之长期有效地渗透于现实的人的生活之中，给予法治的制度性物质设施以强大而坚固的观念支撑。[2]苏力先生说，"法制不是法学家的产物，而是人民的社会生活的产物"[3]，这说明了法治必以人及其社会实践活动为本源。

现代法治观念普遍表现为现实的国家法，而欲使国家法深入人心，就必得使国家法首先成为民间法。如果你想改造他，那么首先你必须成为他。民间法正是乡土社会现实人心的一扇门，只有将国家法理念转化成民间法表现出来，才可以顺利地深入人心。伯尔曼曾说：法律既是从整个社会的结构和习惯自下而上发展而来，又是从社会的统治者们的政策和价值中自上而下移动。法律有助于以上两者的整合。[4]国家法在乡土社会的困境就是由人们意识上的自然抵拒而造成的。"我们可以发现近代意义上的法律制度在下乡的过程中由于稚嫩而终究难免被乡土社会习俗上的知识传统重新解读，并在被解

---

〔1〕 王人博、程燎原：《法治论》，山东人民出版社1989年版，第227页。

〔2〕 参见姚建宗：《法治的生态环境》，山东人民出版社2003年版，第33页。

〔3〕 苏力：《法治及其本土资源》，中国政法大学出版社1993年版，第289页。

〔4〕 ［美］哈罗德·J.伯尔曼著，贺卫方等译：《法律与革命——西方法律传统的形成》，中国大百科全书出版社1996年版，第664页。

读的过程中不得不去回应后者而使其本身逐渐与乡间的社会记忆同质化。"[1]
可见国家法律的实施运行是个复杂的内化过程，仅有法典是不能产生功能和效
率的，强行推行法律往往也只能适得其反。达维德也反复说过，"为了使法律家
喻户晓，常常需要习惯作为补充，因为立法者所用的概念要求借助习惯予以阐
明"。[2]民间法之所以能在农村存在，其根本点是以民间法能有效地应付社会
生活为前提的，如果民间法无法保障这一点，其自然淘汰就是必然的。在农
村，靠民间法所建构出来的规范秩序是大家都愿意服从的约束性规定，如果
村民服从了这样的规定，他就可以从中受惠；如果谁冒犯了这些规定，他就
会受到惩罚。显然，民间法建构的这种简单而又有效的规范秩序实际上已经
构成了乡土社会结构的基础。正因如此，在广袤的农村大地，我们不能忽视
民间法的成长土壤与社会功能，不能忽视民间法曾经有效地调整社会关系的
事实。

　　上文我们曾经谈到，不能把国家法与民间法进行地理上的疆界划分，强
调两者在价值上和功能上的平起平坐，各自为政，也不能把国家法简单地向
乡土社会进行无限扩展或单向控制。我们分析了国家法与民间法各自的前途，
就不难做出选择。国家法在乡土社会向民间法转化，并通过这种形式促进法
治观念的形成。正像苏力先生所说的，国家法的强行介入有可能"破坏了这
个社区中人们之间的默契与预期"，使它施展威力的范围失去合理的限制，既
无效，也在一般人心目中失去了威信。在此情况下，国家法保持退隐的姿态，
发挥指导和教育的功能，通过树立国家法的权威和尊严，使外在控制慢慢地
转变为内在控制，使心灵的控制慢慢转变为行为的控制，使农民慢慢地通过
他自己的感受来习惯和服从国家法，就很有必要。显然，在国家权力向下延
伸时，我们不考虑乡土社会结构中活生生、有效的民间法，不管乡民的承受
能力，强制推行国家法，有可能造成国家法的危机。[3]国家法向民间法的转
化实际就是国家法从形式向实质的转化，通过这一转化成为人们观念和行为
的指导与内核。国家法与民间法的贯通使这一理想成为可能，正如许章润先

---

　　[1]　参见尤陈俊："法治的困惑：从两个社会文本开始的解读"，载《法学》2002年第5期。

　　[2]　[法]勒内·达维德著，漆竹生译：《当代主要法律体系》，上海译文出版社1984年版，第
487页。

　　[3]　参见田成有："乡土社会中的国家法与民间法"，载《云南大学人文社会科学学报》2001年
第5期，第81—86页。

生在论述中国古代法时所说的：所谓"出于礼则入于刑"，不是中国法的失败处，此乃中国法甚至整个中国式治道的绝大成功处，原因就在于它成功地回应了这种天人交贯的情境，而在法律所涉及的各方形成各有所妥协的，既不是什么"个体本位"或"集体本位"，也不是什么"权利本位"或"义务本位"的微妙牵扯，特别是由此而彻底规定了法律的有限性。[1]费孝通先生也曾说过：生活方面，人和人的关系，都有着一定的规则。行为者对于这些规则从小就熟悉，不问理由而认为是当然的。长期的教育已把外在的规则化成了内在的习惯。维持礼俗的力量不在身外的权力，而是在身内的良心。所以这种秩序注重修身，注重克己。理想的礼治是每个人都自动守规矩，不必有外在的监督。但是理想的礼治秩序并不是常有的，于是，必然向现代社会、法治社会转变。[2]任何正式制度的设计和安排，都不能不考虑这些非正式的制度。如果没有内生于社会生活的自发秩序，没有这些非正式制度的支持和配合，国家的正式制度也就缺乏坚实的基础，甚至难以形成合理的、得到普遍和长期认可的正当秩序。虽然国家可以通过立法来建立某种秩序，但这种秩序只能建立在国家强制力的基础上，与社会缺乏内在的亲和性，无法形成和发展为人们偏好的、有效的秩序，也缺乏自我再生产、扩展和自我调整的强大动力。[3]所谓"立法必须在原有的民德中寻找立足点"[4]，我们不难设想，当法理深入人心，法治化就是水到渠成的事了。

---

〔1〕 许章润：《说法 活法 立法》，清华大学出版社 2004 年版，第 33 页。

〔2〕 费孝通：《乡土中国》，生活·读书·新知三联书店 1985 年版，第 58—59 页。

〔3〕 苏力："二十世纪中国的现代化和法治"，载《法学研究》1998 年第 1 期。

〔4〕 参见 ［英］罗杰·科特维尔著，潘大松等译：《法律社会学导论》，华夏出版社 1989 年版，第 22 页。

后 记

　　这本小集子是我和我的研究伙伴们从 2006 年至今在中国古代基层社会治理领域研究成果的一个汇总。我能走进这个领域，其中自有诸多机缘。自己从小生长在乡野，在华北平原的小村庄生活了 20 年，当初滋味自是五味杂陈，但今日对于故乡的情感更多的是眷恋。也许正是基于自己生于斯长于斯的人生经历，对于乡土的关注从未有一刻停歇。2000 年，我离开家乡来到大学读书，遇到多位对我影响深远的师长，其中就包括引我入法史门径的王瑞起教授，这也直接促使我在读硕士和博士期间始终没有离开法史领域。从 2004 年至今，南开大学法学院柏桦教授、侯欣一教授（现执教于天津财经大学）、于语和教授、岳纯之教授、刘风景教授（现执教于华东政法大学）不以我猥陋，多方亲炙，虽有负列师期望，但终也窥见法史学之堂奥。

　　2005 年，跟随柏桦教授参加了田涛先生主持的清代徽州民间契约的整理研究和田野调查工作，赴徽州开展了针对民间契约和民商事习惯的调查工作。这是我学术生涯中参加的第一次田野调查，在这短短半个月的调查中，我从王宏治先生、田涛先生和我的导师柏桦先生那里学到了很多风物掌故和治学方法，什么白契红契、杀猪封山……使我对于乡土在直观的感受之上又增加了深入的思考，也使我对于乡土的探寻平添了不少的兴趣。田涛先生已经故去，先生送的书上墨迹犹新——"风霜二字可以入法笔也"，很有可能他并不知道这次同行给我这个后辈带来的影响是如此巨大，从此我便走上了对中国基层社会研究的崎岖长路。诸如《徽州传统民间契约观念及其遗存——以田藏徽州民间契约及对徽州六县的田野调查为基础》《同核相生：国家法、民间法关系的回眸与前瞻——从〈黄岩诉讼档案〉谈起》等文章就是在对学问懵懵懂懂的时候写出来的。

2006 年，我平生第一次乘飞机。这次是陪于语和教授一起去成都参加第二届全国民间法民族习惯法学术研讨会，在这次会议上我结识了谢晖先生和一大批从事乡土社会研究的师长和朋友，我也算正式进入了"圈子"。也正是这次会议，让我开阔了眼界，增长了见识，谢晖先生此后对我这个晚辈一直关心提携，我很是感激，但一直不知道怎么表达，只是寻思着能把这块儿学问做出点模样来。在中国基层社会研究这个领域，于语和教授与我的学术合作要多一些，共同的研究旨趣触发了一系列的合作成果，也造就了亦师亦友般深厚的情谊。诸如《中国农村纠纷解决机制研究》（中国法制出版社 2013 年出版）、《天意，法意，人意——乡土社会法治化的困惑及民间法的命运与选择》《我国人民调解制度及其重构——兼论民间调解对犯罪的预防》《神·人·法：纠纷解决模式从权威到规则的演进》等著作和文章大抵就是从那时开始陆续写出来的。

2007 年，我开始在南开大学攻读博士学位，由于对乡土研究的特殊兴趣，很自然地就想以对基层社会的研究作为博士论文的选题领域。虽然最终因为种种原因没能把基层社会写进博士论文，但那几年读了不少相关的著作，也是我开始系统地思考基层社会最重要、最关键的"建模阶段"，系统、场域、权威等重要的问题都是在这一阶段逐步学习和思考出一点眉目的。2011 年出版的《乡土自治——系统观与中国传统乡土社会的自组织》（河南人民出版社）、2013 年出版的《权威·规则·模式：纠纷与纠纷解决散论》（厦门大学出版社）两本书的写作基本上也是这段时间完成的。在这些思考的基础上，围绕基层社会治理中的权威、规则和运行模式等问题写成了《中国古代地方法治体系及其运行模式探析》《中国古代基层社会权威体系及其博弈》《纠纷解决与规则多元》《中国古代基层社会民间规范体系略论》《我国古代乡土权威的基层社会治理功能》等文章。

在哲学层面打开我思路的还有一位先生，就是王守仁，我读了《传习录》，反复玩味，顿觉此心如获新生，之后更加注意对阳明先生在基层社会治理方面的文献进行搜集与研究。2016 年 5 月，我应邀到贵阳孔学堂讲座，讲的题目就是"系统观视角下中国传统基层社会治理研究——从王阳明的社会治理实践说开去"，之后接受了贵州广播电视台《对话孔学堂》栏目的专访。

此后，我便更多地关注宋代以后，特别是明清时期基层社会治理的问题，这种带有历史实证主义性质的考察，对我之前用系统观思考社会治理问题的诸多结论可以进行有效验证。其中，《从王阳明乡治实践看基层治理中的国家与社会》《清代州县官司法对民间信仰的主导、借用与转化——对〈鹿洲公案〉中假神断狱现象的功能性解读》《骂社火与民间社会系统的自组织》《宋以来乡约与乡约法探析——以乡约碑刻为考察对象》等文章就是在这一背景下写成的。

在我的研究伙伴中，对其中一位的研究我要在此作一番记述，他是我的师弟王兆辉。兆辉师弟生于 1984 年，河北曲阳人，曾在河北大学读书，后到南开大学攻读硕士学位、博士学位，在周恩来政府管理学院读博期间作为交换生赴日本爱知大学大学院中国研究科攻读博士一年。2012 年，兆辉师弟不幸因病离世，年仅 28 岁。兆辉师弟笃爱学术，为学勤勉，曾专注于清代州县佐杂官研究，并以此作为博士毕业论文的选题，在病床上写出了十余万字的初稿。兆辉不幸早逝，我受其家人和诸师友委嘱，将其所遗部分研究成果和资料代为整理发表。吾亦不忍其遗稿泯于无闻，故加以继续研究，成文数篇，陆续附之诸刊。《清代州县佐贰官司法权探析》《国家、官绅与社会：清代州县佐杂官治区分防与治理——以元和县为例》《清雍正朝闽省内地州县区划变动与职官控制》等都是在兆辉遗稿的基础上进一步研究的成果。今年，《清代监察体制运行的制约与反制约关系——以"照刷文卷"律为例》一文在《西南大学学报》刊出，这也是对其遗稿研究整理的最后一篇成果。兆辉去世九年了，这篇得以整理发表，多年的嘱托终于完成，这段文字也谨志对兆辉的纪念。

如上种种，是我十几年来思考乡土、思考中国基层社会过程中的一些机缘和关键节点，这本小册子的出版也正是对这一过程、这些机缘的记录。感谢柏桦教授、侯欣一教授、于语和教授、岳纯之教授、刘风景教授、王瑞起教授等诸业师的朝夕教诲，感谢谢晖先生、徐晓光先生等诸位师长的提携与教诲指教，感谢张殿军师兄、邢魏巍师姐、闫文博、冯志伟、段知壮诸师弟的相互砥砺。感谢孙学颖女士在 20 余年的相识相知中的关爱、扶持与包容。再次感谢对我的学术生涯添砖加瓦的所有师长、同门和朋友们。

在本书出版过程中，中国政法大学出版社第四编辑室的老师们付出了辛劳，在此一并表示感谢。

对乡土、对中国传统基层社会的研究我会继续下去，同时我会把更多精力放到对当下、未来中国基层社会治理的研究中去。

是为记。

刘志松

2021 年 6 月 16 日于沽上见素堂